Physica-Lehrbuch

Physica-Lehrbuch

Basler, Herbert
Aufgabensammlung zur statistischen Methodenlehre und Wahrscheinlichkeitsrechnung
4. Aufl. 1991, 190 S.

Basler, Herbert
Grundbegriffe der Wahrscheinlichkeitsrechnung und Statistischen Methodenlehre
11. Aufl. 1994, X, 292 S.

Bossert, Rainer · Manz, Ulrich L.
Externe Unternehmensrechnung
Grundlagen der Einzelrechnungslegung, Konzernrechnungslegung und internationalen Rechnungslegung.
1997, XVIII, 407 S.

Dillmann, Roland
Statistik II
1990, XIII, 253 S.

Endres, Alfred
Ökonomische Grundlagen des Haftungsrechts
1991, XIX, 216 S.

Farmer, Karl · Wendner, Ronald
Wachstum und Außenhandel
Eine Einführung in die Gleichgewichtstheorie der Wachstums- und Außenhandelsdynamik
2. Aufl. 1999, XVIII, 423 S.

Ferschl, Franz
Deskriptive Statistik
3. Aufl. 1985, 308 S.

Fink, Andreas
Schneidereit, Gabriele · Voß, Stefan
Grundlagen der Wirtschaftsinformatik
2001, XIV, 279 S.

Gaube, Thomas u. a.
Arbeitsbuch Finanzwissenschaft
1996, X, 282 S.

Gemper, Bodo B.
Wirtschaftspolitik
1994, XVIII, 196 S.

Göcke, Matthias · Köhler, Thomas
Außenwirtschaft
Ein Lern- und Übungsbuch
2002, XIII, 359 S.

Graf, Gerhard
Grundlagen der Volkswirtschaftslehre
2. Aufl. 2002, XIV, 335 S.

Graf, Gerhard
Grundlagen der Finanzwissenschaft
1999, X, 319 S.

Hax, Herbert
Investitionstheorie
5. Aufl., korrigierter Nachdruck 1993, 208 S.

Heno, Rudolf
Jahresabschluss nach Handelsrecht, Steuerrecht und internationalen Standards (IAS/IFRS)
4. Aufl. 2004, XIX, 535 S.

Hofmann, Ulrich
Netzwerk-Ökonomie
2001, X, 242 S.

Huch, Burkhard u. a.
Rechnungswesen-orientiertes Controlling
Ein Leitfaden für Studium und Praxis
4. Aufl. 2004, XX, 510 S.

Kistner, Klaus-Peter
Produktions- und Kostentheorie
2. Aufl. 1993, XII, 293 S.

Kistner, Klaus-Peter
Optimierungsmethoden
Einführung in die Unternehmensforschung für Wirtschaftswissenschaftler
3. Aufl. 2003, XII, 293 S.

Kistner, Klaus-Peter
Steven, Marion
Produktionsplanung
3. Aufl. 2001, XIII, 372 S.

Kistner, Klaus-Peter
Steven, Marion
Betriebswirtschaftslehre im Grundstudium
Band 1: Produktion, Absatz, Finanzierung
4. Aufl. 2002, XIV, 510 S.
Band 2: Buchführung, Kostenrechnung, Bilanzen
1997, XVI, 451 S.

König, Rolf
Wosnitza, Michael
Betriebswirtschaftliche Steuerplanungs- und Steuerwirkungslehre
2004, XIV, 288 S.

Kortmann, Walter
Mikroökonomik
Anwendungsbezogene Grundlagen
3. Aufl. 2002, XVIII, 674 S.

Kraft, Manfred · Landes, Thomas
Statistische Methoden
3. Aufl. 1996, X, 236 S.

Marti, Kurt · Gröger, Detlef
Einführung in die lineare und nichtlineare Optimierung
2000, VII, 206 S.

Marti, Kurt · Gröger, Detlef
Grundkurs Mathematik für Ingenieure, Natur- und Wirtschaftswissenschaftler
2. Aufl. 2003, X, 267 S.

Michaelis, Peter
Ökonomische Instrumente in der Umweltpolitik
Eine anwendungsorientierte Einführung
1996, XII, 190 S.

Nissen, Hans-Peter
Einführung in die makroökonomische Theorie
1999, XVI, 341 S.

Nissen, Hans-Peter
Das Europäische System Volkswirtschaftlicher Gesamtrechnungen
5. Aufl. 2004, XVI, 362 S.

Risse, Joachim
Buchführung und Bilanz für Einsteiger
2. Aufl. 2004, VIII, 296 S.

Schäfer, Henry
Unternehmensfinanzen
Grundzüge in Theorie und Management
2. Aufl.2002, XVIII, 522 S.

Schäfer, Henry
Unternehmensinvestitionen
Grundzüge in Theorie und Management
1999, XVI, 434 S.

Sesselmeier, Werner
Blauermel, Gregor
Arbeitsmarkttheorien
2. Aufl. 1998, XIV, 308 S.

Steven, Marion
Hierarchische Produktionsplanung
2. Aufl. 1994, X, 262 S.

Steven, Marion
Kistner, Klaus-Peter
Übungsbuch zur Betriebswirtschaftslehre im Grundstudium
2000, XVIII, 423 S.

Swoboda, Peter
Betriebliche Finanzierung
3. Aufl. 1994, 305 S.

Weise, Peter u. a.
Neue Mikroökonomie
4. Aufl. 2002, X, 639 S.

Zweifel, Peter
Heller, Robert H.
Internationaler Handel
Theorie und Empirie
3. Aufl. 1997, XXII, 418 S.

Rolf König · Michael Wosnitza

Betriebswirtschaftliche Steuerplanungs- und Steuerwirkungslehre

Mit 7 Abbildungen
und 3 Tabellen

Physica-Verlag
Ein Unternehmen
des Springer-Verlags

Professor Dr. Rolf König
Universität Bielefeld
Fakultät für Wirtschaftswissenschaften
Lehrstuhl für Betriebswirtschaftslehre,
insbesondere Betriebliche Steuerlehre
Universitätsstraße 25
33615 Bielefeld
rkoenig@wiwi.uni-bielefeld.de

Professor Dr. Michael Wosnitza
Universität Osnabrück
Fachbereich Wirtschafswissenschaften
Betriebswirtschaftslehre/Bilanz-, Steuer-
und Prüfungswesen
Rolandstraße 8
49069 Osnabrück
wosnitza@nts6.oec.uni-osnabrueck.de

ISBN 3-7908-0042-2 Physica-Verlag Heidelberg

Bibliografische Information Der Deutschen Bibliothek

Die Deutsche Bibliothek verzeichnet diese Publikation in der Deutschen Nationalbibliografie; detaillierte bibliografische Daten sind im Internet über http://dnb.ddb.de abrufbar.

Physica-Verlag ist ein Unternehmen von Springer Science+Business Media GmbH
springer.de

Printed in Germany

Umschlaggestaltung: Erich Kirchner, Heidelberg

SPIN 10915516 88/3130 – 5 4 3 2 1 0 – Gedruckt auf säurefreiem Papier

Vorwort

Dieses Buch widmen wir in Dankbarkeit
unseren verehrten akademischen Lehrern
LUTZ HAEGERT und MATTHIAS LEHMANN.

Das vorliegende Buch ist in den vergangenen Jahren aus den Vorlesungen entstanden, die wir an den Universitäten Bielefeld und Osnabrück zur Betriebswirtschaftlichen Steuerplanungs- und Steuerwirkungslehre gehalten haben. Die Idee zu diesem Buch entstand bereits vor einer Reihe von Jahren. Die ungebrochene Reformwut des deutschen Gesetzgebers, unabhängig von der jeweiligen politischen Couleur, hat jedoch mehrfach eine Überarbeitung des Manuskriptes erforderlich gemacht und ein Erscheinen zu einem früheren Zeitpunkt verhindert. Um es deutlich zu sagen: die dauernden Neuregelungen, die sich ja durchaus auf wesentliche Bestandteile des Steuerrechts beziehen, sich aber nichtsdestoweniger regelmäßig nur einer kurzen Lebensdauer erfreuen, stellen nicht nur eklatante Verstöße gegen die Forderungen nach Rechts- und Planungssicherheit der in der Praxis mit Fragen der Besteuerung befassten Institutionen und Personen dar, sondern eröffnen den Autoren eines Buchprojekts zum Steuerrecht oder zur Betriebswirtschaftlichen Steuerlehre auch einen ganz neuen Zugang zum klassischen Mythos des Sisyphus.

Es bleibt, uns an dieser Stelle herzlich beim Team der Osnabrücker Mitarbeiterinnen zu bedanken. Frau Dipl.-Kffr. Dipl.-Finanzwirtin Lucia Bambynek, Frau Dipl.-Kffr. Ines Heuer, Frau Dipl.-Kffr. Alexandra Maßbaum, Frau Helga Raabe, Frau Dipl.-Vw. Iris Reiter und Frau Dipl.-Kffr. Marion Titgemeyer haben durch ihren unermüdlichen Einsatz, insbesondere bei der Schlussredaktion, wesentlich zum Gelingen unseres Projektes beigetragen. Verbleibende Fehler gehen natürlich allein zu unseren Lasten. Nicht zuletzt aber schulden wir dem Springer-Verlag, insbesondere Herrn Dr. Werner A. Müller, Dank für die schier unerschöpfliche Geduld während des mehrjährigen Entstehens des Manuskriptes.

Bielefeld und Osnabrück, April 2004

Inhaltsverzeichnis

I Einführung

I.1 Selbstverständnis und Bedeutung einer Betriebswirtschaftlichen Steuerplanungs- und Steuerwirkungslehre

Aus der Besteuerung erwachsen den Steuerpflichtigen die beiden folgenden Konsequenzen: Erstens die Pflicht zur Zahlung von Steuern und ggf. steuerlicher Nebenleistungen, z.B. Säumniszuschläge oder Zinsen, und zweitens die Pflicht zur Erbringung von Dienstleistungen wie Buchführung, Bilanzierung, Erstellung von Steuererklärungen, Berechnung, Einbehaltung und Abführung von Lohnsteuer etc. Bei (üblicher) Beschränkung auf den Aspekt der Steuerzahlung ist Gegenstand der Betriebswirtschaftlichen Steuerplanungs- und Steuerwirkungslehre die Untersuchung der Wirkungen von Steuerzahlungen auf ökonomische Entscheidungen von Unternehmen. Die Analyse von Steuerwirkungen hat dabei einen deskriptiven und einen normativen Aspekt. So ist es das eher deskriptive Anliegen der Betriebswirtschaftlichen Steuerwirkungslehre, durch (zusätzliche) Berücksichtigung oder Änderung steuerlicher Parameter in betriebswirtschaftlichen Planungsmodellen, z.B. und insbesondere der Investitions- und Finanzplanung, die Wirkung der Besteuerung oder von Änderungen der Besteuerung auf das Verhalten, d.h. auf zielgerichtete ökonomische Entscheidungen von Steuerpflichtigen zu *beschreiben*. Die Betriebswirtschaftliche Steuerplanungs- oder Steuergestaltungslehre dagegen verfolgt einen eher normativen Zweck; sie versucht die Frage zu beantworten, wie sich Steuerpflichtige vor dem Hintergrund ihrer Zielsetzungen unter Berücksichtigung der relevanten steuerlichen Rahmenbedingungen verhalten *sollen*.

Diese Unterscheidung von deskriptiver Steuerwirkungslehre einerseits und normativer Steuerplanungslehre andererseits ist nicht unproblematisch. Beide Aspekte der Betriebswirtschaftlichen Steuerlehre stehen nicht unabhängig nebeneinander, vielmehr ist eine Steuerplanungslehre Voraussetzung für eine Steuerwirkungslehre. Erst durch die (richtige) Einbeziehung von Steuern in betriebswirtschaftliche Entscheidungskalküle können steuerliche Wirkungen auf Entscheidungen unter der Annahme rationalen Verhaltens identifiziert und analysiert werden. Als Beispiel seien die Zusammenhänge zwischen Besteuerung und Investitionsentscheidungen betrachtet: Zunächst muss geklärt werden, welche Steuern auf welche Weise in Modellen der Investitionsrechnung, mit denen die Zielkriterien der Entscheidungsträger (Investoren) abgebildet werden, einzubeziehen sind. Dies ist wesentlicher Aspekt der Steuerplanungslehre. Erst darauf aufbauend kann untersucht werden, ob und in welchem Maße die Besteuerung das Entscheidungsverhalten der Investoren beeinflusst. Das aber heißt, dass der normative Gesichtspunkt der Steuerplanungslehre hinsichtlich der Zielkriterien der Entscheidungsträger auch in die „deskriptive" Steuerwirkungslehre Eingang findet.

Aus der neoklassischen Investitionstheorie ist bekannt, dass unter bestimmten Voraussetzungen das Kapitalwertkriterium zur Bestimmung der Vorteilhaftigkeit einzelner Investitionen herangezogen werden kann. Im Rahmen der betriebswirtschaftlichen Steuerplanungslehre ist zu klären, wie die Besteuerung in dieses Kriterium zu integrieren, d.h. der Kapitalwert nach Steuern zu definieren ist. In einem ersten Schritt stellt darauf die Steuerwirkungslehre den Kapitalwert vor Steuern (bzw. vor einer Steueränderung) und den Kapitalwert nach Steuern (bzw. nach erfolgter Steueränderung) gegenüber und vermag auf diese Weise steuerliche Wirkungen zu identifizieren. In einem zweiten Schritt versucht die Steuerwirkungslehre die so identifizierten Entscheidungswirkungen der Besteuerung zu erklären. Dazu benötigt sie als „Eichstrich" das Konzept der Entscheidungsneutralität der Besteuerung,[1] also eine gedachte Modellsituation eines Steuersystems, in dem eben solche Wirkungen nicht auftreten. Erst die Einbettung der zu beurteilenden Steuerrechtsnorm in ein angemessenes entscheidungsneutrales Steuersystem ermöglicht methodisch einwandfrei die Analyse deren isolierter Steuerwirkung.

Weiterer wesentlicher Ausgangspunkt einer Betriebswirtschaftlichen Steuerplanungs- und Steuerwirkungslehre ist das Ergebnis einer „modernen Betrachtungsweise" der Unternehmung bzw. des Unternehmens als Institution der an ihr beteiligten natürlichen Personen zur Verfolgung gemeinsamer Ziele.[2] „Wirtschaftssubjekte als Zielträger verfolgen mit ihren Entscheidungen, bei denen sie das Unternehmen als

---

[1] Vgl. hierzu ausführlich die Ausführungen von Schneider, D., 1992, S. 200 ff.

[2] Im Folgenden werden die Begriffe „Unternehmung" und „Unternehmen" in diesem Sinne stets synonym verwandt.

Instrument einsetzen, unter Umständen andere Ziele, als es der traditionellen Finanzwirtschaftslehre mit dem gemeinwirtschaftlichen Sachziel höchstmöglicher Bedürfnisbefriedigung der Gemeinschaft vorschwebte."[1] Danach ist Untersuchungsgegenstand der Betriebswirtschaftslehre im Allgemeinen und der Betriebswirtschaftlichen Steuerlehre im Besonderen nicht etwa nur die Institution „Unternehmung", sondern immer gleichzeitig auch die natürliche Person oder Gruppe von Menschen, die sich dieser Institution zur Verfolgung ihres individuellen oder gemeinsamen Ziels bedienen. In der Konsequenz sind Aspekte der Besteuerung also auf zwei verschiedenen Ebenen zu berücksichtigen:

- auf der Ebene der Unternehmung
- auf der Ebene der an der Unternehmung beteiligten Individuen (Anteilseigner, Investoren)

Diese Tatsache ist insbesondere für die Rechtsformalternative der Kapitalgesellschaft von Bedeutung. Hier impliziert das gesellschaftsrechtliche Trennungsprinzip, dem im Regelfall auch das Steuerrecht folgt, eine Unterscheidung zwischen der Institution „Gesellschaft", als juristische Person mit vollständig eigener Rechtspersönlichkeit und Steuerrechtsfähigkeit ausgestattet, auf der einen Seite und ihren Anteilseignern auf der anderen Seite. Der hier vertretenen Auffassung folgend, darf jedoch auch im Fall der Kapitalgesellschaft die Betriebswirtschaftliche Steuerplanungs- und Steuerwirkungslehre keinesfalls die Ebene der Anteilseigner ausblenden. Bei der Rechtsformgruppe der Personenunternehmen, bestehend aus den Einzelunternehmungen und Personengesellschaften, besteht die Gefahr einer Trennung beider Ebenen bereits aus steuerrechtlichen Gründen nicht; das geltende Einkommensteuerrecht definiert in diesem Fall in Übereinstimmung mit dem wirtschaftswissenschaftlichen Erfordernis eines Durchgriffs durch die Institution „Unternehmung" auf die Ebene der an ihr Beteiligten stets den „Unternehmer" bzw. den „Mitunternehmer" (Gesellschafter) als Steuersubjekt.

---

[1] S. Schmidt, R.H. / Terberger, E., 1996, S. 38. Ähnlich auch Schneider, der das gemeinsame Ziel der an der Institution „Unternehmung" beteiligten Menschen in der „Verringerung von Einkommensunsicherheiten" sieht. S. Schneider, D., 1992, S. 41 f.

Zur Untersuchung der Frage, welche ökonomischen Entscheidungen durch die Besteuerung betroffen sind bzw. beeinflusst werden, kann wiederum zwischen den beiden angesprochenen Ebenen unterschieden werden:

- Auf der Ebene der Institution „Unternehmung“ sind hier praktisch Entscheidungen in allen betrieblichen Bereichen zu nennen, also aus güterwirtschaftlicher Sicht im Beschaffungs-, Produktions- und Absatzbereich, aus geldwirtschaftlicher Sicht im Investitions- und Finanzierungsbereich und aus informationswirtschaftlicher Sicht etwa im Organisations- oder Rechnungswesenbereich. In diesem Buch soll (dennoch) eine Beschränkung auf den geldwirtschaftlichen Bereich, also auf die betrieblichen Funktionen der Investition und der Finanzierung erfolgen. Dabei wird unter *Investition* mit SPREMANN ein „Vorgang“ verstanden, „mit Geld Güter oder Ansprüche zu erwerben, die eine Nutzenerhöhung in späteren Zeiten bewirken“.[1] Mit *Finanzierung* wird im Folgenden, der Definition von DRUKARCZYK folgend, stets die „Beschaffung von Geld oder Geldäquivalenten“ verstanden, „a) durch explizit geschlossene Finanzierungsverträge mit Kapitalgebern unter Beachtung der vertraglichen Bedienungs- und Rückzahlungsmodalitäten sowie der Informations-, Kontroll-, Sicherungs- und Sanktionsrechte der Financiers und b) durch Bindung von Mitteln im Unternehmen durch vor bzw. nach der Auszahlung periodisierte Auszahlungen, zeitlich verlagerte Steuerauszahlungen bzw. nach den Einzahlungen periodisierte Erträge sowie explizite Ausschüttungssperrbeschlüsse des Managements.“[2] Für die Zwecke dieses Buches ist entscheidend, dass sich sowohl Investitions- als auch Finanzierungsentscheidungen stets als Zahlungsreihe, d.h. als Zeitreihe von Einzahlungsüberschüssen als Differenzen zwischen Ein- und Auszahlungen einer (Abrechnungs-)Periode, darstellen lassen. Dabei beginnt die Zahlungsreihe einer Investition regelmäßig mit einer Auszahlung, der während ihrer Nutzungsdauer positive Einzahlungsüberschüsse folgen. Dagegen steht am Beginn der Zahlungsreihe einer Finanzierungsentscheidung ei-

---

[1] S. Spremann, K., 1996, S. 91.

[2] S. Drukarczyk, J., 1993, S. 18.

ne Einzahlung, der sich während ihrer Laufzeit negative Einzahlungsüberschüsse anschließen.

Ohne damit die Berechtigung und Notwendigkeit spezieller Steuerplanungs- und Steuerwirkungsanalysen in anderen Teilgebieten der Betriebswirtschaftslehre zu verneinen, kann diese Konzentration auf finanzwirtschaftliche Aspekte damit begründet werden, dass viele Entscheidungsprobleme (auch) in anderen Unternehmensbereichen als Investitionsentscheidungen interpretiert werden können. Dies gilt offensichtlich für Beschaffungs-, Produktions- und Absatzentscheidungen, aber auch für viele Entscheidungen in den Bereichen etwa des Personal-, Organisations- und Rechnungswesens. Solange aber alle Aspekte einer Unternehmensentscheidung vollständig auf eine Zahlungsreihe von Einzahlungsüberschüssen zurückgeführt werden können, kann sie durch das Instrumentarium der Investitionsrechnung erfasst und beurteilt werden.

- Auf der Ebene der an der Unternehmung beteiligten natürlichen Personen (Unternehmer, Anteilseigner, Gesellschafter, Investoren) sind Einflüsse der Besteuerung auf deren Entscheidungen hinsichtlich ihrer Einkommenserzielung, wiederum interpretierbar als (individuelle) Investitionsentscheidungen, sowie hinsichtlich ihrer Einkommensverwendung, insbesondere bezüglich der Aufteilung des erzielten Einkommens auf Investition (Sparen) einerseits und Konsum andererseits, zu berücksichtigen. Die im Zusammenhang mit der Einkommenserzielung stehende Entscheidung von Individuen über die Aufteilung ihrer insgesamt verfügbaren Zeit in Arbeitszeit einerseits und Freizeit andererseits wird im Rahmen dieser Untersuchung nicht betrachtet. Vielmehr wird angenommen, dass diese Entscheidung vorab getroffen wurde und das Individuum daraus resultierend über eine exogen gegebene Anfangsausstattung an Zahlungsmitteln verfügt. Diese Annahme setzt die Unabhängigkeit bzw. Separierbarkeit der Entscheidungen zwischen Arbeitszeit und Freizeit einerseits und zwischen Konsum und Sparen (Investition) andererseits voraus. Nicht verschwiegen werden soll, dass diese Voraussetzung von Vertretern der Finanzwissenschaft zum Teil erheblich kritisiert wird.[1]

[1] Vgl. z.B. Homburg, St., 2003, S. 185 ff.

Im Ergebnis verbleibt als Hauptgegenstand einer Betriebswirtschaftlichen Steuerplanungs- und Steuerwirkungslehre im hier verstandenen Sinne also die Berücksichtigung von Steuern im Zusammenhang mit bzw. die Analyse von Steuerwirkungen auf

- Investitionsentscheidungen und
- Finanzierungsentscheidungen.

Dabei besteht ein direkter inhaltlicher Zusammenhang zwischen einzelnen Entscheidungen auf den beiden oben beschriebenen Ebenen; Investitionsentscheidungen aus der Sicht von Einzelunternehmern oder Anteilseignern stellen aus der Sicht der Institution „Unternehmung" gleichzeitig Finanzierungsentscheidungen dar.

Schließlich sei auf zwei weitere wesentliche Problemabgrenzungen hingewiesen: Im Rahmen der folgenden Untersuchung werden ausschließlich Modellansätze unter Sicherheit diskutiert, Aspekte der Unsicherheit bleiben sowohl hinsichtlich der Zahlungsreihen der betrachteten Investitions- und Finanzierungsentscheidungen (vor Steuern) als auch hinsichtlich der zukünftigen steuerlichen Rahmenbedingungen unberücksichtigt. Ebenfalls ausgeklammert bleiben Aspekte der internationalen Besteuerung, obwohl diese in der Unternehmenspraxis insbesondere im Bereich der Betriebswirtschaftlichen Steuerplanung inzwischen von zentraler Bedeutung sind.

I.2 Aufbau des Buches

Die weitere Vorgehensweise ist Konsequenz der im vorhergehenden Abschnitt begründeten Beschränkung des Untersuchungsbereichs der Betriebswirtschaftlichen Steuerplanungs- und Steuerwirkungslehre auf die Teilgebiete bzw. Funktionen der Investition und Finanzierung.

Im Kapitel II werden im Sinne einer betriebswirtschaftlichen Steuerplanungslehre Ertragsteuern in Modelle bzw. Verfahren der (dynamischen) Investitionsrechnung integriert. Im Vordergrund der Untersuchung steht dabei die Kapitalwertmethode, welche zunächst in einer Modellwelt eines vollkommenen Kapitalmarktes bei Sicherheit und Abwesenheit von Steuern als geeignetes Entscheidungskriterium zur Beurteilung der Vorteilhaftigkeit von Einzelinvestitionsobjekten begründet wird. Als

Modellrahmen wird dazu das *Fisher-Hirshleifer-Modell* gewählt, welches die simultane Konsum- und Investitionsentscheidung eines individuellen Investors betrachtet. Ein wesentliches Augenmerk gilt dabei auch den daraus resultierenden Problemen, die die Anwendbarkeit des Kapitalwerts nach Steuern insgesamt erheblich einschränken und in vielen Fällen sogar als nicht mehr sinnvoll erscheinen lassen. Darüber hinaus werden mit dem Endvermögen und der Baldwin-Rendite alternative Entscheidungskriterien der Investitionsrechnung um Ertragsteuern erweitert und einige konkrete Anwendungsbeispiele diskutiert. In diesem Zusammenhang werden auch erste Steuerwirkungen aufgezeigt, ohne sie jedoch bereits an dieser Stelle zu erklären.

Dies leistet erst die Steuerwirkungslehre, die Gegenstand des Kapitels III ist. Wie oben angesprochen, wird als deren methodische Grundlage ein „Eichstrich" in Form eines gedachten entscheidungsneutralen Steuersystems benötigt. Entsprechend beschäftigt sich dieses Kapitel vorrangig mit der Suche nach bzw. der Definition von enscheidungsneutralen Steuersystemen. Auch hierzu bietet das in Kapitel II eingeführte Fisher-Hirshleifer-Modell einen interessanten Modellrahmen, der die Ableitung der beiden in der Literatur ganz überwiegend behandelten Alternativen entscheidungsneutraler Besteuerung, Cash Flow-Steuer und Besteuerung des Ökonomischen Gewinns, in sehr anschaulicher Weise ermöglicht. In der Folge werden beide Modelle ausführlich analysiert und diskutiert sowie ihre inhaltlichen Zusammenhänge aufgezeigt.

Während in den Kapiteln II und III Investitionsentscheidungen weitgehend unabhängig von der Frage der Finanzierung betrachtet wurden, wird diese Annahme im Kapitel IV aufgehoben. Stattdessen werden hier schwerpunktmäßig die Zusammenhänge zwischen Besteuerung und Finanzierungsentscheidungen bei gegebenem Investitionsobjekt- oder –programm untersucht. Dabei muss eine Abkehr vom Kapitalwertkriterium erfolgen, weil die Voraussetzungen für seine Anwendbarkeit nicht mehr erfüllt sind. Die mit der Finanzierung zusammenhängenden Zahlungsströme können nicht mehr – wie im Kapitalwertkriterium – ausschließlich im Kalkulationszinsfuß berücksichtigt werden, sondern sind explizit in die Zahlungsreihe einzubeziehen. Im Einzelnen werden die Finanzierungsalternativen der Selbstfinanzierung, der Beteiligungsfinanzierung durch Altgesellschafter und durch Neugesellschafter, der Gesellschafterfremdfinanzierung sowie der Fremdfinanzierung durch Dritte behandelt.

II Die Berücksichtigung von Ertragsteuern im Rahmen von Investitionsentscheidungen

II.1 Eine Begründung des Kapitalwertkriteriums als Instrument der Investitionsrechnung

Als geeignetste Methode zur Vorteilhaftigkeitsbeurteilung von Investitionsobjekten und –programmen wird in der Literatur in großer Übereinstimmung die **Kapitalwertmethode** als Verfahren der dynamischen Investitionsrechnung vorgeschlagen. Dies gilt sowohl für Modelle ohne als auch mit Berücksichtigung von Ertragsteuern. Dementsprechend soll auch in dieser Arbeit als Instrument der Ertragsteuerplanung der Kapitalwert (nach Steuern) untersucht werden.

Im Rahmen dieser Untersuchung werden im Folgenden einzelne Investitionsentscheidungen bzw. *Einzelinvestitionsobjekte* betrachtet, die dadurch charakterisiert sind, dass ihnen die durch sie verursachten Ein- und Auszahlungen eindeutig zugeordnet werden können und ihre Unterlassung mit Ausnahme der Zahlungskonsequenzen einer Alternativanlage ggf. vorhandener Zahlungsmittel (Selbstfinanzierung) keinerlei Einfluss auf die sonstigen Zahlungsströme des Investors bzw. Unternehmens hat.[1] Einzelinvestitionsobjekte lassen sich damit durch eine *Zahlungsreihe sicherer diskreter Einzahlungsüberschüsse* charakterisieren:[2] auf eine Anschaffungsauszahlung I_0 im Entscheidungszeitpunkt t=0 folgen, verteilt über die wirtschaftliche Nutzungsdauer T, Einzahlungsüberschüsse Z_t in den Zeitpunkten bzw.

---

[1] Diese Eigenschaft unterscheidet Einzelinvestitionsobjekte von Investitionsobjekten als Bestandteile von Investitionsprogrammen. Die Realisation oder Unterlassung solcher Investitionen beeinflusst die Zahlungsströme des gesamten Programms. Ein solches Investitionsprogramm kann dagegen wiederum ein Einzelinvestitionsobjekt im hier definierten Sinne darstellen. Im Folgenden werden zur Vereinfachung Einzelinvestitionsobjekte auch als Investitionsobjekte bezeichnet.

[2] Eine stetige Formulierung des Kapitalwertkriteriums wird im Abschnitt II.2.3.2 definiert.

Perioden t=1, 2, …, T.[1] Bezeichnet i den *Kalkulationszinsfuß* (vor Steuern), ist der Kapitalwert vor Steuern eines Investitionsobjektes mit der Zahlungsreihe

$$(-I_0, Z_1, Z_2, \ldots, Z_T)$$

definiert als die Summe der Barwerte der Anschaffungsauszahlung und aller Einzahlungsüberschüsse, also als Summe der mit dem Kalkulationszinsfuß i auf den Entscheidungszeitpunkt t=0 abgezinsten Zahlungen in den Zeitpunkten t=0, 1, …, T:

$$K_0 := -I_0 + \sum_{t=1}^{T} Z_t \cdot (1+i)^{-t} \qquad \text{(II.1)}$$

Der Kapitalwert der Zahlungsreihe eines Investitionsobjektes liefert eine Maßgröße für seine *relative Vorteilhaftigkeit* gegenüber der sogenannten Unterlassungsalternative. Diese unterscheidet sich je nachdem, wie die Anschaffungsauszahlung des zu beurteilenden Investitionsobjektes (bei seiner Realisation) zu finanzieren wäre:

- Im Fall der *vollständigen Fremdfinanzierung*, in dem der Investor bzw. dessen Unternehmen[2] über keine eigenen Zahlungsmittel verfügt, die Anschaffungsauszahlung I_0 also durch einen Kredit (oder eine andere Form der Fremdfinanzierung, z.B. Leasing) finanziert werden müsste, besteht die Unterlassungsalternative im Verzicht auf die Kreditaufnahme. Die Zahlungsreihe der Unterlassungsalternative besteht ausschließlich aus Nullen, ihr Kapitalwert beträgt damit offensichtlich null.
- Verfügt der Investor bzw. dessen Unternehmen über Zahlungsmittel in ausreichender Höhe und würde daraus die Anschaffungsauszahlung I_0 vollständig finanziert, liegt der Fall der *vollständigen Eigenfinanzierung* vor. Hier besteht die Unterlassungsalternative in der bestmöglichen alternativen Verwendung

[1] Im Folgenden bezeichnen Zeitpunkte t jeweils das Ende der Periode t bzw. den Anfang der Folgeperiode (t+1). Der Zeitpunkt der Investitionsentscheidung t=0 gibt also den Beginn der ersten Periode (der Nutzungsdauer), der Zeitpunkt t=1 das Ende dieser ersten Periode und gleichzeitig den Beginn der zweiten Periode an usw.

[2] Die Begriffe des Unternehmens und der Unternehmung werden im weiteren Verlauf der Untersuchung stets synonym verwendet.

der vorhandenen Zahlungsmittel in Höhe von I_0. Da als Kalkulationszinsfuß zur Kapitalwertberechnung der Zinssatz dieser besten Alternativanlage anzusetzen ist (s. dazu ausführlich u.), beträgt der Kapitalwert der Unterlassungsalternative auch in diesem Fall null.[1]

- Auch in Fällen, in denen die Anschaffungsauszahlung I_0 teilweise eigen- und teilweise fremdfinanziert würde, beträgt der Kapitalwert der Unterlassungsalternative regelmäßig null; die Zahlungsreihe für den Verzicht auf die Kreditaufnahme enthält wiederum ausschließlich Nullen, und auch die Anlage der vorhandenen Zahlungsmittel zum Kalkulationszinssatz i führt zu einem Kapitalwert von null.

Da im Ergebnis der Kapitalwert der Unterlassungsalternative im Regelfall also null beträgt, lautet die **Entscheidungsregel** des Kapitalwertkriteriums:

- Ein Einzelinvestitionsobjekt ist gegenüber der Unterlassungsalternative vorteilhaft (nachteilig), wenn es einen positiven (negativen) Kapitalwert aufweist.
- Beträgt der Kapitalwert des Einzelinvestitionsobjektes null, herrscht gegenüber der Unterlassungsalternative Indifferenz.

Unter Berücksichtigung der Definition des Kapitalwerts (II.1) folgt aus dieser Entscheidungsregel für eine vorteilhafte Investitionsalternative die Bedingung

$$K_0 := -I_0 + \sum_{t=1}^{T} Z_t \cdot (1+i)^{-t} > 0$$

$$\Leftrightarrow$$

$$\sum_{t=1}^{T} Z_t \cdot (1+i)^{-t} > I_0, \qquad \text{(II.2)}$$

---

[1] In der Praxis können auch (seltene) Fälle auftreten, in denen der Kapitalwert der Unterlassungsalternative nicht null, sondern etwa negativ ist. Ein Beispiel wäre die Unterlassung einer gesetzlich vorgeschriebenen Umweltschutzinvestition, die mit der Konsequenz von Bußgeld- oder Strafzahlungen oder mit Einschränkungen der Leistungserstellung verbunden sein könnte.

d.h. eine Investitionsalternative ist dann vorteilhaft, wenn die Summe der Barwerte seiner Einzahlungsüberschüsse während seiner Nutzungsdauer größer ist als die im Entscheidungszeitpunkt t=0 erforderliche Anschaffungsauszahlung.

Bevor das Kapitalwertkriterium um Ertragsteuern erweitert wird, soll im Folgenden zunächst eine theoretische Begründung geliefert werden, warum und unter welchen Annahmen bzw. Voraussetzungen das Kapitalwertkriterium zur Unterstützung von Investitionsentscheidungen geeignet ist. Den theoretischen und methodischen Rahmen bildet dabei das mikroökonomische *Fisher-Hirshleifer-Modell*, welches auch im Kapitel III zur Veranschaulichung der Ableitung einfacher investitionsneutraler Steuersysteme herangezogen wird.

Gemäß den Grundannahmen der mikroökonomischen Theorie sind als Zielgrößen rational entscheidender Individuen der Konsum- sowie der Freizeitnutzen anzusehen. Für die weitere Untersuchung wird, dem üblichen Vorgehen in der neoklassischen Investitions- und Finanzierungstheorie folgend, der Freizeitnutzen durch die (strenge) Annahme ausgeschlossen, dass das Arbeitsangebot des Individuums exogen gegeben und damit unabhängig von dessen Konsumentscheidungen ist. Mit anderen Worten: Die Entscheidungen des Individuums zwischen Arbeitszeit und Freizeit einerseits sowie zwischen Konsum und Sparen bzw. Investition andererseits lassen sich separieren; in einem ersten Schritt legt das Individuum seine optimale Arbeitszeit – und damit Freizeit – fest und in einem davon unabhängigen (separierbaren) zweiten Schritt die Aufteilung zwischen Konsum heute und Sparen heute und damit Konsum morgen.

Betrachtet wird unter dieser Voraussetzung zunächst ein individueller Investor, der sein im Zeitpunkt t=0 gegebenes Anfangsvermögen W_0 gemäß seinen intertemporalen Konsumpräferenzen auf den Konsum in zwei aufeinanderfolgenden Zeitpunkten t=0 und t=1 aufzuteilen hat.[1]

[1] Bei den betrachteten Zeitpunkten handelt es sich wiederum jeweils um Periodenenden (s.o.); die betrachteten Zeitpunkte t=0 und t=1 bezeichnen also den Anfang und das Ende der Periode 1. Damit handelt es sich bei dieser (einfachsten) Version des Fisher-Hirshleifer-Modells um eine einperiodige Betrachtung, das Modell lässt sich jedoch problemlos auf den Mehrperiodenfall erweitern, ein Beispiel enthält Abschnitt II.2.

Nach erfolgtem Ausschließen des Freizeitnutzens reduziert sich die intertemporale Nutzenfunktion U[.] des Investors zu

$$U[C_0, C_1] \qquad \text{(II.3)}$$

und enthält als Argumente nur noch die Konsumniveaus C_t der einzelnen Perioden t, gemessen mittels der Konsumausgaben des Individuums. Die Konsumnutzenfunktion des Investors weist die folgenden Eigenschaften auf:

1. Vergleichbarkeit: Für je zwei Konsumbündel X und Y gilt entweder $X \succ Y$ oder $Y \succ X$ oder $X \sim Y$,[1] d.h. der Investor zieht entweder das Güterbündel X dem Güterbündel Y vor oder umgekehrt oder ist zwischen beiden Güterbündeln X oder Y gerade indifferent.
2. Transitivität: Seien X, Y und Z drei voneinander verschiedene Konsumbündel, also $X \neq Y \neq Z$. Gilt $X \succ Y$ und $Y \succ Z$, dann auch $X \succ Z$.
3. Nichtsättigung: Der Investor zieht ein Konsumbündel X, welches von keinem Konsumausgabenniveau weniger, aber von mindestens einem Konsumausgabenniveau echt mehr enthält als ein Konsumbündel Y, immer vor, d.h. es gilt:

$$X = \left(\overline{C}_1, \overline{C}_2\right) \succ \begin{cases} Y_1 = \left(\overline{C}_1 - \Delta, \overline{C}_2\right) \\ Y_2 = \left(\overline{C}_1, \overline{C}_2 - \Delta\right) \\ Y_3 = \left(\overline{C}_1 - \Delta, \overline{C}_2 - \Delta\right) \end{cases} \quad \text{mit } \Delta > 0$$

4. Abnehmende Grenzrate der Substitution: Gilt $X \sim Y$, aber $X \neq Y$, und $Z = \lambda \cdot X + (1-\lambda) \cdot Y$ mit $0<\lambda<1$, dann gilt $Z \succ X,Y$.

[1] Unter einem Konsumbündel X ist eine Zeitreihe von Konsumausgabenniveaus C_t zu verstehen, im hier vorliegenden einperiodigen Fall also $X=(C_1,C_2)$.

Neben einem Anfangsvermögen[1] W_0 verfügt der Investor über den Zugang zu einer Realinvestitionsmöglichkeit,[2] abgebildet durch die Investitionsfunktion

$$f[I_0]$$

mit I_0: Realinvestitionsvolumen im Zeitpunkt t=0.

$f[I_0]$ weist die folgenden beiden Eigenschaften auf:

$$\frac{df}{dI_0} > 0, \quad \frac{d^2f}{dI_0^2} < 0,$$

d.h. die Investitionsfunktion ist durch positive, aber abnehmende Grenzerträge im Investitionsvolumen I_0 charakterisiert.

Bei zunächst graphischer Analyse ergibt sich aus den bisherigen Annahmen die in Abbildung 1 dargestellte Situation. Im C_0/C_1-Diagramm bezeichnet $\overline{W_0T_1}$ die Transformationskurve der Realinvestitionsmöglichkeiten des Investors. Das Investitionsvolumen I_0 wird im C_0/C_1-Diagramm mittels Einführung eines zweiten Koordinatensystems ($I_0/f[I_0]$) mit dem Ursprung ($W_0/0$) von rechts nach links abgetragen. Auf diese Weise wird auf der C_0-Achse mit zugehörigem Ursprung (0/0) der nach erfolgter Realinvestition verbleibende Teil der Anfangsausstattung (W_0-I_0) vermerkt, der noch für Konsumzwecke im Zeitpunkt t=0 zur Verfügung steht.

---

[1] Das Anfangsvermögen W_0 ist dabei nicht vorzeichenbeschränkt, kann also sowohl positiv als auch negativ sein oder auch null betragen. In den beiden letzten Fällen kann der Investor die Realinvestition (nur) bei Existenz einer Verschuldungsmöglichkeit am Kapitalmarkt (s.u.) und rentabler Realinvestitionsmöglichkeit (s.u.) vollständig fremdfinanzieren. In den folgenden graphischen Darstellungen wird aus Gründen der Anschaulichkeit stets ein positives Anfangsvermögen $W_0>0$ und der Fall vollständiger Eigenfinanzierung der Realinvestition aus diesem Anfangsvermögen vorausgesetzt.

[2] Der Begriff der Realinvestitionsmöglichkeit wird eingeführt zur Abgrenzung von einer Kapitalmarktinvestition (Geldanlage) und ist zu verstehen als Möglichkeit zur Erzeugung von Produkten oder Dienstleistungen.

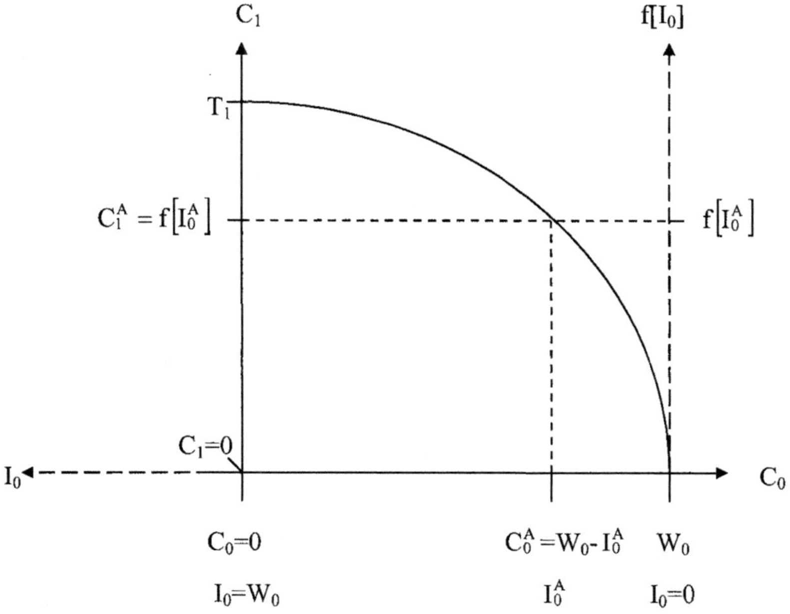

Abbildung 1: Realinvestitionsvolumen im Fisher-Hirshleifer-Modell

Das nutzenoptimale Konsumbündel ergibt sich in der folgenden Abbildung 2 als Tangentialpunkt der Transformationskurve, die den effizienten Rand des Opportunitätsbereichs aller für den Investor erreichbaren Kosumbündel darstellt, mit der Nutzenindifferenzkurve mit höchstmöglichem Nutzenniveau U^* im Punkt C^*.

Durch den Tangentialpunkt C^* werden das optimale Realinvestitionsvolumen I_0^* und damit weiter die optimalen Konsumniveaus $C_0^* = W_0 - I_0^*$ im Zeitpunkt t=0 sowie $C_1^* = f\left[I_0^*\right]$ im Zeitpunkt t=1 festgelegt.

Wichtiges Ergebnis ist die Tatsache, dass das optimale Realinvestitionsvolumen I_0^* in diesem Fall der alleinigen Verfügbarkeit einer Realinvestitionsmöglichkeit durch die Konsumpräferenzen des Investors festgelegt ist. Dies wird auch bei formaler Analyse des Maximierungsproblems des Investors deutlich, das gegeben ist durch:

$$\max_{C_0,C_1,I_0} \; U[C_0, C_1]$$
$$\text{u.d.N.} \; C_1 = f[I_0]$$
$$I_0 = W_0 - C_0$$

$$\Leftrightarrow$$

$$\max_{C_0,C_1} \; U[C_0, C_1] \qquad \text{u.d.N.} \; C_1 = f[W_0 - C_0] \tag{II.4}$$

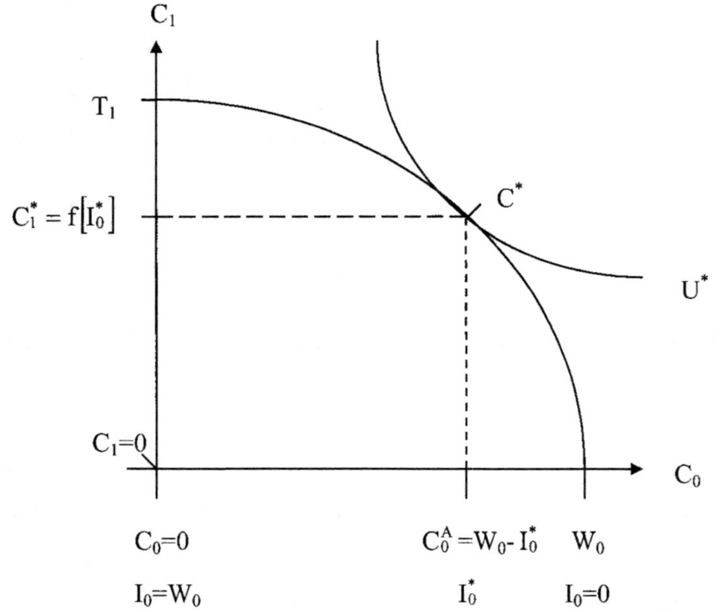

Abbildung 2: Optimales Realinvestitionsvolumen und optimales Konsumbündel im Fall ohne Kapitalmarkt

Die Lagrange-Funktion zu diesem konvexen Optimierungsproblem lautet:

$$L = U[C_0,C_1] + \lambda \cdot (f[W_0\text{-}C_0] - C_1) \tag{II.5}$$

Aus den partiellen Ableitungen[1]

$$\frac{\partial L}{\partial C_0} = \frac{\partial U}{\partial C_o} + \lambda \cdot \frac{df}{dI_0} \cdot \frac{\partial I_0}{\partial C_0} = \frac{\partial U}{\partial C_0} - \lambda \cdot \frac{df}{dI_0} = 0$$

$$\frac{\partial L}{\partial C_1} = \frac{\partial U}{\partial C_1} - \lambda = 0$$

folgt unmittelbar mit

$$\frac{\frac{\partial U}{\partial C_0}}{\frac{\partial U}{\partial C_1}} = \frac{\lambda \cdot \frac{df}{dI_0}}{\lambda}$$

$$\Leftrightarrow$$

$$\frac{\frac{\partial U}{\partial C_0}}{\frac{\partial U}{\partial C_1}} = -\frac{dC_1}{dC_0} = \frac{df}{dI_0} \qquad \text{(II.6)}$$

das bekannte Resultat, dass im Optimum die Grenzrate der Substitution (zwischen den Konsumniveaus in den Zeitpunkten t=1 und in t=0) der Grenzrate der Transformation, also der Steigung der Transformationskurve entsprechen muss.

Die Grenzrate der Transformation ist gegeben durch die Steigung der Investitionsfunktion $f[I_0]$, interpretierbar als den um 1 erhöhten marginalen internen Zinssatz (r') einer zusätzlich investierten (infinitesimalen) Geldeinheit. Im Nutzenoptimum gilt also:

$$-\frac{dC_1}{dC_0} = \frac{df}{dI_0} = 1 + r' \qquad \text{(II.7)}$$

Aus den bisherigen Überlegungen ergibt sich noch kein Anhaltspunkt dafür, warum der Kapitalwert eines Investitionsobjektes – ersatzweise für die Konsumausgaben – als Zielgröße eines rationalen Investors angesehen werden könnte. Dies ändert

[1] Dabei bezeichnet df/dI_0 die äußere Ableitung, $\partial I_0/\partial C_0$ die innere Ableitung der Investitionsfunktion $f[I_0=W_0-C_0]$. Der Wert der inneren Ableitung beträgt $\partial I_0/\partial C_0=(-1)$.

sich, wenn in einem weiteren Schritt zusätzlich zur Realinvestition die Möglichkeit von Aktivitäten an einem vollkommenen Kapitalmarkt eingeführt wird.

Der **vollkommene Kapitalmarkt**, im hier betrachteten Fall sicherer Erwartungen im Wesentlichen gekennzeichnet durch die Identität von Soll- und Habenzinssatz i, bietet dem betrachteten Investor eine zusätzliche Transformationsmöglichkeit durch eine weiterhin jeweils betragsmäßig unbeschränkte Geldanlage bzw. Geldaufnahme zum Zinssatz i. Bei zunächst isolierter Betrachtung nur des Kapitalmarkts wird diese Transformationsmöglichkeit in der graphischen Darstellung (Abbildung 3) durch eine Kapitalmarktgerade $\overline{W_0 Z_1}$ mit der Steigung -(1+i) und einem C_0-Achsen-Abschnitt W_0 repräsentiert:

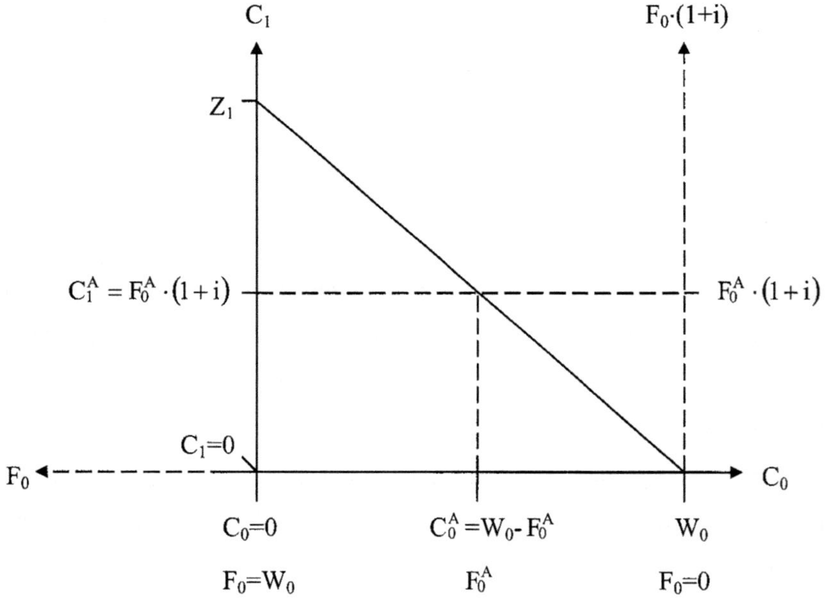

Abbildung 3: Finanzanlage im Fisher-Hirshleifer-Modell

Entsprechend dem Vorgehen bei Vorliegen einer alleinigen Realinvestitionsmöglichkeit wird auch hier wiederum das Finanzanlagevolumen F_0 im Zeitpunkt t=0 mittels Einführung eines zweiten Koordinatensystems ($F_0/F_0 \cdot (1+i)$) mit dem Ursprung ($W_0/0$) von rechts nach links abgetragen. Wählt der Investor etwa eine Finanzanlage in Höhe von F_0^A, so verbleibt für Konsumzwecke in t=0 ein Niveau von

$C_0^A = W_0 - F_0^A$. Aus der Geldanlage resultiert im Zeitpunkt t=1 eine Einzahlung von $F_0^A \cdot (1+i)$, bestehend aus Rückzahlung und Verzinsung der Geldanlage F_0^A zum Zinssatz i. Das Finanzanlagevolumen F_0^A führt also insgesamt zum Konsumbündel

$$A = \left(C_0^A = W_0 - F_0^A,\ C_1^A = F_0^A \cdot (1+i)\right).$$

Das nutzenoptimale Konsumbündel C^* ergibt sich wiederum als Tangentialpunkt nun der Kapitalmarktgeraden mit der Nutzenindifferenzkurve mit maximalem Nutzenniveau U^*. Die Konsumpräferenzen des Investors legen das optimale Finanzanlagevolumen F_0^* und dieses die optimalen Konsumniveaus C_0^* bzw. C_1^* fest. Im Optimum gilt: Die Grenzrate der Substitution zwischen Konsum in t=1 und t=2 entspricht der Grenzrate der Transformation, also dem Betrag der Steigung der Kapitalmarktgeraden (1+i):

$$\frac{\frac{\partial U}{\partial C_0}}{\frac{\partial U}{\partial C_1}} = -\frac{dC_1}{dC_0} = (1+i) \tag{II.8}$$

Von entscheidendem Interesse ist jedoch die im Folgenden zu betrachtende simultane Berücksichtigung von Realinvestitionsmöglichkeit und vollkommenem Kapitalmarkt. Auch dieser Fall wird zuerst wiederum graphisch analysiert.

In Abbildung 4 kann, ausgehend von (irgend-)einem Punkt A auf der Transformationskurve der Realinvestitionsmöglichkeiten mit zugehörigem Realinvestitionsvolumen I_0^A, der Investor mittels zusätzlicher Geldanlage bzw. Kreditaufnahme alle Punkte auf der Kapitalmarktgeraden durch diesen Punkt A erreichen.

Beispielsweise wird der Punkt B realisiert, indem der Investor im Zeitpunkt t=0 aus seinem Anfangsvermögen W_0 zusätzlich zum Realinvestitionsvolumen I_0^A einen Betrag in Höhe von F_0^B zum Zinssatz i am Kapitalmarkt anlegt. Sein aus Real- und Finanzinvestition resultierendes Konsumniveau C_1^B im Zeitpunkt t=1 setzt sich damit zusammen aus den Rückflüssen aus der Realinvestition $f[I_0^A]$ einerseits und der Finanzinvestition $F_0^B \cdot (1+i)$ andererseits.[1]

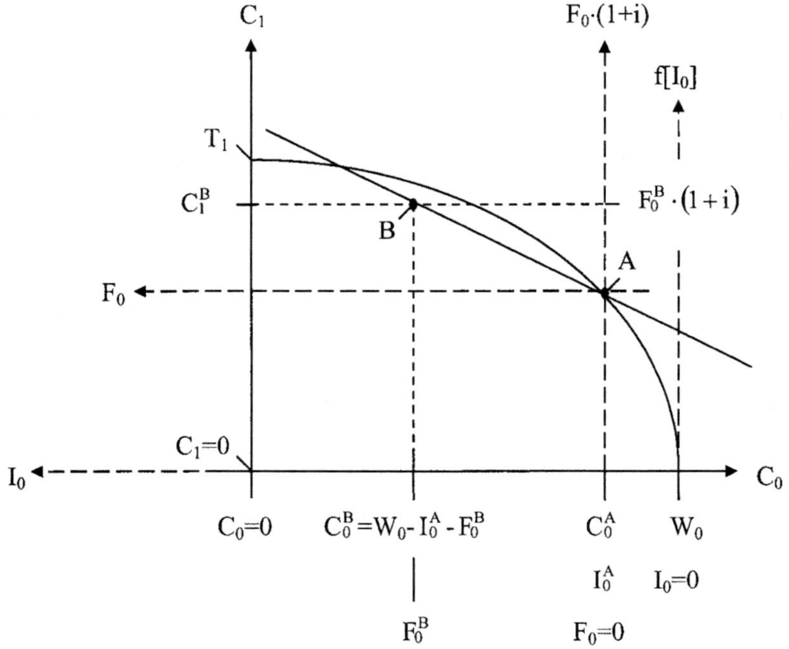

Abbildung 4: Kombination von Realinvestition und Geldanlage am vollkommenen Kapitalmarkt

Punkte auf der Kapitalmarktgeraden rechts vom Punkt A kann der Investor durch Kreditaufnahme, also Verschuldung, zum Kapitalmarktzinssatz i realisieren. In Abbildung 5 ist Punkt C realisierbar, indem der Investor zunächst das Realinvestitionsvolumen I_0^A wählt – dies ermöglicht ihm das Konsumbündel A – und sich dann einen Betrag in Höhe von F_0^C (negativ, da Kreditaufnahme) am Kapitalmarkt leiht. Mit dem Rückfluss aus der Realinvestition $f[I_0^A]$ hat er dann die Zins- und Tilgungszahlung in Höhe von $F_0^C \cdot (1+i)$ zu leisten, so dass ihm im Zeitpunkt t=1 im Ergebnis ein Konsumniveau $C_1^C = f[I_0^A] - F_0^C \cdot (1+i)$ verbleibt.

[1] Der Ursprung des (als drittes zu betrachtenden) $F_0/[F_0 \cdot (1+i)]$-Koordinatensystems liegt jetzt im Punkt A (auf der Transaktionskurve der Realinvestitionsmöglichkeiten).

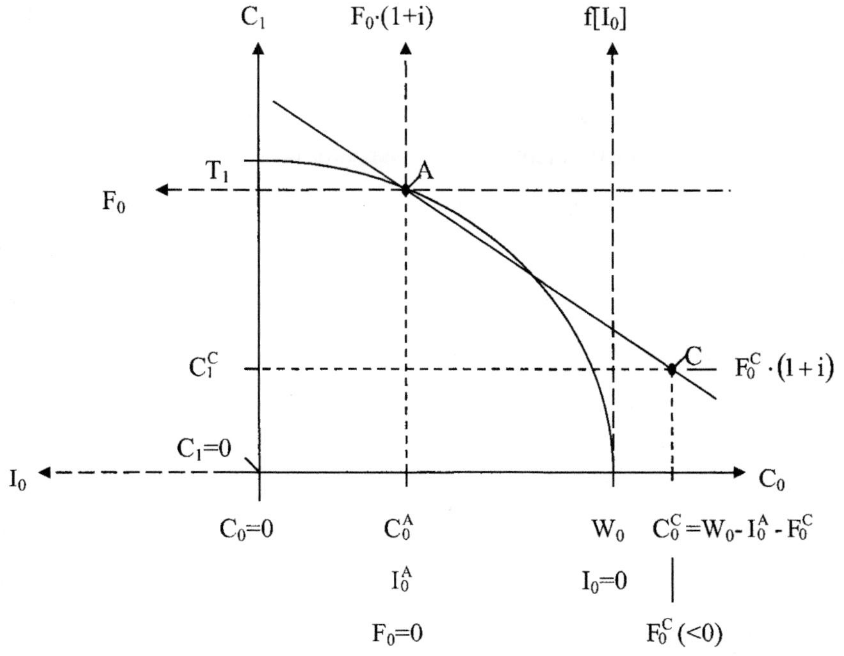

Abbildung 5: Kombination von Realinvestition und Kreditaufnahme am vollkommenen Kapitalmarkt

Eine (zur Realinvestition zusätzliche) Finanzinvestition lohnt sich für den Investor offensichtlich nur dann, wenn er durch Geldanlage oder Verschuldung ein höheres Nutzenniveau erreichen kann als ohne Inanspruchnahme des Kapitalmarkts. Dies ist immer dann der Fall, wenn der Opportunitätsbereich, also der Bereich erreichbarer Konsumbündel (C_0,C_1), gegenüber der Situation bei ausschließlicher Realinvestitionsmöglichkeit erweitert wird.

Für den nicht-trivialen Fall, dass der marginale interne Zinsfuß der ersten real investierten Geldeinheit (noch) größer ist als der Kapitalmarktzinssatz, d.h. dass die Steigung der Transformationskurve der Realinvestitionsmöglichkeiten im Schnittpunkt mit der C_0-Achse betragsmäßig (noch) größer ist als die Steigung der Kapitalmarktgeraden,[1] wird der Opportunitätsbereich des Investors offensichtlich genau dann maximal, wenn die Kapitalmarktgerade die Transformationskurve der Realinvestitionsmöglichkeiten gerade tangiert (Abbildung 6). Zu diesem Ergebnis führt auch die folgende Überlegung: Will der Investor einen Teil seines Anfangsvermögens W_0 nach t=1 transformieren, so wird er aufgrund der obigen Voraussetzung zunächst die Realinvestitionsmöglichkeit nutzen; mit zunehmendem Realinvestitionsvolumen I_0 bewegt er sich damit entlang der Transformationskurve $\overline{W_0T_1}$ vom C_0-Achsenabschnitt W_0 aus in Richtung A. Im Punkt A entspricht die Steigung der Transformationskurve $\overline{W_0T_1}$ gerade der Steigung der Kapitalmarktgeraden, der Investor ist bezüglich der zuletzt investierten Geldeinheit also gerade indifferent zwischen der Realinvestition und der Geldanlage am Kapitalmarkt. Oberhalb des Punktes A kehrt sich jedoch die Vorteilhaftigkeit einer weiteren Investition zugunsten der Kapitalmarktanlage um; der Kapitalmarktzinssatz i ist nun größer als die marginale interne Rendite einer zusätzlich real investierten Geldeinheit. Im Punkt A liegt damit der Ursprung eines neuen Koordinatensystems ($F_0/F_0\cdot(1+i)$), in welchem ggf. eine weitere Aktivität des Investors am Kapitalmarkt zu betrachten ist. Eine zur bisher erfolgten Realinvestition der Höhe I_0^A zusätzliche Finanzanlage F_0 (>0) entspricht damit einer Bewegung auf der Kapitalmarktgeraden $\overline{Z_0Z_1}$ von A ausgehend in Richtung Z_1, eine zusätzliche Kreditaufnahme F_0 (<0) einer Bewegung entlang $\overline{Z_0Z_1}$ von A ausgehend in Richtung Z_0.

Für den individuellen Investor realisierbar sind damit genau alle Punkte auf der Kapitalmarktgeraden $\overline{Z_0Z_1}$, die die Transformationskurve $\overline{W_0T_1}$ gerade tangiert. Zur Realisation von Konsumbündel A, dem Tangentialpunkt zwischen Transformationskurve $\overline{W_0T_1}$ und Kapitalmarktgerade $\overline{Z_0Z_1}$, wählt der individuelle Investor ein Realinvestitionsvolumen in Höhe von I_0^A, ohne darüber hinaus den Kapitalmarkt in Anspruch zu nehmen. Seine resultierenden Konsumniveaus entsprechen in t=0 $C_0^A = W_0 - I_0^A$, in t=1 $C_1^A = f\left[I_0^A\right]$.

---

[1] Im umgekehrten Fall würde die Transformationskurve der Realinvestitionsmöglichkeiten durch die Kapitalmarktgerade durch den C_0-Achsenabschnitt W_0 dominiert, so dass alleine der vollkommene Kapitalmarkt zu berücksichtigen bliebe.

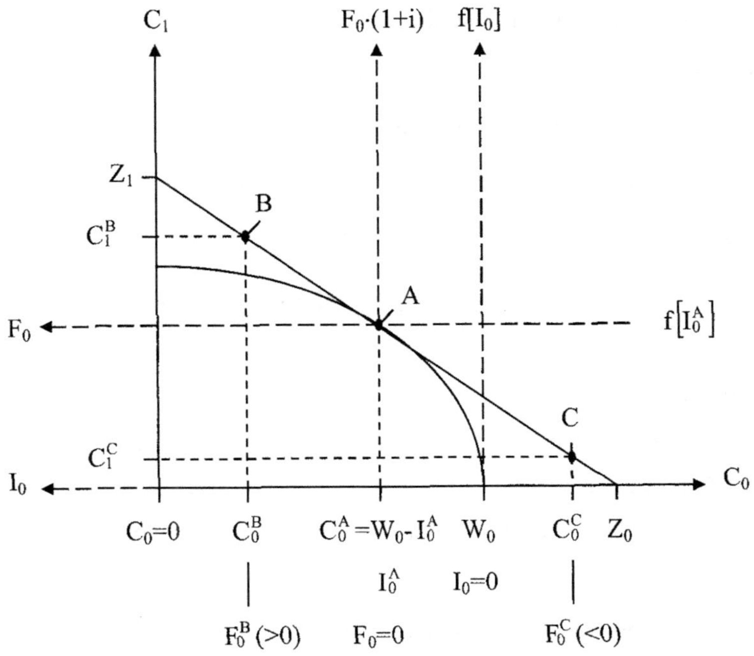

Abbildung 6: Kombination von Realinvestition und Geldanlage bzw. Kreditaufnahme am vollkommenen Kapitalmarkt

Um Konsumbündel B zu erreichen, wird zunächst wiederum real im Volumen von $I_0^B = I_0^A$ investiert, nämlich solange die marginale interne Rendite der letzten real investierten Geldeinheit noch größer ist als der Kapitalmarktzinssatz i. Über $I_0^B = I_0^A$ hinaus wird nur noch Geld am Kapitalmarkt angelegt, und zwar in Höhe von F_0^B. Für Konsum in t=1 verbleibt ein Betrag, der sich aus den Rückflüssen aus der Realinvestition $f\left[I_0^B = I_0^A\right]$ einerseits sowie Rückzahlung und (Haben-)Verzinsung der Finanzanlage $F_0^B \cdot (1+i)$ andererseits zusammensetzt, also:

$$C_1^B = f\left[I_0^B\right] + F_0^B \cdot (1+i) = f\left[I_0^A\right] + F_0^B \cdot (1+i)$$

Auch Konsumbündel C ist nur zu erreichen, wenn zunächst ein Betrag von $I_0^C = I_0^A$ real investiert wird. Das angestrebte Konsumniveau in t=0 C_0^C – welches im Beispiel größer ist als das gegebene Anfangsvermögen W_0 –, lässt sich durch Beleihung der Rückflüsse aus der Realinvestition $f[I_0^C = I_0^A]$ in t=0 am Kapitalmarkt realisieren. Der Investor nimmt also in t=0 am Kapitalmarkt einen Kredit in der erforderlichen Höhe von $\left(-F_0^C\right) = C_0^C - (W_0 - I_0^C) = C_0^C - (W_0 - I_0^A)$ auf. Die in t=1 fällig werdende Zins- und Tilgungszahlung von $F_0^C \cdot (1+i)$ mindert die Rückflüsse aus der Realinvestition $f[I_0^C = I_0^A]$, so dass für Konsumzwecke in t=1 der gewünschte Betrag von

$$C_1^C = f\left[I_0^C\right] + F_0^C \cdot (1+i) = f\left[I_0^A\right] + F_0^C \cdot (1+i)$$

verbleibt.

Damit ergibt sich jedoch das folgende entscheidende *Ergebnis*: Unabhängig von der Lage des durch die individuellen Konsumpräferenzen bestimmten optimalen Konsumbündels – charakterisiert durch den Tangentialpunkt zwischen der Kapitalmarktgeraden $\overline{Z_0Z_1}$ und der Nutzenindifferenzkurve mit höchstmöglichem Nutzenniveau – realisiert der Investor *in jedem Fall ein identisches Realinvestitionsvolumen*, welches bestimmt ist durch den Tangentialpunkt zwischen der Transformationskurve der Realinvestitionsmöglichkeiten einerseits und der Kapitalmarktgeraden andererseits, d.h. durch den Punkt auf der Transformationskurve, dessen Steigung derjenigen der Kapitalmarktgeraden entspricht. Dieser Punkt und damit das optimale Realinvestitionsvolumen $I_0^* = I_0^A$ ist jedoch damit eindeutig festgelegt durch

- die Investitionsfunktion $f[I_0]$ und
- den (einheitlichen) Kapitalmarktzinssatz i.

Weitere Informationen, insbesondere die Konsumpräferenzen des Investors, sind zur Bestimmung des optimalen Realinvestitionsvolumens nicht erforderlich. Die Konsumpräferenzen legen – entlang der Kapitalmarktgeraden – allein die Lage des nutzenmaximalen Konsumgüterbündels fest. *Investitions- und Konsumentscheidung sind* jedoch *voneinander unabhängig* und können demzufolge voneinander separiert werden.

Aufgrund dieser Separierbarkeit kann die Entscheidung des individuellen Investors in zwei voneinander unabhängige Schritte aufgespalten werden:

1. Ermittlung des optimalen Realinvestitionsvolumens I_0^*. Dies ist dort erreicht, wo die marginale interne Rendite der Realinvestition gerade dem Kapitalmarktzinssatz i entspricht.
2. Ermittlung des Konsumoptimums. Dies geschieht i.d.R. durch zusätzliche Kapitalmarkttransaktionen gemäß den intertemporalen Konsumpräferenzen.

Dieses Ergebnis, welches als *Fisher-Separation* in der Literatur bekannt ist, liefert nun endlich den Schlüssel für unser Vorhaben, den Kapitalwert als Ersatzzielgröße des betrachteten Investors zu begründen. Dazu fehlt noch ein weiterer Schritt: Bisher konnte gezeigt werden, dass das durch den Punkt auf der Transformationskurve der Realinvestitionsmöglichkeiten mit der Steigung -(1+i) definierte optimale Investitionsvolumen I_0^* unabhängig von den individuellen Konsumpräferenzen gleichzeitig das Konsumniveau maximiert. Lässt sich nun noch zeigen, dass dieses Investitionsvolumen I_0^* gleichzeitig auch den Kapitalwert der Realinvestitionsmöglichkeit maximiert, ist die gesuchte Beziehung zwischen dem Kapitalwertkriterium und der Maximierung der intertemporalen Konsumnutzenfunktion des individuellen Investors hergestellt.

Auch dieser letzte Schritt soll zunächst wieder graphisch erfolgen (Abbildung 7). Zur Ermittlung des Kapitalwerts eines gegebenen Realinvestitionsvolumens betrachten wir einen beliebigen Punkt A auf der Transformationskurve $\overline{W_0T_1}$, der das zugehörige Investitionsvolumen I_0^A festlegt. Durch A verläuft die Kapitalmarktgerade $\overline{Z_0Z_1}$, die, wie gezeigt, die aus I_0^A resultierenden Möglichkeiten von Kapitalmarktaktivitäten abbildet.

Die Steigung der Kapitalmarktgeraden $\overline{Z_0Z_1}$ beträgt –(1+i). Damit gilt im rechtwinkligen Dreieck $\overline{A(W_0 - I_0^A)Z_0}$:

$$\tan\alpha = \frac{\overline{(W_0 - I_0^A)A}}{\overline{(W_0 - I_0^A)Z_0}} = \frac{f[I_0^A]}{Z_0 - (W_0 - I_0^A)} = 1 + i$$

$$\Leftrightarrow$$

$$Z_0 - (W_0 - I_0^A) = \frac{f[I_0^A]}{1 + i}$$

$$\Leftrightarrow$$

$$Z_0 - W_0 = -I_0^A + \frac{f\left[I_0^A\right]}{1+i} \qquad \text{(II.9)}$$

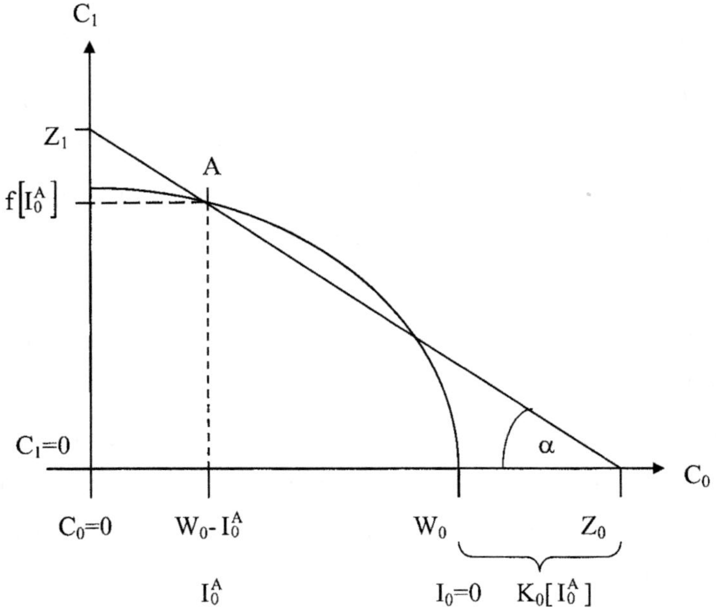

Abbildung 7: Kapitalwert im Fisher-Hirshleifer-Modell

Der Ausdruck auf der rechten Seite der Gleichung (II.9) entspricht aber exakt der Definition des Kapitalwerts der Realinvestitionsmöglichkeit mit der Anschaffungsauszahlung bzw. dem Realinvestitionsvolumen von I_0^A und einem Einzahlungsüberschuss aus dieser Investition am Periodenende t=1 in Höhe von $f\,[I_0^A]$, abgezinst mit dem *Kapitalmarktzinssatz i als Kalkulationszinssatz* auf den Beginn der Periode t=0. In der graphischen Darstellung entspricht also die Strecke zwischen dem Schnittpunkt der Kapitalmarktgeraden mit der C_0-Achse Z_0 und dem Anfangsvermögen W_0 gerade dem Kapitalwert des zum Punkt A gehörenden Realinvestitionsvolumens I_0^A. Dieser Kapitalwert soll im Folgenden mit $K_0[I_0^A]$ bezeichnet werden. Auch graphisch lässt sich damit die bekannte ökonomische Interpretation des Kapitalwerts als Erhöhung des Anfangsvermögens des Investors bzw. als mit dem Kalkulationszinssatz i auf den Entscheidungszeitpunkt t=0 abgezinste Erhöhung des Endvermögens bestätigen, die bei Realisation der verfügbaren Realinvestitionsmöglichkeit gegenüber der Unterlassungsalternative – hier Geldanlage am vollkommenen Kapitalmarkt zum Zinssatz i – erreicht werden kann.

Dass das durch den Tangentialpunkt zwischen Kapitalmarktgerade und Transformationskurve festgelegte optimale Realinvestitionsvolumen I_0^* gerade den Kapitalwert maximiert und umgekehrt der maximale Kapitalwert exakt I_0^* determiniert, wird zunächst graphisch offensichtlich, wenn man die Bewegung des Schnittpunkts Z_0 bei Parallelverschiebung der Kapitalmarktgeraden entlang aller Punkte der Transformationskurve $\overline{W_0T_1}$ verfolgt. Ausgehend von Punkt W_0 bewegt sich der C_0-Achsenabschnitt Z_0 mit steigendem Realinvestitionsvolumen I_0 nach rechts, $K_0[I_0^A]$ wächst also, erreicht sein Maximum genau dann, wenn die Kapitalmarktgerade die Transformationskurve tangiert – $K_0[I_0^A]$ wird damit ebenfalls maximal – und bewegt sich bei weiter steigendem Realinvestitionsvolumen wieder nach links, $K_0[I_0^A]$ sinkt wieder.

Fisher-Separation und Begründung des Kapitalwertkriteriums sollen nun auch formal abgeleitet werden. Bei simultaner Berücksichtigung von Realinvestitionsmöglichkeit und vollkommenem Kapitalmarkt wird das Optimierungsproblem des individuellen Investors zu:

$$\begin{aligned} &\max_{C_0,C_1,I_0,F_0} U[C_0,C_1] \\ &\text{u.d.N. } C_1 = f[I_0] + F_0 \cdot (1+i) \\ &\qquad\quad I_0 = W_0 - C_0 - F_0 \end{aligned}$$

$$\Leftrightarrow$$

$$\begin{aligned} &\max_{C_0,C_1,F_0} U[C_0,C_1] \\ &\text{u.d.N. } C_1 = f[W_0 - C_0 - F_0] + F_0 \cdot (1+i) \end{aligned} \tag{II.10}$$

Dabei ist die Kapitalmarktvariable F_0 nicht vorzeichenbeschränkt; $F_0>0$ entspricht einer Geldanlage, $F_0<0$ einer Kreditaufnahme am vollkommenen Kapitalmarkt.

Zur Lösung des konvexen Optimierungsproblems wird die Lagrange-Funktion gebildet und werden deren partielle Ableitungen gleich null gesetzt:

$$L = U[C_0,C_1] + \lambda \cdot (f[W_0\text{-}C_0\text{-}F_0] + F_0\cdot(1+i) - C_1) \tag{II.11}$$

$$\frac{\partial L}{\partial C_0} = \frac{\partial U}{\partial C_0} + \lambda\cdot\frac{df}{dI_0}\cdot\frac{\partial I_0}{\partial C_0} = \frac{\partial U}{\partial C_0} - \lambda\cdot\frac{df}{dI_0} = 0 \tag{II.12}$$

$$\frac{\partial L}{\partial C_1} = \frac{\partial U}{\partial C_1} - \lambda = 0 \tag{II.13}$$

$$\frac{\partial L}{\partial F_0} = \lambda\cdot\left(\frac{df}{dI_0}\cdot\frac{\partial I_0}{\partial F_0} + (1+i)\right) = 0 \tag{II.14}$$

Da aufgrund des Nichtsättigungsaxioms die Restriktion des obigen Optimierungsproblems immer bindend ist, gilt im Optimum grundsätzlich $\lambda^* \neq 0$. Bedingung (II.14) ist dann aber wegen $\partial I_0/\partial F_0=(-1)$ äquivalent zu:

$$\frac{df}{dI_0} = 1+i \tag{II.15}$$

In Bedingung (II.15) manifestiert sich sowohl die Fisher-Separation als auch die Begründung des Kapitalwertkriteriums. Zunächst wird das Ergebnis bestätigt, dass zur Festlegung des optimalen Realinvestitionsvolumens die Kenntnis der Investitionsfunktion $f[I_0]$ bzw. ihrer ersten Ableitung sowie des Kapitalmarktzinssatzes i ausreicht; weitere Informationen, insbesondere bezüglich der intertemporalen Konsumpräferenzen des Investors, werden nicht benötigt.

Weiterhin ist Bedingung (II.15) aber auch notwendige Bedingung für die Maximierung des Kapitalwerts der Realinvestition; Maximierung von

$$K_0 = -I_0 + f[I_0]\cdot(1+i)^{-1} = -I_0 + \frac{f[I_0]}{1+i}$$

liefert mit

$$\frac{dK_0}{dI_0} = -1 + \frac{\frac{df}{dI_0}}{1+i} = 0$$

$$\Leftrightarrow$$

$$\frac{df}{dI_0} = 1+i$$

tatsächlich dieselbe Optimalitätsbedingung (II.15) wie bei der Lösung des Optimierungsproblems des Fisher-Hirshleifer-Modell (II.10).

Der Vollständigkeit halber sei auch die zweite Optimalitätsbedingung des Optimierungsproblems (II.10) angegeben: aus (II.12) und (II.13) wird wiederum

$$\frac{\frac{\partial U}{\partial C_0}}{\frac{\partial U}{\partial C_1}} = -\frac{dC_1}{dC_0} = \frac{df}{dI_0} \tag{II.16}$$

und unter Berücksichtigung von (II.15):

$$-\frac{dC_1}{dC_0} = \frac{df}{dI_0} = 1 + i \tag{II.17}$$

Im Konsumoptimum stimmt also die Grenzrate der Substitution zwischen den Konsumniveaus der Zeitpunkte t=1 und t=0 mit der Grenzrate der Transformation überein, die wiederum – aufgrund der Fisher-Separation – der Steigung der Kapitalmarktgeraden entspricht.

Die Fisher-Separation hat für die betriebswirtschaftliche Investitionsplanung entscheidende Konsequenzen. Sind (bzw. wären) die entsprechenden Voraussetzungen – vollkommener Kapitalmarkt, Sicherheit hinsichtlich zukünftiger Einzahlungsüberschüsse und Zinssätze – gegeben, ist das Problem des „richtigen" Zielkriteriums im Rahmen der Investitionsplanung gelöst; die Maximierung des Kapitalwerts stellt ein Realinvestitionsvolumen sicher, von dem aus jeder individuelle Investor gleichzeitig sein individuelles Nutzenoptimum realisieren kann.

Wie sich leicht zeigen lässt, hält die Fisher-Separation ceteris paribus auch bei Erweiterung des Fisher-Hirshleifer-Modells auf den Fall mehrerer Investoren bzw. Anteilseigner einer Unternehmung, die (nur) gemeinsam über den Zugang zu einer gegebenen Realinvestitionsmöglichkeit, repräsentiert durch die Investitionsfunktion $f[I_0]$, verfügen. Das individuelle Optimierungsproblem eines mit einem Anteil von α an der gemeinsamen Unternehmung beteiligten Anteilseigners A lautet folgendermaßen:

$$\max_{C_0^A, C_1^A, I_0^A, F_0^A} U\left[C_0^A, C_1^A\right]$$

$$\text{u.d.N.} \quad C_1^A = \alpha \cdot f[I_0] + F_0^A \cdot (1+i)$$

$$I_0^A = W_0^A - C_0^A - F_0^A$$

$$I_0^A = \alpha \cdot I_0 \Leftrightarrow I_0 = I_0^A / \alpha$$

$$\Leftrightarrow$$

$$\max_{C_0^A, C_1^A, F_0^A} U\left[C_0^A, C_1^A\right]$$
$$\text{u.d.N.} \quad C_1^A = \alpha \cdot f\left[\frac{W_0^A - C_0^A - F_0^A}{\alpha}\right] + F_0^A \cdot (1+i) \qquad \text{(II.18)}$$

Wird die partielle Ableitung der Lagrange-Funktion

$$L = U\left[C_0^A, C_1^A\right] + \lambda^A \cdot \left(\alpha \cdot f\left[\frac{W_0^A - C_0^A - F_0^A}{\alpha}\right] + F_0^A \cdot (1+i)\right) \qquad \text{(II.19)}$$

nach der Kapitalmarktvariablen F_0^A gleich null gesetzt,

$$\frac{\partial L}{\partial F_0^A} = \lambda^A \cdot \left(\alpha \cdot \frac{df}{dI_0} \cdot \left(-\frac{1}{\alpha}\right) + (1+i)\right)$$
$$= \lambda^A \cdot \left(-\frac{df}{dI_0} + (1+i)\right) = 0,$$

so resultiert die gleiche Optimalitätsbedingung wie im Fall des individuellen Investors und, da die Budgetbeschränkung des Anteilseigners A grundsätzlich bindend, λ^{A*} also von null verschieden ist, mit

$$\frac{df}{dI_0} = 1 + i$$

die unveränderte Bedingung für das optimale Realinvestitionsvolumen; die individuellen Konsumpräferenzen des Anteilseigners spielen für dessen Festlegung keine Rolle.

Dieses Ergebnis impliziert aber, dass unter den Anteilseignern trotz ggf. heterogener individueller Konsumpräferenzen hinsichtlich des optimalen Realinvestitionsvolumens I_0^* Einmütigkeit besteht; die Existenz des vollkommenen Kapitalmarktes ermöglicht weiterhin eine Separierbarkeit zwischen der – nunmehr gemeinsamen – Realinvestitionsentscheidung und den individuellen Konsumentscheidungen. Dies ermöglicht der Unternehmensleitung ohne Kenntnis der individuellen Konsumpräferenzen die Festlegung und Umsetzung einer Investitionspolitik, die aus Sicht aller Anteilseigner optimal ist.

II.2 Die Berücksichtigung von Ertragsteuern im Kapitalwertkriterium

Nachdem bisher begründet wurde, dass unter den Modellannahmen des vollkommenen Kapitalmarktes bei Sicherheit die Maximierung des Kapitalwerts als sinnvolle (Ersatz-)Zielsetzung eines rationalen Investors herangezogen werden kann, soll im Folgenden die Erweiterung dieses Kriteriums um die Ertragsbesteuerung betrachtet werden. Konkret wird das geltende deutsche Ertragsteuerrecht mit seinen Bestandteilen bzw. Einzelsteuern Gewerbe(ertrag)steuer, Körperschaftsteuer, Einkommensteuer sowie Solidaritätszuschlag berücksichtigt, dabei werden die relevanten steuerrechtlichen Grundlagen als bekannt vorausgesetzt.

II.2.1 Steuerwirkungen als Ausgangspunkt der betriebswirtschaftlichen Steuerplanung

Die ökonomische Steuerwirkungslehre beschäftigt sich, wie im Kapitel III ausführlich zu zeigen sein wird, mit der Bestimmung und der Suche nach *entscheidungsneutralen*, insbesondere investitionsneutralen Steuersystemen. An dieser Stelle genügt zunächst die Definition von *DIETER SCHNEIDER*:[1]

> „Steuerrechtssetzungen, die bei vernünftigen Steuerpflichtigen keine Ausweichhandlungen verursachen, heißen **entscheidungsneutral.** Entscheidungsneutralität eines gerade betrachteten Steuersystems bedeutet: Die Rangordnung der unternehmerischen Handlun-

---

[1] S. Schneider, D., 1992, S. 193.

> gen, wie sie für eine Welt ohne Steuern unter sonst gleichen Bedingungen geplant würden, ändert sich bei Berücksichtigung der Steuerzahlungen aufgrund eines gerade im Modell betrachteten Steuerrechtssystems nicht. Die zielentsprechende Rangordnung der Wahlhandlungen „vor Steuern", d.h. in einer Modellwelt ohne Einrechnung von Steuern, deckt sich mit der zielentsprechenden Rangordnung „nach Steuern", d.h. mit Einrechnung von Steuerzahlungen."

Im Zusammenhang mit betrieblichen Investitionsentscheidungen konkretisiert sich das Kriterium der Entscheidungsneutralität zum Merkmal der *Investitionsneutralität* der Besteuerung. Wie bereits in der allgemeinen Definition von Schneider angelegt, heißt eine Steuer investitionsneutral, wenn sie

1. weder die Vorteilhaftigkeit eines Einzelinvestitionsobjektes
2. noch die Rangordnung zwischen mehreren alternativen Investitionsobjekten

verändert.

Wäre die Voraussetzung der Entscheidungsneutralität bzw. Investitionsneutralität des Steuersystems in der Realität erfüllt, müsste die Besteuerung im Rahmen unternehmerischer Entscheidungskalküle nicht berücksichtigt werden, d.h. eine *Steuerplanung wäre unnötig*! Durch die Einbeziehung von Steuern in betriebswirtschaftliche Entscheidungsmodelle könnten keine zusätzlichen Informationen über die Vorteilhaftigkeit von Einzelinvestitionsobjekten oder die Vorteilhaftigkeitsrangfolge zwischen sich ausschließenden Investitionsalternativen gewonnen werden.

Umgekehrt bedeutet dies aber, dass (erst) die Existenz von Steuerwirkungen die Notwendigkeit einer betriebswirtschaftlichen Steuerplanung im Sinne einer Berücksichtigung von Steuern in Entscheidungsmodellen (insbesondere) der Investitions- und Finanzplanung impliziert, kann doch in diesem Fall die Besteuerung die Vorteilhaftigkeit von bzw. Vorteilhaftigkeitsrangfolge zwischen Entscheidungsalternativen verändern. Das Erfordernis einer betriebswirtschaftlichen Steuerplanung ist also mit der Tatsache zu begründen, dass das in der Realität gegebene (deutsche) Ertragsteuersystem der Forderung nach Entscheidungs- bzw. Investitionsneutralität nicht genügt. Dieser Nachweis soll an dieser Stelle (zunächst nur) mittels des sogenannten *Ertragsteuerparadoxons* erfolgen, wonach der Kapitalwert nach Steuern eines Investitionsobjektes mit zunehmendem Steuersatz steigen kann.

Zahlenbeispiel 1:

Betrachtet werde das durch die folgende Zahlungsreihe gekennzeichnete Investitionsobjekt mit einer Laufzeit von drei Jahren:

t=0	t=1	t=2	t=3
$Z_0=I_0=-3.000{,}00$	$Z_1=0$	$Z_2=2.389{,}75$	$Z_3=1.331{,}00$

Der Kalkulationszinsfuß vor Steuern beträgt über die gesamte Nutzungsdauer i=10% p.a. Damit beträgt der Kapitalwert vor Steuern K_0:

$$\begin{aligned} K_0 &= -I_0 + \sum_{t=1}^{3} Z_t \cdot (1+i)^{-t} \\ &= -3.000 + 2.389{,}75 \cdot 1{,}1^{-2} + 1.331 \cdot 1{,}1^{-3} \\ &= -3.000 + 1.975 + 1.000 \\ &= -25 < 0 \end{aligned}$$

Der Kapitalwert vor (bzw. ohne) Steuern ist negativ, die Realisation des Investitionsobjektes gegenüber der Unterlassungsalternative also nicht vorteilhaft.[1]

Zur Berücksichtigung der Ertragsbesteuerung sind zusätzliche Annahmen erforderlich. Der im Zeitablauf ebenfalls konstante, effektive Ertragsteuersatz beträgt s=60%, der Kalkulationszinsfuß nach Steuern damit $i_{S,t} = i_S = i \cdot (1-s) = 0{,}04$. Damit wird unterstellt, dass sowohl die Unterlassungsalternative, hier die Kapitalmarktaktivität, als auch die Verwendung während der Nutzungsdauer aus dem Investitionsobjekt freigesetzter Zahlungen genauso besteuert werden wie die Einzahlungsüberschüsse des Realinvestitionsobjektes (s. ausführlicher u.). Das Investitionsobjekt wird über seine Nutzungsdauer von drei Jahren linear abgeschrieben, die jährlichen

---

[1] Im Rahmen des Fisher-Hirshleifer-Modells bedeutete dies, dass die Kapitalmarktgerade die Transformationskurve der Realinvestitionsmöglichkeiten dominiert.

Abschreibungsbeträge sind durch AfA_t=1.000 (t=1,2,3) gegeben. Damit beträgt der Kapitalwert nach Steuern K_0^S (zur genauen Bestimmung s.u.):

$$
\begin{aligned}
K_0^S &= -I_0 + \sum_{t=1}^{3} \left[Z_t - s \cdot \left(Z_t - AfA_t\right)\right] \cdot \left(1+i_S\right)^{-t} \\
&= -3.000 \\
&\quad + \left[0 - 0{,}6 \cdot \left(0 - 1.000\right)\right] \cdot 1{,}04^{-1} \\
&\quad + \left[2.389{,}75 - 0{,}6 \cdot \left(2.389{,}75 - 1.000\right)\right] \cdot 1{,}04^{-2} \\
&\quad + \left[1.331{,}00 - 0{,}6 \cdot \left(1.331{,}00 - 1.000\right)\right] \cdot 1{,}04^{-3} \\
&= -3.000 + 576{,}92 + 1.438{,}52 + 1.006{,}70 \\
&= 22{,}14 > 0
\end{aligned}
$$

Der Kapitalwert unter Berücksichtigung von Steuern ist positiv, die Realisation des Investitionsobjektes damit gegenüber der Unterlassungsalternative vorteilhaft.

Zahlenbeispiel 2:

Betrachtet werden nun die beiden durch die folgenden Zahlungsreihen charakterisierten Investitionsalternativen mit einer Laufzeit von jeweils drei Jahren:

Objekt	t=0	t=1	t=2	t=3
I	I_0=-21.000	Z_1=0	Z_2=6.050	Z_3=26.620
II	I_0=-21.000	Z_1=22.000	Z_2=6.050	Z_3=1.331

Weiterhin sind die folgenden Daten gegeben:

- Kalkulationszinsfuß vor Steuern: i=10% p.a.
- Effektiver Ertragsteuersatz: s=60%
- Kalkulationszinssatz nach Steuern: i_S=4%
- Jährliche Abschreibungsbeträge: AfA_t=7.000 (t=1,2,3)

Die Kapitalwerte vor Steuern betragen dann:

- für Projekt I:

$$
\begin{aligned}
K_0^I &= -21.000 + 6.050 \cdot 1{,}1^{-2} + 26.620 \cdot 1{,}1^{-3} \\
&= -21.000 + 5.000 + 20.000 \\
&= 4.000
\end{aligned}
$$

- für Projekt II:

$$
\begin{aligned}
K_0^{II} &= -21.000 + 22.000 \cdot 1{,}1^{-1} + 6.050 \cdot 1{,}1^{-2} + 1.331 \cdot 1{,}1^{-3} \\
&= -21.000 + 20.000 + 5.000 + 1.000 \\
&= 5.000
\end{aligned}
$$

Investitionsobjekt II weist einen höheren (und positiven) Kapitalwert vor Steuern auf als Investitionsobjekt I, wird also bevorzugt.

Als Kapitalwerte nach Steuern ergeben sich dagegen

- für Projekt I:

$$
\begin{aligned}
K_0^{I,S} &= -21.000 \\
&\quad + [0 - 0{,}6 \cdot (0 - 7.000)] \cdot 1{,}04^{-1} \\
&\quad + [6.050 - 0{,}6 \cdot (6.050 - 7.000)] \cdot 1{,}04^{-2} \\
&\quad + [26.620 - 0{,}6 \cdot (26.620 - 7.000)] \cdot 1{,}04^{-3} \\
&= 2.358{,}84
\end{aligned}
$$

- für Projekt II:

$$
\begin{aligned}
K_0^{II,S} &= -21.000 \\
&\quad + [22.000 - 0{,}6 \cdot (22.000 - 7.000)] \cdot 1{,}04^{-1} \\
&\quad + [6.050 - 0{,}6 \cdot (6.050 - 7.000)] \cdot 1{,}04^{-2} \\
&\quad + [1.331 - 0{,}6 \cdot (1.331 - 7.000)] \cdot 1{,}04^{-3} \\
&= 1.827{,}65
\end{aligned}
$$

Investitionsobjekt I weist also unter Berücksichtigung von Ertragsteuern einen höheren Kapitalwert nach Steuern auf als Investitionsobjekt II, die *Vorteilhaftigkeitsrangfolge* zwischen beiden Investitionsalternativen hat sich durch die Besteuerung *umgekehrt*.

Die Tatsache, dass der Kapitalwert nach Steuern eines Investitionsobjektes mit steigendem Steuersatz steigen kann, verwundert auf den ersten Blick, lässt sich jedoch bei genauer Analyse der Kapitalwertformel unter Berücksichtigung von Ertragsteuern leicht erklären. Bei der folgenden Analyse wird zur Vereinfachung weiterhin von der folgenden Definition des Kapitalwerts nach Steuern ausgegangen:

$$K_0^S := -I_0 + \sum_{t=1}^{T} \left[Z_t - s_t \cdot \left(Z_t - AfA_t \right) \right] \cdot \prod_{\tau=1}^{t} \left(1 + i_{S,\tau} \right)^{-1}$$

Unter der weiteren vereinfachenden Annahme, dass sowohl der Ertragsteuersatz als auch der Kalkulationszinsfuß vor Steuern über die Nutzungsdauer T des betrachteten Investitionsobjektes konstant bleiben, vereinfacht sich die Definition weiter zu:

$$K_0^S := -I_0 + \sum_{t=1}^{T} \left[Z_t - s \cdot \left(Z_t - AfA_t \right) \right] \cdot \left(1 + i_S \right)^{-t} \qquad \text{(II.20)}$$

Würde sich der Einfluss der Besteuerung allein auf die Einzahlungsüberschüsse Z_t beschränken, d.h. würden diese die ertragsteuerlichen Periodenbemessungsgrundlagen darstellen, und würde darüber hinaus die Besteuerung den Kalkulationszinsfuß nicht beeinflussen, könnte das Phänomen des Ertragsteuerparadoxons nicht auftreten. Es lässt sich zeigen, dass ein Ertragsteuersystem mit diesen und einigen zusätzlichen Eigenschaften in der Tat entscheidungsneutral ist (s. Kapitel III).

Die Ertragsbesteuerung wirkt jedoch über zwei weitere Einflussgrößen auf den Kapitalwert nach Steuern ein:

- Erstens gehen neben den Einzahlungsüberschüssen (u.a.) auch Abschreibungen in die steuerliche Bemessungsgrundlage ein und
- zweitens hat die Berücksichtigung der Ertragsbesteuerung durch Ansatz des Kalkulationszinsfußes nach Steuern, der dem um den effektiven Ertragsteuersatz gekürzten Kalkulationszinsfuß vor Steuern entspricht, regelmäßig auch im Rahmen der Unterlassungsalternative zu erfolgen.

Im Gegensatz zu den Ertragsteuerzahlungen, die bei positiven Periodenbemessungsgrundlagen den Kapitalwert nach Steuern grundsätzlich senken, bewirkt sowohl die Verringerung der Bemessungsgrundlage durch Abschreibungen als auch eine Senkung des Abzinsungsfaktors eine gegenläufige Erhöhung des Kapitalwerts. Überwiegt dieser positive Einfluss, kann im Ergebnis der Kapitalwert mit steigendem Steuersatz steigen.

Zur Untersuchung dieser Zusammenhänge wird die Kapitalwertformel nach Ertragsteuern (II.20) nach dem Steuersatz s abgeleitet:

$$\frac{dK_0^S}{ds} = \sum_{t=1}^{T} \frac{d[Z_t - s\cdot(Z_t - AfA_t)]}{ds}\cdot(1+i_S)^{-t} + \sum_{t=1}^{T}[Z_t - s\cdot(Z_t - AfA_t)]\cdot\frac{d\left[(1+i_S)^{-t}\right]}{ds}$$

$$= \sum_{t=1}^{T} -(Z_t - AfA_t)\cdot(1+i_S)^{-t} + \sum_{t=1}^{T}[Z_t - s\cdot(Z_t - AfA_t)]\cdot i\cdot t\cdot(1+i_S)^{-(t+1)}$$

Nach einigen weiteren Umformungen folgt:

$$\frac{dK_0^S}{ds} = \sum_{t=1}^{T} AfA_t\cdot\left[i\cdot t\cdot s\cdot(1+i_S)^{-(t+1)} + (1+i_S)^{-t}\right] - \sum_{t=1}^{T} Z_t\cdot\left[(1+i_S)^{-t} - i\cdot t\cdot(1-s)\cdot(1+i_S)^{-(t+1)}\right] \tag{II.21}$$

Das Ertragsteuerparadoxon tritt auf, wenn der Kapitalwert nach Steuern mit steigendem Steuersatz s zunimmt, d.h. wenn die Ableitung (II.21) positiv ist. Dies ist aber genau dann der Fall, wenn der Minuend auf der rechten Seite von (II.21), im Folgenden bezeichnet als *Abschreibungsterm*, größer ist als der Subtrahend, bezeichnet als *Zahlungsterm*, d.h. wenn gilt:

$$\sum_{t=1}^{T} AfA_t\cdot\left[i\cdot t\cdot s\cdot(1+i_S)^{-(t+1)} + (1+i_S)^{-t}\right] > \sum_{t=1}^{T} Z_t\cdot\left[(1+i_S)^{-t} - i\cdot t\cdot(1-s)\cdot(1+i_S)^{-(t+1)}\right] \tag{II.22}$$

Eine Interpretation dieser Bedingung wird durch die folgende Grenzbetrachtung möglich: für $s\to 0$ wird (II.22) zu:

$$\sum_{t=1}^{T} AfA_t \cdot (1+i)^{-t} > \sum_{t=1}^{T} Z_t \cdot \left[(1+i)^{-t} - i \cdot t \cdot (1+i)^{-(t+1)}\right] \tag{II.23}$$

Der Ausdruck auf der linken Seite von (II.23) gibt den Barwert der jährlichen Abschreibungsbeträge an. Der Ausdruck auf der rechten Seite entspricht, wie leicht zu zeigen ist, dem Barwert der jährlichen sogenannten *Ertragswertabschreibungen*, die, wie im Kapitel III zu zeigen sein wird, ein essentieller Bestandteil des Modells der Besteuerung des ökomomischen bzw. kapitaltheoretischen Gewinns sind. Dieses Modell etabliert Investitionsneutralität dadurch, dass die Kapitalwerte vor und nach Steuern eines Einzelinvestitionsobjektes gerade übereinstimmen.

Der *Ertragswert* der Zahlungsreihe eines (Real-)Investitionsobjektes im Zeitpunkt t, d.h. am Ende der Periode t, ist definiert durch

$$EW_t := \sum_{\tau=t+1}^{T} Z_t \cdot (1+i)^{-(\tau-t)}, \tag{II.24}$$

also durch den Barwert aller zukünftigen Einzahlungsüberschüsse des Investitionsobjektes unmittelbar nach Entnahme des Einzahlungsüberschusses zu diesem Zeitpunkt.

Die *Ertragswertabschreibung* im Zeitpunkt t ist gegeben durch die Differenz des Einzahlungsüberschusses in diesem Zeitpunkt und der Zinsen auf den Ertragswert der Vorperiode:

$$Z_t - i \cdot EW_{t-1}$$

Der *Barwert aller Ertragswertabschreibungen* während der Nutzungsdauer eines Investitionsobjektes beträgt dann:

$$\begin{aligned}
&\sum_{t=1}^{T} (Z_t - i \cdot EW_{t-1}) \cdot (1+i)^{-t} \\
&= \sum_{t=1}^{T} \left(Z_t - i \cdot \sum_{\tau=t}^{T} Z_\tau \cdot (1+i)^{-(\tau-t+1)} \right) \cdot (1+i)^{-t} \\
&= \sum_{t=1}^{T} Z_t \cdot (1+i)^{-t} - i \cdot \sum_{t=1}^{T} \sum_{\tau=t}^{T} Z_\tau \cdot (1+i)^{-(\tau+1)} \\
&= \sum_{t=1}^{T} Z_t \cdot (1+i)^{-t} - i \cdot t \cdot \sum_{t=1}^{T} Z_t \cdot (1+i)^{-(t+1)}
\end{aligned}$$

$$= \sum_{t=1}^{T} Z_t \cdot \left[(1+i)^{-t} - i \cdot t \cdot (1+i)^{-(t+1)}\right]$$

Der Ausdruck auf der rechten Seite in Bedingung (II.23) entspricht also tatsächlich dem Barwert der Ertragswertabschreibungen, das Ertragsteuerparadoxon tritt also auf, wenn, gemessen an diesem Wert, der Barwert der tatsächlichen Abschreibungen auf der linken Seite von (II.23) zu groß ist.

Um weitere Aussagen über Bedingungen bzw. Voraussetzungen des Ertragsteuerparadoxons zu erhalten, ist Bedingung (II.22), d.h. sind die Vorzeichen des Abschreibungs- und des Zahlungsterms näher zu untersuchen:

- Der Abschreibungsterm auf der linken Seite von (II.22) ist für nichtnegative Abschreibungsbeträge, Steuersätze und Kalkulationszinsfüße vor Steuern offensichtlich stets positiv, der erste Summand seines zweiten Faktors ist unter diesen Voraussetzungen nichtnegativ, der zweite Summand positiv.
- Das Vorzeichen des Zahlungsterms auf der rechten Seite von (II.22) ist dagegen nicht eindeutig festgelegt; sowohl die einzelnen Einzahlungsüberschüsse des Investitionsobjektes als auch der zweite Faktor unter dem Summenzeichen können jeweils positiv oder negativ sein oder null betragen.

Das Ertragsteuerparadoxon tritt damit auf, wenn

- entweder der Zahlungsterm negativ ist
- oder der Zahlungsterm zwar positiv, jedoch kleiner als der (stets positive) Abschreibungsterm ist.

Weitere allgemeine Aussagen über Bedingungen bzw. Voraussetzungen des Ertragsteuerparadoxons sind nicht möglich, es können lediglich für bestimmte Fälle *Tendenzaussagen* gemacht werden. Beispielsweise wird für den *Fall ausschließlich positiver Einzahlungsüberschüsse* Z_t des Investitionsobjektes der Zahlungsterm

$$\sum_{t=1}^{T} Z_t \cdot \left[(1+i_S)^{-t} - i \cdot t \cdot (1-s) \cdot (1+i_S)^{-(t+1)}\right]$$

$$= \sum_{t=1}^{T} Z_t \cdot (1+i_S)^{-t} \cdot \left[1 - i_S \cdot t \cdot (1+i_S)^{-1}\right]$$

tendenziell klein. Damit tritt das *Ertragsteuerparadoxon tendenziell eher* auf, wenn der dritte Faktor unter dem Summenzeichen

$$1 - i_S \cdot t \cdot (1 + i_S)^{-1}$$

tendenziell klein ist. Das ist aber, wie sich leicht zeigen lässt, der Fall

- je größer der Kalkulationszinsfuß vor Steuern i ist,
- je größer t wird, d.h. je länger die Nutzungsdauer T ist und
- je kleiner der Steuersatz s ist.

II.2.2 Der Kapitalwert nach Ertragsteuern

Die Frage, ob eine Berücksichtigung von Steuern im Rahmen der Investitionsrechnung und –planung erforderlich ist, war lange Zeit in der deutschsprachigen betriebswirtschaftlichen Literatur umstritten. Erst etwa seit Beginn der 80er Jahre des 20. Jahrhunderts hat sich insbesondere durch die Arbeiten von F.W. WAGNER die inzwischen allgemein akzeptierte Erkenntnis durchgesetzt, dass die Voraussetzung der Entscheidungs- bzw. Investitionsneutralität in realen Steuersystemen und insbesondere auch im deutschen Steuerrecht keineswegs gegeben ist, so dass Steuern im Rahmen der Investitionsrechnung zwingend zu berücksichtigen sind, um Fehlentscheidungen zu vermeiden.[1] Im Folgenden wird, dieser Einsicht entsprechend, untersucht, ob das Kapitalwertkriterium als im Nichtsteuerfall wichtigstes Instrument der dynamischen Investitionsrechnung bei Sicherheit auch im (praktischen Regel-)Fall der Existenz und Relevanz von Ertragsteuern weiterhin (problemlos) anwendbar und wie es ggf. um steuerliche Aspekte zu erweitern ist. Eine ausführliche Auseinandersetzung mit dem Kriterium der Investitionsneutralität und der Nichtneutralität des bestehenden Steuerrechts erfolgt erst im Anschluss in Kapitel III.

[1] Vgl. Wagner, F.W., 1981; Wagner / Dirrigl, 1980.

II.2.2.1 Alternativen der Berücksichtigung von Steuern im Kapitalwertkriterium

In der Literatur werden drei alternative Ansätze zur Berücksichtigung der Ertragsbesteuerung im Kapitalwertkriterium behandelt.

Die *Bruttomethode* erweitert den Kapitalwert durch Berücksichtigung von *Steuern ausschließlich im Kalkulationszinsfuß*, und zwar in Form eines pauschalen Zuschlags zum Kalkulationszinsfuß. Bei gegebenem Kalkulationszinsfuß vor Steuern i und Ertragsteuersatz s ergibt sich der modifizierte Kalkulationszinsfuß i^{mod} als

$$i^{mod} := \frac{i}{1-s}.$$

Hintergrund ist eine Renditeüberlegung. Damit nach Kürzung um den Ertragsteuersatz eine Rendite in Höhe der (gewünschten) (Nachsteuer-)Rendite i erreicht wird, muss die Rendite vor Steuern i^{mod} betragen:

$$i^{mod} \cdot (1-s) = i$$

Die Bruttomethode hat sich in der Literatur nicht durchsetzen können, weil sie es nicht erlaubt, die Vielzahl steuerrelevanter Einflussgrößen von Investitionsobjekten korrekt zu erfassen. Sie liefert als sogenannte grobquantifizierende Methode der Betriebswirtschaftlichen Steuerlehre im Rahmen der modellgestützten Vorbereitung von Investitionsentscheidungen höchstens Näherungslösungen.

Nach der *Nettomethode I* werden *Ertragsteuern ausschließlich in der Zahlungsreihe* des Investitionsobjektes, nicht dagegen im Kalkulationszinsfuß berücksichtigt. Im Ergebnis werden also die steuermodifizierten Einzahlungsüberschüsse der betrachteten Perioden mit dem unveränderten Bruttokalkulationszinssatz (vor Steuern) abgezinst. Der Tatsache, dass auch die Alternativverwendung der investierten und während der Nutzungsdauer aus dem Investitionsobjekt freigesetzten Mittel (in aller Regel) der Besteuerung unterliegt, wird dadurch Rechnung getragen, dass die steuerlichen Wirkungen der entsprechenden Kapitalmarkt- bzw. Finanzierungsaktivitäten in Form einer Korrektur der Zahlungsreihe berücksichtigt werden. Damit führt die Nettomethode I im Gegensatz zur Bruttomethode zum richtigen – und mit der Nettomethode II (s.u.) übereinstimmenden – Ergebnis, ist aber im Rahmen des Kapitalwertkriteriums erheblich aufwändiger und umständlicher als die Nettomethode II und kommt eher im Rahmen „finanzplanorientierter Investitionsrechenverfahren“ zur Anwendung.[1]

Als geeigneteste Methode zur Erweiterung des Kapitalwertkriteriums um Ertragsteuern gilt in der Literatur schließlich die *Nettomethode II*, die durch die Berücksichtigung von *Steuern sowohl in der Zahlungsreihe als auch im Kalkulationszinsfuß* charakterisiert ist:

- In der Zahlungsreihe sind die Einzahlungsüberschüsse des zu beurteilenden Investitionsobjektes vor Steuern um die ihm zuzurechnenden Steuerzahlungen zu korrigieren.
- Im Kalkulationszinsfuß werden die steuerlichen Einflüsse auch auf die Unterlassungsalternative sowie die Verwendung während der betrachteten Nutzungsdauer aus dem Investitionsobjekt freigesetzter finanzieller Mittel berücksichtigt.

Im Folgenden wird die Definition des Kapitalwerts nach Ertragsteuern nach der Nettomethode II ausführlich dargestellt und kritisch analysiert. Dabei wird der oben angelegten Vorgehensweise gefolgt: In einem ersten Schritt werden die mit der Ergänzung der Zahlungsreihe um Ertragsteuern verbundenen Probleme aufgezeigt, bevor im zweiten Schritt die Berücksichtigung von Steuern im Kalkulationszinsfuß untersucht wird. Weiterhin wird das geltende deutsche Ertragsteuerrecht vorausgesetzt. Substanzsteuern sind aufgrund der inzwischen erfolgten Abschaffung bzw. Nichtanwendung der Gewerbekapital- bzw. Vermögensteuer (momentan) nicht mehr zu berücksichtigen. Die verbleibende Grundsteuer ist zum einen quantitativ nicht bedeutend und kann zum anderen leicht im Rahmen der periodischen Einzahlungsüberschüsse erfasst werden.

---

[1] S. Heinhold, M., 1996, S. 32.

II.2.2.2 Die Berücksichtigung von Ertragsteuern in der Zahlungsreihe des zu beurteilenden Investitionsobjektes

Im Kapitalwertkriterium sind die Einzahlungsüberschüsse des Investitionsobjektes vor Steuern um die diesem zuzurechnenden, also von ihm verursachten Ertragsteuerzahlungen zu korrigieren. Eine Steuerzahlung ergibt sich grundsätzlich aus der Multiplikation einer Bemessungsgrundlage mit dem zugehörigen Steuersatz. Zu untersuchen sind also die ertragsteuerlichen Bemessungsgrundlagen und die entsprechenden Steuersätze bzw. –tarife.

II.2.2.2.1 Die ertragsteuerliche Bemessungsgrundlage im Kapitalwertkriterium nach Steuern

Bei der Berücksichtigung von Steuern in der Zahlungsreihe des Kapitalwertkriteriums tritt ein erstes Problem dadurch auf, dass die ertragsteuerliche Gewinnermittlung regelmäßig auf einer anderen Rechenebene definiert ist als das Kapitalwertkriterium selbst; während die *Investitionsrechnung* eine reine *Zahlungsmittelrechnung*, also eine Einzahlungs-/Auszahlungsrechnung ist, werden die *ertragsteuerlichen Bemessungsgrundlagen* üblicherweise mittels Bilanzierung auf der *Ebene des Reinvermögens* (Eigenkapital) mit den Stromgrößen Ertrag und Aufwand ermittelt oder weisen zumindest entsprechende Elemente auf.[1] Während die Zahlungsmittelebene lediglich Bargeld sowie Sichtguthaben berücksichtigt, umfasst das Reinvermögen zusätzlich den Bestand an Forderungen und Verbindlichkeiten sowie das Sachvermögen.

Für die Investitionsrechnung unter Berücksichtigung von Steuern werden die Unterschiede zwischen beiden Rechenebenen jedoch tatsächlich erst durch zwei weitere Tatsachen relevant:

- Erstens erfolgt die Erfolgsermittlung nicht für die gesamte Lebensdauer eines Individuums oder eines Unternehmens, sondern diese Totalperiode wird aus

[1] Auch die als „Einnahmenüberschussrechnung" – genauer wäre „Einzahlungsüberschussrechnung" – bezeichnete Gewinnermittlungsmethode des § 4 Abs. 3 EStG weist z.B. mit der Vorschrift, abnutzbare Wirtschaftsgüter des Anlagevermögens planmäßig über ihre Nutzungsdauer abzuschreiben, Elemente einer Reinvermögensrechnung auf.

verschiedenen Gründen – etwa der Praktikabilität sowie der Sicherstellung einer regelmäßigen Informationsversorgung externer wie interner Rechnungslegungsadressaten und eines regelmäßigen Steueraufkommens – in Teilabrechnungsperioden mit einer Länge von im Regelfall 12 Monaten zerlegt, für die dann jeweils getrennt der Teilperiodenerfolg zu ermitteln ist.

- Zweitens weisen die angesprochenen beiden Rechenebenen unterschiedliche Periodisierungsregeln auf. Während im Fall der Zahlungsrechnung jeweils die Zeitpunkte der Ein- und Auszahlungen relevant sind, enthalten Reinvermögensrechnungen zur ertragsteuerlichen Gewinnermittlung regelmäßig davon abweichende Vorschriften zur Abgrenzung der Teilperiodenerfolge. Im deutschen Bilanzsteuerrecht sind dies konkret das Realisationsprinzip und das Vorsichtsprinzip, beide geregelt in § 252 Abs. 1 Nr. 4 HGB, sowie vor allem der in § 252 Abs. 1 Nr. 5 HGB kodifizierte Grundsatz der Periodenabgrenzung als Bestandteile der handelsrechtlichen Grundsätze ordnungsmäßiger Buchführung und Bilanzierung (GoB), die über den Maßgeblichkeitsgrundsatz des § 5 Abs. 1 EStG auch für die Steuerbilanz gelten.

(Erst) diese Kombination einer Teilperiodenerfolgsrechnung mit vom Zahlungszeitpunkt abweichenden Periodisierungsgrundsätzen im Rahmen der steuerlichen Gewinnermittlung führt in vielen Fällen zu einem Auseinanderfallen der Abrechnungsperioden einer Zahlung (Ein- oder Auszahlung) einerseits und der zugehörigen Verrechnung eines Erfolgs im Sinne einer Reinvermögensänderung (Ertrag oder Aufwand) andererseits. Beispiele sind insbesondere die ggf. vom Zeitpunkt der zugehörigen Einzahlung abweichende Erfolgswirksamkeit von Forderungen, die Aktivierung von Wirtschaftsgütern (zu Anschaffungs- oder Herstellungskosten), damit eng verbunden die Vornahme planmäßiger und außerplanmäßiger Abschreibungen oder Wertaufholungen sowie die Bildung von Rückstellungen oder Rechnungsabgrenzungsposten. Bei all diesen Sachverhalten fallen regelmäßig ursächlich zusammengehörige Zahlungen und Reinvermögensänderungen zeitlich auseinander, was im Ergebnis dazu führt, dass auch die Einzahlungsüberschüsse der einzelnen Perioden, etwa der Nutzungsdauer eines Investitionsobjektes, und die zeitlich entsprechenden ertragsteuerlichen Bemessungsgrundlagen in der Höhe voneinander abweichen.

Eine weitere Quelle von Unterschieden zwischen den Einzahlungsüberschüssen und den ertragsteuerlichen Bemessungsgrundlagen liegt außerhalb des Steuerbilanzrechts in den besonderen Ermittlungsvorschriften der verschiedenen Einzelsteuergesetze. Beispiele sind etwa die Vorschriften über nichtabziehbare Betriebsausgaben (§§ 4 Abs. 4a, 5 EStG) oder über außerbilanzielle Zu- bzw. Abrechnungen im Körperschaftsteuerrecht (§§ 8–10 KStG) und Hinzurechnungen bzw. Kürzungen im Gewerbesteuerrecht (§§ 8, 9 GewStG).

Diese Unterschiede sind im Kapitalwertkriterium nach Steuern zu berücksichtigen, indem in der Zahlungsreihe die jeweils relevanten steuerlichen Gewinnermittlungvorschriften konkret abgebildet werden. Im deutschen Ertragsteuerrecht sind dies insbesondere die §§ 4-7k EStG für die Einkommen-, Körperschaft- und Gewerbeertragsteuer sowie den Solidaritätszuschlag, die §§ 7–10 KStG für die Körperschaft- und Gewerbeertragsteuer sowie den Solidaritätszuschlag sowie die §§ 7-10a GewStG für die Gewerbeertragsteuer.

Für die folgenden Überlegungen wird zunächst eine, gemessen an der bisherigen Formulierung, erweiterte Definition des Kapitalwerts vor Steuern vorausgesetzt:

$$K_0 := -I_0 + \sum_{t=1}^{T} Z_t \cdot (1+i)^{-t} + L_T \cdot (1+i)^{-T} \tag{II.25}$$

mit:

- t : Periodenindex
- T : wirtschaftliche Nutzungsdauer, Planungshorizont
- I_0 : Anschaffungsauszahlung im (Entscheidungs-)Zeitpunkt $t=0$
- Z_t : Einzahlungsüberschuss im Zeitpunkt t, d.h. am Ende der Periode t
- L_T: Liquidationserlös im Zeitpunkt T, d.h. am Ende der Nutzungsdauer
- i : über die Nutzungsdauer konstanter Kalkulationszinsfuß vor Steuern

Zur Erweiterung um die Ertragsbesteuerung sind gemäß der Nettomethode II Steuerzahlungen sowohl in der Zahlungsreihe, also im Zusammenhang mit der zu beurteilenden Realinvestition, als auch im Kalkulationszinsfuß, also hinsichtlich der alternativen bzw. ergänzenden Aktivitäten am Kapitalmarkt einzubeziehen. Der Kapitalwert nach Ertragsteuern ergibt sich dann als:

$$K_0^S := -I_0 + \sum_{t=1}^{T} Z_t^S \cdot \prod_{\tau=1}^{t} \left(1 + i_{S,\tau}\right)^{-1} + L_T^S \cdot \prod_{\tau=1}^{T} \left(1 + i_{S,\tau}\right)^{-1} \tag{II.26}$$

Im Hinblick auf die Berücksichtigung von Steuern in der Zahlungsreihe des Investitionsobjektes lassen sich die Einzahlungsüberschüsse nach Steuern Z_t^S und der Liquidationserlös nach Steuern L_T^S weiter konkretisieren zu:

$$Z_t^S := Z_t - S_t = Z_t - s_t \cdot (Z_t - AfA_t) \tag{II.27}$$

sowie

$$L_T^S := L_T - s_T \cdot (L_T - R_T) \tag{II.28}$$

mit:

Z_t^S : Einzahlungsüberschuss nach Steuern im Zeitpunkt t, d.h. am Ende der Periode t

S_t : Steuerzahlung am Ende der Periode t

s_t : effektiver Ertragsteuersatz der Periode t

AfA_t : steuerlicher Abschreibungsbetrag in Periode t

L_T^S : Liquidationserlös nach Steuern am Ende der Nutzungsdauer T

R_T : steuerbilanzieller Restbuchwert am Ende der Nutzungsdauer T

Die Einzahlungsüberschüsse nach Steuern ergeben sich also, indem man von den dem Investitionsobjekt zuzurechnenden Einzahlungsüberschüssen vor Steuern die gesamte Ertragsteuerbelastung der betreffenden Periode abzieht. Die oben angesprochenen Abweichungen zwischen den Einzahlungsüberschüssen vor Steuern und der ertragsteuerlichen Bemessungsgrundlage werden dabei aus Vereinfachungsgründen allein durch die Berücksichtigung der ertragsteuerlichen planmäßigen Abschreibungen repräsentiert. Die Steuerzahlung erhält man schließlich durch Multiplikation der Bemessungsgrundlage mit dem relevanten Ertragsteuersatz der betrachteten Periode.

Auch der Liquidationserlös am Ende der Nutzungsdauer T ist um den entsprechenden steuerlichen Einfluss zu modifizieren. Nach geltendem Ertragsteuerrecht ist ein Gewinn aus der Veräußerung eines im Betriebsvermögen gehaltenen Wirtschaftsguts, definiert als Differenz zwischen dem Liquidationserlös und dem steuerbilanziellen Restbuchwert, grundsätzlich ertragsteuerpflichtig.[1] Der zur Ermittlung des steuerlichen Veräußerungsgewinns oder –verlustes benötigte Restbuchwert R_T des Investitionsobjektes am Ende der Nutzungsdauer T ergibt sich als Differenz der Anschaffungsauszahlung I_0, die gemäß dem bilanzrechtlichen Anschaffungswertprinzip regelmäßig dem Erstbuchwert entspricht, und der bis zum Liquidationszeitpunkt T kumulierten Abschreibungsbeträge:

$$R_T = I_0 - \sum_{t=1}^{T} AfA_t \tag{II.29}$$

Durch Einsetzen der Beziehungen (II.27), (II.28) und (II.29) in (II.26) ergibt sich nunmehr für den Kapitalwert nach Ertragsteuern:

$$\begin{aligned} K_0^S = & - I_0 + \sum_{t=1}^{T} \left[Z_t - s_t \cdot (Z_t - AfA_t) \right] \cdot \prod_{\tau=1}^{t} (1 + i_{S,\tau})^{-1} \\ & + \left[L_T - s_T \cdot \left(L_T - I_0 + \sum_{t=1}^{T} AfA_t \right) \right] \cdot \prod_{\tau=1}^{T} (1 + i_{S,\tau})^{-1} \end{aligned} \tag{II.30}$$

Unter der Voraussetzung, dass nur nach deutschem Recht ertragsteuerlich zulässige Abschreibungsmethoden betrachtet werden, ist weiterhin die im steuerrechtlichen Sinne *betriebsgewöhnliche Nutzungsdauer* T^S von der *tatsächlichen, wirtschaftlichen Nutzungsdauer* T zu unterscheiden.[2] Beide Nutzungsdauern können voneinander abweichen. Je nach dem Verhältnis zwischen betriebsgewöhnlicher und tatsäch-

---

[1] Wie nahezu bei allen „Grundsätzen" des deutschen Steuerrechts sind auch zu diesem eine Reihe von Ausnahmen, z.B. im Fall der Veräußerung von Beteiligungen an Kapitalgesellschaften, bzw. Modifikationen, z.B. die Möglichkeit der Übertragung durch Veräußerung aufgedeckter stiller Reserven auf ein Ersatzwirtschaftsgut, zu beachten. Auf einzelne dieser Besonderheiten wird unten näher eingegangen.

[2] Im Folgenden wird aus Vereinfachungsgründen von der ab dem Veranlagungszeitraum 2004 geltenden grundsätzlichen Verpflichtung zur „monatsgenauen" Abschreibung (§ 7 Abs. 1 S. 4, Abs. 2 S. 3 EStG) abstrahiert und vorausgesetzt, dass in allen betrachteten Perioden der betriebsgewöhnlichen Nutzungsdauer jeweils volle Jahresbeträge abgeschrieben werden können.

licher Nutzungsdauer ergeben sich unterschiedliche Formulierungen für das Kapitalwertkriterium nach Ertragsteuern:

Fall 1: Gilt $T^S < T$, ist also die steuerrechtliche betriebsgewöhnliche Nutzungsdauer kleiner als die tatsächliche, wirtschaftliche Nutzungsdauer, folgen den ersten T^S Perioden, in denen steuerliche Abschreibungen zu berücksichtigen sind, weitere $(T\text{-}T^S)$ Perioden der wirtschaftlichen Nutzung, in denen das Wirtschaftsgut bereits vollständig abgeschrieben ist, also keine weiteren Abschreibungen mehr vorgenommen werden dürfen. Da der Restbuchwert im Zeitpunkt T damit auf jeden Fall null beträgt, ist der Liquidationserlös L^T in voller Höhe steuerwirksam. Das Kapitalwertkriterium nach Ertragsteuern lautet damit:

$$K_0^S = -I_0 + \sum_{t=1}^{T^S} \left[Z_t - s_t \cdot (Z_t - AfA_t)\right] \cdot \prod_{\tau=1}^{t} (1 + i_{S,\tau})^{-1}$$
$$+ \sum_{t=T^S+1}^{T} \left[Z_t - s_t \cdot Z_t\right] \cdot \prod_{\tau=1}^{t} (1 + i_{S,\tau})^{-1} + \left[L_T - s_T \cdot L_T\right] \cdot \prod_{\tau=1}^{T} (1 + i_{S,\tau})^{-1} \qquad \text{(II.31)}$$

Fall 2: Gilt dagegen $T^S \geq T$, d.h. ist die betriebsgewöhnliche Nutzungsdauer mindestens so groß wie die tatsächliche Nutzungsdauer, bleibt es bei der Bedingung (II.30); über die gesamte wirtschaftliche Nutzungsdauer T erfolgen steuerliche Abschreibungen, und beim Liquidationserlös sind Steuern auf einen sich ggf. ergebenden steuerlichen Veräußerungserfolg zu berücksichtigen.

Eine weitere Konkretisierung erhalten die ermittelten Kapitalwertdefinitionen durch explizite Modellierung der ertragsteuerlich relevanten unterschiedlichen Abschreibungsmethoden.

Für den Fall der *linearen Abschreibung*, in Deutschland nach § 7 Abs. 1 EStG die steuerliche Regelabschreibungsmethode, ergibt sich:

$$AfA_t = \frac{I_0}{T^S} \qquad \text{für } 1 \leq t \leq T^S \qquad \text{(II.32)}$$

Komplizierter stellt sich dagegen die modellmäßige Abbildung der kombiniert geometrisch-degressiv/linearen Abschreibung – in Deutschland nach § 7 Abs. 2, 3 EStG zulässig (nur) in Form des Überganges von der zunächst geometrisch-degressiven zur dann linearen (Restwert-)Abschreibung – dar. Diese Abschreibungsmethode ist aus Sicht der betriebswirtschaftlichen Steuerplanung von besonderem Interesse, da sie unter bestimmten Voraussetzungen (s.u.) zum maximalen Steuerstundungseffekt und damit hinsichtlich der zulässigen Abschreibungsalternativen zur Maximierung des Kapitalwerts nach Steuern führt.[1]

Nach der gesetzlichen Vorschrift des § 7 Abs. 2 EStG darf der geometrisch-degressive Abschreibungssatz g

- maximal das Zweifache des linearen Abschreibungssatzes $\left(\frac{1}{T^S}\right)$,
- aber höchstens 20% betragen,

es gilt also:

$$g = \min\left\{0{,}2; \frac{2}{T^S}\right\}$$

Damit lassen sich zwei relevante Intervalle betriebsgewöhnlicher Nutzungsdauern mit unterschiedlichen Bedingungen für den Abschreibungssatz g unterscheiden:

$$g = 0{,}2 \qquad \text{für } T^S \le 10$$

und

$$g = \frac{2}{T^S} \qquad \text{für } T^S > 10$$

Mittels einer einfachen Überlegung lässt sich weiterhin der Zeitpunkt des optimalen Übergangs von der zunächst geometrisch-degressiven zur linearen Abschreibung allgemein bestimmen. Bei angestrebter Maximierung des Steuerstundungseffekts der Abschreibungen ist ein möglichst schneller Abschreibungsverlauf zu wählen. Damit

[1] Bei im Zeitablauf steigenden Steuersätzen muss dem mit dem zeitlichen Vorziehen von Abschreibungsbeträgen verbundenen (positiven) Steuerstundungseffekt der gleichzeitige (negative) Progressionseffekt gegenüber gestellt werden; spätere Abschreibungsbeträge führen aufgrund der gestiegenen Steuersätze zu höheren Steuerersparnissen.

ist der optimale Übergangszeitpunkt t^* erreicht, wenn in der auf den Zeitpunkt t^* folgenden Periode erstmals der lineare Abschreibungsbetrag nicht mehr kleiner ist als der Abschreibungsbetrag bei weiterhin geometrisch-degressiver Abschreibung:

$$g \cdot R_{t^*} \leq \frac{R_{t^*}}{T^S - t^*} \tag{II.33}$$

Der Ausdruck auf der linken Seite von (II.33) gibt den Abschreibungsbetrag bei weiterhin geometrisch-degressiver Abschreibung auch nach dem Ende der Periode t^* an; vom Restbuchwert wird weiterhin der Prozentsatz g abgeschrieben. Auf der rechten Seite steht der Abschreibungsbetrag bei nunmehr linearer Abschreibung; der am Ende der Periode t^* noch bestehende Restbuchwert wird in gleichen Beträgen auf die verbleibende (steuerliche) Restnutzungsdauer verteilt.

Äquivalente Umformung von (II.33) liefert mit

$$t^* \geq T^S - \frac{1}{g} \tag{II.34}$$

die Bedingung für den optimalen Übergangszeitpunkt. Für die gesuchten Abschreibungsbeträge bei kombiniert geometrisch-degressiv/linearer Abschreibung ergibt sich damit, differenziert nach der Dauer der betriebsgewöhnlichen Nutzungsdauer T^S, die folgende Fallunterscheidung:

<u>1. $T^S \leq 10$</u>:

Beträgt die betriebsgewöhnliche Nutzungsdauer nicht mehr als 10 Jahre, lässt sich Bedingung (II.34) konkretisieren zu:

$$t^* \geq T^S - 5 \tag{II.35}$$

Der Übergang von der geometrisch-degressiven zur linearen Abschreibung sollte also nach der Periode (T^S-5) erfolgen; in den letzten 5 Perioden wird linear abgeschrieben. Daraus folgt weiter:

- Bei betriebsgewöhnlichen Nutzungsdauern bis zu 5 Jahren ($T^S \leq 5$) wird von Beginn an linear abgeschrieben; der lineare Abschreibungssatz ist hier sofort mindestens so groß wie der maximal zulässige Abschreibungssatz bei geometrisch-degressiver Abschreibung von 20%. Für die Abschreibungsbeträge folgt also:

$$AfA_t = \frac{I_0}{T^S} \quad \text{für} \quad 1 \leq t \leq T^S \leq 5 \tag{II.36}$$

- Beträgt die betriebsgewöhnliche Nutzungsdauer dagegen mehr als 5, aber nicht mehr als 10 Jahre ($5 < T^S \leq 10$), wird in den ersten T^S-5 Jahren geometrisch-degressiv und in den letzten 5 Jahren linear abgeschrieben. Die entsprechenden Abschreibungsbeträge lauten:

$$AfA_t = \begin{cases} I_0 \cdot 0{,}2 \cdot (1-0{,}2)^{t-1} & \text{für } t \leq t^* = T^S - 5 \\ \\ I_0 \cdot \dfrac{(1-0{,}2)^{T^S-5}}{5} & \text{für } t > t^* = T^S - 5 \end{cases} \quad \text{für} \quad 5 < T^S \leq 10 \tag{II.37}$$

<u>2. $T^S > 10$</u>:

Für betriebsgewöhnliche Nutzungsdauern von über 10 Jahren wird Bedingung (II.34) dagegen zu:

$$t^* \geq \frac{T^S}{2} \tag{II.38}$$

Dabei ist allerdings zu beachten, dass ein Abschreibungswechsel jeweils nur an einem Periodenende erfolgen darf, t^* muss also ganzzahlig sein. Der optimale Übergangszeitpunkt ist demnach gegeben durch:

$$t^* \geq \text{int}\left\{\frac{T^S}{2}\right\} \tag{II.39}$$

mit $\quad \text{int}\{x\}$: ganzzahlige Abrundung der reellen Zahl x

Als Konsequenz ergibt sich hier für jeweils zwei aufeinander folgende Nutzungsdauerwerte ein gleicher optimaler Übergangszeitpunkt, z.B. t^*=5 sowohl für T^S=10 als auch $T^S=11$, $t^*=6$ sowohl für $T^S=12$ als auch für $T^S=13$ usw. Für die entsprechenden Abschreibungsbeträge gilt:

$$AfA_t = \begin{cases} I_0 \cdot \frac{2}{T^S} \cdot \left(1 - \frac{2}{T^S}\right)^{t-1} & \text{für } t \leq t^* = \text{int}\left\{\frac{T^S}{2}\right\} \\ I_0 \cdot \frac{\left(1 - \frac{2}{T^S}\right)^{t^*}}{T^S - t^*} & \text{für } t > t^* = \text{int}\left\{\frac{T^S}{2}\right\} \end{cases} \quad \text{für } T^S > 10 \qquad \text{(II.40)}$$

Anzumerken bleibt, dass die beschriebene Abschreibungspolitik bei kombiniert geometrisch-degressiver/linearer Abschreibung nur unter den folgenden Voraussetzungen optimal ist:

- Zunächst müssen in jeder Periode steuerliche Gewinne zur Verrechnung mit den Abschreibungsbeträgen vorhanden sein oder muss mindestens die Möglichkeit eines Verlustrücktrages in frühere Perioden mit dem Ergebnis einer sofortigen Steuererstattung bestehen.
- Weiterhin muss während der gesamten (betriebsgewöhnlichen) Nutzungsdauer eine Situation konstanter oder fallender Steuersätze gegeben sein. Steigen dagegen die Steuersätze im Zeitablauf, können Fälle auftreten, in denen es nicht optimal ist, nach der Regel „Abschreibung so schnell wie möglich" zu verfahren, da die damit verbundenen Steuerstundungseffekte durch die gegenläufigen Progressionseffekte überkompensiert werden. Ist im Entscheidungszeitpunkt bereits bekannt oder wird erwartet, dass während des steuerlichen Abschreibungszeitraums einer zu beurteilenden Investition die Steuersätze steigen werden, ist also eine genauere Vorteilhaftigkeitsbetrachtung erforderlich.

II.2.2.2.2 Der effektive Ertragsteuersatz im Kapitalwertkriterium nach Steuern

Im nächsten Schritt der Berücksichtigung von Ertragsteuern in der Zahlungsreihe des Investitionsobjektes sind die in der Bedingung für den Kapitalwert nach Ertragsteuern (II.20) verwendeten Steuersätze s_t zu präzisieren. Dabei tritt eine Reihe weiterer Probleme auf:

- Der relevante Ertragsteuersatz einer gegebenen Periode wird in der Regel nicht nur durch eine, sondern mehrere Steuerarten bestimmt. Insofern handelt es sich regelmäßig um einen kombinierten Ertragsteuersatz.
- Im Falle progressiver Steuertarife, insbesondere also bei der Einkommensteuer, ist die Höhe des anzusetzenden Periodensteuersatzes nicht konstant und exogen gegeben, sondern eine Funktion der Bemessungsgrundlage.
- Lediglich bei Einzelunternehmungen und Kapitalgesellschaften mit nur einem Anteilseigner sowie Personengesellschaften und Kapitalgesellschaften mit mindestens zwei Gesellschaftern bzw. Anteilseignern, aber übereinstimmenden individuellen Steuersätzen ist (lediglich) ein eindeutiger Steuersatz relevant. In den (übrigen) Fällen der Personengesellschaften (Mitunternehmerschaften) und Kapitalgesellschaften mit mindestens zwei Gesellschaftern bzw. Anteilseignern, deren individuelle Steuersätze sich unterscheiden, stellt sich die Frage, welcher Steuersatz im Kapitalwertkriterium anzusetzen ist.

Vor dem Hintergrund dieser Probleme erweisen sich für die Erweiterung des Kapitalwertkriteriums um Ertragsteuern – und dies auch nur bei Vernachlässigung der mit einem progressiven Steuertarif verbundenen Schwierigkeiten – tatsächlich *nur zwei Fälle* als *unproblematisch*, die Sonderfälle der *nichtgewerblichen* Einzelunternehmung bzw. Personengesellschaft mit übereinstimmenden (Einkommen-)Steuersätzen ihrer Gesellschafter. In diesen Fällen bestimmt nur *ein* Steuersatz, der Grenzsteuersatz des Einzelunternehmers bzw. der Gesellschafter der Personengesellschaft, den in der Kapitalwertformel anzusetzenden Ertragsteuersatz. Schon bei Aufgabe der Annahme der Nichtgewerblichkeit und Übergang zur Betrachtung gewerblicher Personenunternehmen[1] im Sinne des § 15 EStG und Kapitalgesellschaften[2] treten bei der Bestimmung des effektiven Ertragsteuersatzes im Kapitalwertkriterium zusätzliche Schwierigkeiten auf; bei Betrachtung *gewerblicher* Unternehmen tritt zur Ein-

---

[1] Unter Personenunternehmen wird im Folgenden die Gruppe der Einzelunternehmen und Personengesellschaften verstanden.

[2] Kapitalgesellschaften gelten gemäß § 2 Abs. 2 S. 1 GewStG grundsätzlich als Gewerbebetriebe (qua Rechtsform) und erzielen gemäß § 8 Abs. 2 KStG grundsätzlich Einkünfte aus Gewerbebetrieb.

kommensteuer (bei Personenunternehmen) bzw. zur Körperschaftsteuer (bei Kapitalgesellschaften) mit der Gewerbeertragsteuer eine zweite Steuerart hinzu, was mit zusätzlichen Problemen verbunden ist:

- Aufgrund der *gewerbesteuerlichen Hinzurechnungs- und Kürzungsvorschriften* der §§ 8, 9 GewStG stimmen im Regelfall die Bemessungsgrundlagen von Einkommen- bzw. Körperschaftsteuer einerseits und Gewerbeertragsteuer andererseits nicht überein. Insbesondere ist die Gewerbesteuer nicht neutral hinsichtlich der Finanzierung der Unternehmung, so dass zwischen Eigen- und Fremdfinanzierung unterschieden werden muss.
- Darüber hinaus sieht das Gewerbesteuergesetz unterschiedliche Vorschriften zu Bemessungsgrundlage bzw. Tarif für Kapitalgesellschaften einerseits und gewerbliche Personenunternehmungen andererseits vor.[1] Während im ersten Fall eine einheitliche Steuermesszahl von 5% gilt, sind im zweiten Fall ein besonderer Freibetrag von momentan 24.500 € sowie mit steigendem Gewerbeertrag gestaffelte Steuermesszahlen von 1% bis 5% zu berücksichtigen (§ 11 Abs. 1, 2 GewStG). Dies macht ebenso eine Unterscheidung zwischen den beiden Rechtsformgruppen erforderlich, wie § 35 EStG, der ausschließlich für den Fall gewerblicher Personenunternehmungen eine fiktive Anrechnung der Gewerbesteuer auf die Einkommensteuer ermöglicht.

Im Fall der Kapitalgesellschaft ist weiterhin zu beachten, dass auch die Körperschaftsteuer keineswegs finanzierungsneutral ausgestaltet ist. Zu differenzieren ist hier zwischen den unterschiedlichen Formen der Gewinnverwendung, Gewinnthesaurierung und Gewinnausschüttung.

[1] Nach steuerrechtlicher Auffassung gehört die Steuermesszahl der Gewerbeertragsteuer, die, multipliziert mit dem Gewerbeertrag, den Steuermessbetrag bildet, (noch) zur Bemessungsgrundlage, so dass sich die eigentliche Tarifvorschrift auf den Gemeinde-Hebesatz beschränkt. Hier wird im Folgenden jedoch der Gewerbeertrag als Bemessungsgrundlage und das Produkt aus Steuermesszahl und Hebesatz als Steuersatz bezeichnet.

II.2.2.2.2.1 Der effektive Ertragsteuersatz im Fall der nichtgewerblichen Personenunternehmung

Da für die nichtgewerbliche Personenunternehmung, deren Tätigkeit sich auf eine sogenannte private Vermögensverwaltung im Sinne des § 14 S. 3 AO beschränkt und die nicht im Sinne des § 15 Abs. 3 Nr. 2 EStG gewerblich geprägt ist, mit der Einkommensteuer – und dem von dieser direkt abhängigen Solidaritätszuschlag – praktisch nur eine Steuerart relevant ist, ist hier die Ermittlung des zur Anwendung des Kapitalwertkriteriums nach Ertragsteuern benötigten effektiven Ertragsteuersatzes vergleichsweise am einfachsten.

Als unproblematisch stellt sich jedoch auch hier allein der Fall des nichtgewerblichen Einzelunternehmers heraus, dessen Grenzsteuersatz in allen Perioden unabhängig von der gewählten Alternative immer dem Spitzengrenzsteuersatz entspricht. Ist dies nicht der Fall, hängt die Höhe des Grenzsteuersatzes im Regelfall davon ab, ob die Investition durchgeführt oder die Alternativanlage gewählt wird. In der Kapitalwertformel kann dann nicht mehr von einem einheitlichen Steuersatz ausgegangen werden.

Erst recht der Fall der nichtgewerblichen Personengesellschaft mit (mindestens) zwei Gesellschaftern bereitet grundsätzliche Schwierigkeiten, die im Folgenden wiederum anhand des Fisher-Hirshleifer-Modells veranschaulicht werden sollen.

Exkurs: Fisher-Hirshleifer-Modell mit zwei Gesellschaftern und Steuern

In Erweiterung des oben eingeführten Fisher-Hirshleifer-Modells wird nunmehr eine Realinvestitionsmöglichkeit mit einer Laufzeit von zwei Perioden (Drei-Zeitpunkt-Modell) betrachtet, die gemeinsam von zwei Investoren A und B realisiert wird. Das gesamte im Zeitpunkt t=0 aufzubringende Investitionsvolumen I_0 wird

- zu einem Anteil α von Investor A und
- zu einem Anteil von $\beta=1-\alpha$ von Investor B

aufgebracht. α bzw. β entsprechen damit den Anteilen der beiden Investoren an einer von ihnen gegründeten nichtgewerblichen Personengesellschaft. Bezeichnet I_0^A

(I_0^B) den absoluten Anteil des Investors A (B) am gesamten Investitionsvolumen I_0, so gilt mit

$$I_0 = I_0^A + I_0^B, \quad I_0^A = \alpha \cdot I_0 \text{ und } I_0^B = \beta \cdot I_0 = (1-\alpha) \cdot I_0$$

die folgende Beziehung zwischen I_0^A und I_0^B:

$$I_0^A = \frac{\alpha}{1-\alpha} \cdot I_0^B$$

Aus der Realinvestition im Zeitpunkt t=0 resultiert ein Einzahlungsüberschuss am Ende der zweiten Periode, d.h. im Zeitpunkt t=2, in Höhe von $f_2[I_0]$. Aus Vereinfachungsgründen sei angenommen, dass am Ende der Periode 1, also im Zeitpunkt t=1, weder aus der Investition in t=0 ein Einzahlungsüberschuss ($f_1[I_0]=0$), noch eine neue Realinvestitionsmöglichkeit ($I_1=0$) zu berücksichtigen ist.

Vorausgesetzt werden weiterhin jeweils einperiodige Finanzanlage- bzw. Kreditaufnahmemöglichkeiten in t=0 und t=1 zum einheitlichen und im Zeitablauf konstanten Kapitalmarktzinssatz i.

Mit

W_0^A: Anfangsvermögen des Investors A

W_0^B: Anfangsvermögen des Investors B

C_t^A: Konsumniveaus des Investors A im Zeitpunkt t (t=0,1,2)

C_t^B: Konsumniveaus des Investors B im Zeitpunkt t (t=0,1,2)

F_t^A: Finanzanlage des Investors A im Zeitpunkt t (t=0,1)

F_t^B: Finanzanlage des Investors B im Zeitpunkt t (t=0,1)

ergeben sich unter weiterer Berücksichtigung der Budgetbeschränkungen beider Investoren in Periode 1

$$W_0^A = I_0^A + C_0^A + F_0^A \quad \Leftrightarrow \quad I_0^A = W_0^A - C_0^A - F_0^A$$

$$W_0^B = I_0^B + C_0^B + F_0^B \quad \Leftrightarrow \quad I_0^B = W_0^B - C_0^B - F_0^B$$

sowie der folgenden Formulierungen des Realinvestitionsvolumens I_0

$$I_0 = I_0^A + I_0^B$$

$$\begin{aligned} I_0 &= I_0^A + \frac{1-\alpha}{\alpha} \cdot I_0^A \\ &= I_0^A \cdot \frac{1}{\alpha} \\ &= \left(W_0^A - C_0^A - F_0^A\right) \cdot \frac{1}{\alpha} \end{aligned} \qquad \begin{aligned} I_0 &= \frac{\alpha}{1-\alpha} \cdot I_0^B + I_0^B \\ &= I_0^B \cdot \frac{1}{1-\alpha} \\ &= \left(W_0^B - C_0^B - F_0^B\right) \cdot \frac{1}{1-\alpha} \end{aligned}$$

die folgenden Optimierungsprobleme beider Investoren, zunächst noch ohne die Berücksichtigung von Steuern:

Investor A:

$$\begin{aligned} &\max_{C_0^A, C_1^A, C_2^A, F_0^A, F_1^A} U^A\left[C_0^A, C_1^A, C_2^A\right] \\ &\text{u. d. N.} \\ &C_1^A = F_0^A \cdot (1+i) - F_1^A \\ &C_2^A = \alpha \cdot f_2\left[\left(W_0^A - C_0^A - F_0^A\right) \cdot \frac{1}{\alpha}\right] + F_1^A \cdot (1+i) \end{aligned} \tag{II.41}$$

Investor B:

$$\begin{aligned} &\max_{C_0^B, C_1^B, C_2^B, F_0^B, F_1^B} U^B\left[C_0^B, C_1^B, C_2^B\right] \\ &\text{u. d. N.} \\ &C_1^B = F_0^B \cdot (1+i) - F_1^B \\ &C_2^B = (1-\alpha) \cdot f_2\left[\left(W_0^B - C_0^B - F_0^B\right) \cdot \frac{1}{1-\alpha}\right] + F_1^B \cdot (1+i) \end{aligned} \tag{II.42}$$

Durch partielles Ableiten der sich ergebenden Lagrange-Funktionen jeweils nach den beiden Geldanlagevariablen $\left(F_0^A, F_1^A\right)$ bzw. $\left(F_0^B, F_1^B\right)$ lässt sich die optimale Investitionspolitik aus Sicht der beiden Gesellschafter leicht bestimmen.

Investor A:

$$\frac{\partial L^A}{\partial F_0^A} = -\lambda_1^A \cdot (1+i) + \lambda_2^A \cdot \frac{df_2}{dI_0} = 0$$

$$\frac{\partial L^A}{\partial F_1^A} = \lambda_1^A - \lambda_2^A \cdot (1+i) = 0 \quad \Leftrightarrow \quad \lambda_1^A = \lambda_2^A \cdot (1+i)$$

Durch Einsetzen der zweiten in die erste Gleichung folgt

$$-\lambda_2^A \cdot (1+i)^2 + \lambda_2^A \cdot \frac{df_2}{dI_0} = 0$$

und, da im Optimum beide Restriktionen bindend und damit $\lambda_1^{A^*}$ und $\lambda_2^{A^*}$ von Null verschieden sind:

$$\frac{df_2}{dI_0} = (1+i)^2$$

Investor B:

Unter entsprechender Vorgehensweise ergibt sich als notwendige Bedingung für das optimale Realinvestitionsvolumen bei Investor B mit

$$\frac{df_2}{dI_0} = (1+i)^2 \tag{II.43}$$

die identische Optimalitätsbedingung wie bei Investor A.

Dieses Ergebnis lässt nun zwei entscheidende Schlussfolgerungen zu:

- Erstens hält die Fisher-Separation im Mehrpersonenfall auch unter den gegenüber der bisherigen Formulierung modifizierten Voraussetzungen; das Beispiel lässt sich leicht weiter erweitern bzw. verallgemeinern. Das optimale Realinvestitionsvolumen ist also weiterhin allein durch die Transformationsfunktion $f_2[I_0]$ und den Kapitalmarktzinssatz i eindeutig festgelegt und lässt sich damit unabhängig von den individuellen Konsumpräferenzen bestimmen.
- Zweitens, und dies ist im hier interessierenden Zusammenhang entscheidend, legen die (identischen) Optimalitätsbedingungen beider Investoren ein identisches optimales Realinvestitionsvolumen fest, d.h. es herrscht zwischen ihnen *Einmütigkeit hinsichtlich der Investitionspolitik* ihrer Personengesellschaft. Anzuwendendes Entscheidungskriterium zur Festlegung des optimalen Investitionsvolumens ist

weiterhin der Kapitalwert (vor Steuern); es lässt sich leicht zeigen, dass die gefundene Optimalitätsbedingung (II.43) den Kapitalwert des Investitionsobjektes maximiert: Aus

$$\max \quad K_0 = -I_0 + \frac{f_2[I_0]}{(1+i)^2}$$

folgt:

$$\frac{dK_0}{dI_0} = -1 + \frac{\frac{df_2}{dI_0}}{(1+i)^2} = 0 \quad \Leftrightarrow \quad \frac{df_2}{dI_0} = (1+i)^2$$

Zur Einbeziehung von Steuern werden nun die folgenden zusätzlichen Annahmen eingeführt:

- Die relevanten Steuersätze der Einkommensteuer der Investoren A und B sind durch s^A und s^B gekennzeichnet und jeweils sowohl unabhängig von der Höhe der Bemessungsgrundlage als auch über die beiden betrachteten Perioden konstant.
- Habenzinsen sind in voller Höhe steuerpflichtig, Sollzinsen mindern als Betriebsausgaben in voller Höhe die einkommensteuerliche Bemessungsgrundlage, so dass sich als Nettozinssätze nach Steuern ergeben.

$$i_S^A = i \cdot (1-s^A) \text{ und } i_S^B = i \cdot (1-s^B)$$

- Die ertragsteuerliche Abschreibung beträgt in den betrachteten zwei Perioden:

$$AfA_1 = \delta \cdot I_0 \quad \text{bzw.} \quad AfA_2 = (1-\delta) \cdot I_0$$

  Durch entsprechende Wahl des Abschreibungssatzes δ lassen sich auf diese Weise beliebige Abschreibungsmethoden abbilden, für δ=0,5 z.B. die lineare Abschreibung.
- Der Einkommensbesteuerung unterliegen die Einzahlungsüberschüsse des Investitionsobjektes $f_2[I_0]$, abzüglich der Abschreibung der Anschaffungsauszahlung von I_0, also:

in Periode 1: $-\delta \cdot I_0$, da hier annahmegemäß kein Einzahlungsüberschuss anfällt, und

in Periode 2: $f_2[I_0]-(1-\delta)\cdot I_0$

Der Vorgehensweise etwa des deutschen Einkommensteuerrechts folgend, werden diese Bemessungsgrundlagen den Investoren A und B entsprechend ihrer Beteiligungsquoten α und $\beta=(1-\alpha)$ zugerechnet.

Unter diesen Annahmen lassen sich nunmehr die Optimierungsprobleme der beiden Investoren unter Berücksichtigung der Einkommensbesteuerung formulieren:[1]

Investor A:

$$\begin{aligned}
&\max_{C_0^{S,A},C_1^{S,A},C_2^{S,A},F_0^{S,A},F_1^{S,A}} U^A\left[C_0^{S,A},C_1^{S,A},C_2^{S,A}\right]\\
&\text{u. d. N.}\\
&C_1^{S,A} = F_0^{S,A}\cdot\left(1+i_S^A\right)+s^A\cdot\delta\cdot\left(W_0^{S,A}-C_0^{S,A}-F_0^{S,A}\right)-F_1^{S,A}\\
&C_2^{S,A} = \alpha\cdot f_2\left[\left(W_0^{S,A}-C_0^{S,A}-F_0^{S,A}\right)\cdot\frac{1}{\alpha}\right]\cdot\left(1-s^A\right)\\
&\qquad + s^A\cdot(1-\delta)\cdot\left(W_0^{S,A}-C_0^{S,A}-F_0^{S,A}\right)+F_1^{S,A}\cdot\left(1+i_S^A\right)
\end{aligned} \tag{II.44}$$

Investor B:

$$\begin{aligned}
&\max_{C_0^{S,B},C_1^{S,B},C_2^{S,B},F_0^{S,B},F_1^{S,B}} U^B\left[C_0^{S,B},C_1^{S,B},C_2^{S,B}\right]\\
&\text{u. d. N.}\\
&C_1^{S,B} = F_0^{S,B}\cdot\left(1+i_S^B\right)+s^B\cdot\delta\cdot\left(W_0^{S,B}-C_0^{S,B}-F_0^{S,B}\right)-F_1^{S,B}\\
&C_2^{S,B} = (1-\alpha)\cdot f_2\left[\left(W_0^{S,B}-C_0^{S,B}-F_0^{S,B}\right)\cdot\frac{1}{1-\alpha}\right]\cdot\left(1-s^B\right)\\
&\qquad + s^B\cdot(1-\delta)\cdot\left(W_0^{S,B}-C_0^{S,B}-F_0^{S,B}\right)+F_1^{S,B}\cdot\left(1+i_S^B\right)
\end{aligned} \tag{II.45}$$

Zur Untersuchung des optimalen Realinvestitionsvolumens im Modell unter Berücksichtigung der Einkommensbesteuerung reicht es wiederum aus, die zugehöri-

[1] Dabei bezeichnet der Variablenindex S jeweils die Variable im Optimierungsproblem unter Berücksichtigung von Steuern.

gen Lagrange-Funktionen jeweils nach den Kapitalmarktvariablen $\left(F_0^{S,A}, F_1^{S,A}\right)$ bzw. $\left(F_0^{S,B}, F_1^{S,B}\right)$ partiell abzuleiten.

Investor A:

$$\frac{\partial L^{S,A}}{\partial F_0^{S,A}} = \lambda_1^{S,A} \cdot \left[-\left(1+i_S^A\right)+\delta \cdot s^A\right]+\lambda_2^{S,A} \cdot \left[\frac{df_2}{dI_0} \cdot \left(1-s^A\right)+\delta \cdot s^A\right]=0$$

$$\frac{\partial L^{S,A}}{\partial F_1^{S,A}} = \lambda_1^{S,A} - \lambda_2^{S,A} \cdot \left(1+i_S^A\right)=0 \quad \Leftrightarrow \quad \lambda_1^{S,A} = \lambda_2^{S,A} \cdot \left(1+i_S^A\right)$$

Einsetzen der zweiten in die erste Gleichung und Division durch $\lambda_2^{S,A^*} \neq 0$ liefert nach wenigen Umformungen mit

$$\frac{df_2}{dI_0} = \frac{\left(1+i_S^A\right)^2 - s^A \cdot \left(1+\delta \cdot i_S^A\right)}{1-s^A} \tag{II.46}$$

eine Bedingung für das optimale Realinvestitionsvolumen, die neben der Transformationsfunktion $f_2[I_0]$ und dem Kapitalmarktzinssatz i auch den individuellen Einkommensteuersatz s^A des Investors A enthält.

Investor B:

Für Investor B ergibt sich nach entsprechendem Vorgehen als notwendige Bedingung für das optimale Realinvestitionsvolumen:

$$\frac{df_2}{dI_0} = \frac{\left(1+i_S^B\right)^2 - s^B \cdot \left(1+\delta \cdot i_S^B\right)}{1-s^B} \tag{II.47}$$

Aus den Bedingungen (II.46) und (II.47) lassen sich die folgenden Ergebnisse ablesen:

- Unter Berücksichtigung des betrachteten Steuersystems hält weiterhin die Fisher-Separation; zur Bestimmung des optimalen Realinvestitionsvolumens ist die Kenntnis der individuellen Konsumpräferenzen nicht erforderlich.

- Die aus dem Fisher-Hirshleifer-Modell abgeleiteten Optimalitätsbedingungen sind wiederum gleichzeitig notwendige Bedingungen zur Maximierung des Kapitalwerts nach (Einkommen-)Steuern. Bezeichnet $K_0^{S,j}$ den Kapitalwert nach Steuern des Investors j und s^j dessen Steuersatz der Einkommensteuer, folgt aus

$$\max \quad K_0^{S,j} = -I_0 + \frac{s^j \cdot \delta \cdot I_0}{1+i_S^j} + \frac{f_2[I_0] \cdot (1-s^j) + s^j \cdot (1-\delta) \cdot I_0}{(1+i_S^j)^2}: \tag{II.48}$$

$$\frac{dK_0^{S,j}}{dI_0} = -1 + \frac{s^j \cdot \delta}{1+i_S^j} + \frac{\frac{df_2}{dI_0} \cdot (1-s^j) + s^j \cdot (1-\delta)}{(1+i_S^j)^2} = 0$$

$$\Leftrightarrow$$

$$\frac{df_2}{dI_0} = \frac{(1+i_S^j)^2 - s^j \cdot (1+\delta \cdot i_S^j)}{1-s^j}$$

- Das entscheidende Ergebnis ist jedoch, dass die im Modell ohne Steuern bestehende *Einmütigkeit* der beiden Investoren hinsichtlich des optimalen Investitionsvolumens *nur noch für den Spezialfall identischer Steuersätze* der an der Personengesellschaft beteiligten Investoren erhalten bleibt. Dies ist allgemein nur für den Fall eines Proportionaltarifs mit konstantem Steuersatz gegeben. Im Fall eines progressiven Einkommensteuertarifs können sich dagegen die beteiligten Investoren nur noch unter der zusätzlichen Voraussetzung gleich hoher Grenzsteuersätze auf ein für beide gleichzeitig optimales Investitionsvolumen einigen.

Dieses Ergebnis hat wesentliche Konsequenzen für die Begründung und Anwendung des Kapitalwertkriteriums. Nur für den Sonderfall identischer Grenz- bzw. Differenzsteuersätze aller beteiligten Investoren ist der Kapitalwert unter Berücksichtigung der Einkommensbesteuerung zur Bestimmung des optimalen Realinvestitionsvolumens problemlos geeignet. Liegen dagegen unterschiedliche Steuersätze vor, besteht keine Einmütigkeit der Investoren mehr bezüglich der Höhe des anzusetzenden Kalkulationszinsfußes; jeder Investor verlangt einen Kalkulationszinsfuß in Höhe von $i_S^j = i \cdot (1-s^j)$. Eine Abweichung des der Investitionsentscheidung tatsächlich zugrunde gelegten vom selbst präferierten Kalkulationszinsfuß führt beim betroffenen Gesellschafter zu einem suboptimalen Realinvestitionsvolumen, er verfehlt damit auch seinen optimalen intertemporalen Konsumpfad.

Im Falle (nur) zweier Investoren mit unterschiedlichen Steuersätzen bedeutet dies also, dass nicht beide gleichzeitig ihre First-best-Lösung durchsetzen können. In dieser Situation gibt es prinzipiell die folgenden Lösungsmöglichkeiten:

- Entweder Investor A oder Investor B setzt das aus der jeweiligen Sicht optimale Investitionsvolumen durch. In diesen beiden Fällen realisiert nur der „dominante“ Gesellschafter – z.B. derjenige mit der höheren Beteiligungsquote – seine First-best-Lösung. Im Kapitalwertkriterium drückt sich dies dadurch aus, dass zur Bestimmung des Kalkulationszinsfußes nach Steuern der Steuersatz des dominanten Gesellschafters verwendet wird; der relevante Ertragsteuersatz entspricht diesem Steuersatz. Der „schwächere“ Gesellschafter kann dagegen nur noch eine Second-best-Lösung erreichen, die sich aus seinem modifizierten Optimierungsproblem ergibt, dessen Nebenbedingungen das Investitionsvolumen nicht mehr als Variable, sondern als in Höhe des Optimalwerts aus Sicht des anderen Investors als Konstante enthält.
- Schließlich könnte auch eine Kompromisslösung, d.h. ein Investitionsvolumen zwischen den beiden First-best-Lösungen realisiert werden. Als zwangsläufige Folge könnte keiner der beiden Gesellschafter mehr seinen optimalen intertemporalen Konsumpfad erreichen. Als relevanter Ertragsteuersatz würde (irgend-) eine Kombination der individuellen Einkommensteuersätze der Investoren angesetzt. In der Praxis wird häufig die Summe der mit den (Gewinn-)Beteiligungsquoten gewichteten individuellen Steuersätze der beteiligten Gesellschafter verwendet. Dieser Vorschlag ist jedoch, ebenso wie alle anderen Kombinationsmöglichkeiten auch, theoretisch nicht zu begründen.

In allen diesen Fällen kommt es jedoch zu einer weiteren wichtigen Konsequenz. Für alle Gesellschafter, die nicht ihre First-best-Lösung durchsetzen können, bei der Alternative einer Kompromisslösung also alle Investoren, stellt sich die Frage, ob die Kooperation mit anderen, also die Gründung oder der Verbleib in einer Personengesellschaft gegenüber der individuellen Alternativanlage überhaupt noch vorteilhaft ist.[1] Ist dies nicht der Fall, kommt eine Kooperation nicht zustande bzw. wird beendet. In der Gesellschaft verbleiben würden dann nur noch solche Gesellschafter, deren Steuersätze gleich sind oder aber zumindest nur so gering voneinander abweichen, dass die mittels ihres Kompromisskalkulationszinsfußes gefundene Realinvestitionspolitik gegenüber ihrer jeweiligen Alternativanlage noch vorteilhaft ist. Diese Überlegung führt zur ebenso theoretisch wie empirisch interessanten Frage, ob es in Mehrpersonenunternehmungen – auch in gewerblichen Personen- und Kapitalgesellschaften – zu einer steuerinduzierten Bildung homogener Gesellschafterklientelen kommt. Könnte man in der Praxis davon ausgehen, dass in einer gegebenen Gesellschaft tatsächlich jeweils nur Gesellschafter mit (nahezu) identischen (Grenz-)Steuersätzen zu berücksichtigen sind, wäre das beschriebene Problem der (mangelnden) Einmütigkeit gelöst, der relevante Ertragsteuersatz zur Anwendung des Kapitalwertkriteriums nach Steuern bekannt.

Zusammenfassend ist festzuhalten, dass bereits im Fall von nur zwei Gesellschaftern mit unterschiedlichen Grenz- bzw. Differenzsteuersätzen das Kapitalwertkriterium nach Ertragsteuern nicht mehr vorbehaltlos angewendet werden kann. Die Ursache liegt im Konflikt der beteiligten Investoren um die „richtige" Höhe des Kalkulationszinsfußes nach Steuern. Die für die Begründung des Kapitalwertkriteriums entscheidende Einmütigkeit der Gesellschafter geht verloren.

II.2.2.2.2.2 Der effektive Ertragsteuersatz im Fall der gewerblichen Personenunternehmung

Bei Betrachtung gewerblicher Personenunternehmen ist neben der Einkommensteuer die Gewerbeertragsteuer in die Ermittlung des gesuchten effektiven Ertragsteuersatzes einzubeziehen. In diesem Zusammenhang treten zwei neue Probleme auf:

---

[1] Nur am Rande sei angemerkt, dass im Fisher-Hirshleifer-Modell, also im Modell des vollkommenen Kapitalmarktes bei Sicherheit, ohnehin keine überzeugende Begründung für eine Kooperation mehrerer Investoren existiert. Für ihre Erklärung sind vielmehr bestimmte Marktunvollkommenheiten, z.B. die fehlende Teilbarkeit der Investitionsanschaffungsauszahlung bei gleichzeitiger Kreditrationierung, erforderlich.

- Für diese Rechtsformgruppe sieht das Gewerbesteuergesetz – gegenüber der Gruppe der Kapitalgesellschaften – eine *zweifache Begünstigung* vor, zum einen in Form eines besonderen *Freibetrags* bei der Ermittlung des Gewerbeertrags in Höhe von 24.500 € (§ 11 Abs. 1 Nr. 1 GewStG) und zum anderen in Form eines sogenannten *Staffeltarifs* (§ 11 Abs. 2 Nr. 1 GewStG), der in Abhängigkeit von der Höhe des Gewerbeertrags steigende, „gestaffelte" Steuermesszahlen vorsieht. Danach beträgt die Steuermesszahl der Gewerbeertragsteuer (m^{GE}) für gewerbliche Personenunternehmen

  → für die ersten 12.000 Euro 1%,

  → für die weiteren 12.000 Euro 2%,

  → für die weiteren 12.000 Euro 3%,

  → für die weiteren 12.000 Euro 4%,

  → für alle weiteren Beträge 5%.

- Weiterhin gilt für gewerbliche Personenunternehmen der mit dem Steuersenkungsgesetz vom 23.10.2000 neu eingeführte § 35 EStG („Steuerermäßigung bei Einkünften aus Gewerbebetrieb"), der an die Stelle des bisherigen § 32c EStG a.F. („Tarifbegrenzung bei gewerblichen Einkünften") getreten ist. § 35 EStG sieht unter der Voraussetzung, dass Einkommensteuerpflichtige Einkünfte aus Gewerbebetrieb beziehen, die *fiktive Anrechnung der Gewerbesteuer auf die Einkommensteuer* vor. Die Gewerbesteuer kann danach nicht in tatsächlicher Höhe, sondern nur mit dem 1,8fachen des effektiven Gewerbesteuermessbetrags auf die Einkommensteuer angerechnet werden. Weiterhin ist eine Anrechnung nur möglich, soweit die Gewerbesteuer „anteilig auf im zu versteuernden Einkommen enthaltene gewerbliche Einkünfte entfällt" (§ 35 I S. 1 EStG).

Die Konsequenzen der gewerbesteuerlichen Besonderheiten des Freibetrags und des Staffeltarifs sind wiederum von der zu beurteilenden (Entscheidungs-)Situation abhängig. Zu unterscheiden sind hier die alternativen Fälle einer *Grenzbetrachtung*, in deren Rahmen etwa die Vorteilhaftigkeit eines Einzelinvestitionsobjektes zu untersuchen ist, welches zu einem bereits bestehenden Investitionsprogramm hinzukommt, sowie einer *Totalbetrachtung*, die das gesamte Investitionsprogramm bzw. eine Gesamtunternehmung zum Gegenstand hat.

a) Grenzbetrachtung

(Nur) im Rahmen einer *Grenzbetrachtung* können gewerbesteuerlicher Freibetrag und Staffeltarif vernachlässigt werden, indem davon ausgegangen wird, dass beide Vergünstigungen durch das bestehende Investitionsprogramm, d.h. durch bereits realisierte Investitionsobjekte, bereits ausgeschöpft sind und das neu zu beurteilende Einzelinvestitionsobjekt bzw. die durch dieses ausgelöste Erhöhung des Gewerbeertrags ungekürzt und unter Anwendung der (Regel-)Steuermesszahl der obersten Staffeltarifzone von 5% der Gewerbeertragsteuer unterworfen wird. In diesem Fall ergibt sich der *effektive Gewerbeertragsteuersatz* s^{GE} wie im Fall der Kapitalgesellschaft (s.u.) unter Berücksichtigung der Tatsache, dass die Gewerbesteuer als Realsteuer nicht unter das Abzugsverbot des § 12 Nr. 3 EStG für Personensteuern fällt und deshalb als Betriebsausgabe alle ertragsteuerlichen Bemessungsgrundlagen, im Ergebnis also auch ihre eigene Bemessungsgrundlage, mindert.

Mit

X	:	(Steuerbilanz-)Gewinn des Personenunternehmens vor Steuern[1]
GewSt	:	Gewerbeertragsteuer
s^{GE}	:	effektiver Gewerbeertragsteuersatz
m_V^{GE}	:	Steuermesszahl der Gewerbeertragsteuer in der obersten Zone des Staffeltarifs (= 5%)
h^{GE}	:	Hebesatz der Gewerbeertragsteuer

und unter der vereinfachenden Annahme, dass gewerbesteuerliche Hinzurechnungen und Kürzungen nicht zu berücksichtigen sind bzw. sich gerade zu null addieren,[2]

---

[1] Dabei werden weiterhin alle möglichen Abweichungen zwischen den Einzahlungsüberschüssen und der einkommensteuerlichen Bemessungsgrundlage mit Ausnahme der ertragsteuerlichen planmäßigen Abschreibungen vernachlässigt (s.o.).

[2] Dies entspricht vor dem Hintergrund der materiell wichtigsten Hinzurechnungsvorschriften des § 8 Nrn. 1, 3 GewStG für die Hälfte der Dauerschuldzinsen sowie Gewinnanteile (typisch) stiller Gesellschafter im Wesentlichen der Annahme einer vollständigen Eigenfinanzierung. Unter dieser Voraussetzung entspricht die Variable X gleichzeitig dem Ge-

lässt sich der gesuchte effektive Steuersatz der Gewerbeertragsteuer unter der Annahme der Anwendung der Steuermesszahl der obersten Staffeltarifzone wie folgt ermitteln. Aus

$$GewSt = m_V^{GE} \cdot h^{GE} \cdot (X\text{-}GewSt)$$

folgt nach wenigen Umformungen:

$$GewSt = \frac{m_V^{GE} \cdot h^{GE}}{1 + m_V^{GE} \cdot h^{GE}} \cdot X = s^{GE} \cdot X \tag{II.49}$$

Der zur Bestimmung des effektiven Ertragsteuersatzes benötigte effektive Steuersatz der Gewerbeertragsteuer s^{GE} ist damit also gegeben durch:

$$s^{GE} = \frac{m_V^{GE} \cdot h^{GE}}{1 + m_V^{GE} \cdot h^{GE}} \tag{II.50}$$

Eine weitere Fallunterscheidung ist hinsichtlich der Gewerbesteueranrechnung nach § 35 EStG erforderlich, da sich deren technische Durchführung für die Fälle der gewerblichen Einzelunternehmung einerseits und der gewerblichen Mitunternehmerschaft (Personengesellschaft) andererseits unterscheiden kann.

a1) <u>Grenzbetrachtung bei gewerblicher Einzelunternehmung</u>

Die Gesamtsteuerbelastung des gewerblichen Einzelunternehmers S_{Gr}^{EU} für den Fall der Grenzbetrachtung ergibt sich als Summe aus Gewerbeertragsteuer, Einkommensteuer unter Berücksichtigung der fiktiven Anrechnung der Gewerbesteuer und Solidaritätszuschlag und unter der Voraussetzung eines bekannten Grenz- bzw. Differenzsteuersatzes der Einkommensteuer damit konkret als:[1]

---

werbeertrag vor Berücksichtigung des Freibetrags, eines etwaigen Verlustvortrags sowie der Abzugsfähigkeit der Gewerbesteuer als Betriebsausgabe.

[1] Eine etwaige Kirchensteuerpflicht wird im Folgenden aus Vereinfachungsgründen stets vernachlässigt.

$$S_{Gr}^{EU} = \text{GESt} + \text{ESt} - \text{GewSt-Anrechnung} + \text{Solidaritätszuschlag}$$

$$= s^{GE} \cdot X + \left(s^{ESt} \cdot \left(X - s^{GE} \cdot X \right) - 1{,}8 \cdot \frac{s^{GE}}{h^{GE}} \cdot X \right) \cdot \left(1 + s^{SZ} \right) \qquad \text{(II.51)}$$

Der für die Gewerbesteueranrechnung nach § 35 EStG benötigte effektive Gewerbesteuermessbetrag ergibt sich durch Division der effektiven Gewerbesteuer durch den Hebesatz h^{GE}, die Höhe der auf die Einkommensteuer anrechenbaren Gewerbesteuer durch anschließende Multiplikation mit 1,8 unter der Voraussetzung, dass die anrechenbare Gewerbesteuer nicht höher ist als die zur Anrechnung verfügbare Einkommensteuer, also kein Anrechnungsüberhang vorliegt.[1] Im Falle eines Anrechnungsüberhangs wäre in Bedingung (II.51) der Faktor 1,8 entsprechend zu kürzen. Da ein in einem gegebenen Veranlagungszeitraum auftretender Anrechnungsüberhang nicht intertemporal mit ggf. bestehendem Anrechnungspotential in vergangenen oder zukünftigen Perioden verrechnet werden kann, sondern endgültig verfällt, treten darüber hinaus im Rahmen des Kapitalwertkriteriums keine weiteren Auswirkungen auf.

(II.51) lässt sich dann weiter vereinfachen zu

$$S_{Gr}^{EU} = \left(s^{GE} + \left[s^{ESt} \cdot \left(1 - s^{GE} \right) - s^{GE} \cdot \frac{1{,}8}{h^{GE}} \right] \cdot \left(1 + s^{SZ} \right) \right) \cdot X, \qquad \text{(II.52)}$$

so dass sich für den gesuchten effektiven Ertragsteuersatz s_{Gr}^{EU} des gewerblichen Einzelunternehmers ergibt:

$$s_{Gr}^{EU} = s^{GE} + \left[s^{ESt} \cdot \left(1 - s^{GE} \right) - s^{GE} \cdot \frac{1{,}8}{h^{GE}} \right] \cdot \left(1 + s^{SZ} \right) \qquad \text{(II.53)}$$

Bei Einsetzen eines Einkommensteuersatzes von 45% folgt eine nur noch vom Hebesatz der Gewerbeertragsteuer abhängige Bedingung:

[1] Ein solcher Anrechnungsüberhang entsteht in Fällen, in denen der Betrag der anrechenbaren Gewerbesteuer höher ist als die auf die gewerblichen Einkünfte entfallende anteilige Einkommensteuer. Dies kann etwa durch (hohe) gewerbesteuerliche Hinzurechnungen (§ 8 GewStG) sowie auch durch einen inner- oder überperiodischen einkommensteuerlichen horizontalen oder vertikalen Verlustausgleich verursacht werden.

$$s_{Gr}^{EU} = 0{,}47475 + \frac{0{,}05 \cdot h^{GE}}{1 + 0{,}05 \cdot h^{GE}} \cdot \left(0{,}52525 - \frac{1{,}899}{h^{GE}}\right)$$

Für Hebesätze in Höhe von h^{GE}=400% (450%, 500%) nimmt der effektive Ertragsteuersatz damit Werte von (gerundet) s_{Gr}^{EU}=48,32% (49,37%, 50,38%) an. Bei einem Einkommensteuersatz von 42% beträgt der effektive Ertragsteuersatz unter der Annahme gewerbesteuerlicher Hebesätze in Höhe von wiederum h^{GE}=400% (450%, 500%) (gerundet) s_{Gr}^{EU}=45,68% (46,79%, 47,85%).[1]

a2) Grenzbetrachtung bei gewerblicher Mitunternehmerschaft

Da nach § 35 III EStG der effektive Gewerbesteuermessbetrag der Personengesellschaft (Mitunternehmerschaft) ohne Berücksichtigung von Vorabgewinnanteilen nach dem Gewinnverteilungsschlüssel der Personengesellschaft auf die einzelnen Gesellschafter aufgeteilt werden muss, die Gewerbesteueranrechnung also mitunternehmerbezogen zu erfolgen hat, können die mit (II.52) bzw. (II.53) abgeleiteten Bedingungen für die Gesamtsteuerbelastung bzw. den effektiven Ertragsteuersatz des gewerblichen Einzelunternehmers für den Fall der gewerblichen Mitunternehmerschaft nur dann problemlos übernommen werden, wenn bei keinem der an der Personengesellschaft beteiligten Gesellschafter im Zusammenhang mit § 35 EStG ein Anrechnungsüberhang entsteht. Ist diese Voraussetzung nicht erfüllt, muss in der Bedingung für die Gesamtsteuerbelastung der Mitunternehmerschaft zumindest für diejenigen Gesellschafter, bei denen ein Anrechnungsüberhang besteht, die Gewerbesteueranrechnung separat abgebildet werden. Auf Grund der sich daraus ergebenden Komplexität stößt das Kapitalwertkriterium (spätestens) an dieser Stelle an seine Grenzen; zur Analyse der Vorteilhaftigkeit eines (zusätzlichen) Investitionsobjektes dürfte hier eher das Instrumentarium des vollständigen Finanzplans geeignet sein.

Gleiches gilt auch, sofern bei den Gesellschaftern der gewerblichen Mitunternehmerschaft nicht von einem einheitlichen Grenzsteuersatz der Einkommensteuer aus-

[1] Die gewählten Steuersätze von 45% bzw. 42% entsprechen dem Spitzensteuersatz der Einkommensteuer für den Veranlagungszeitraum 2004 bzw. für Veranlagungszeiträume ab 2005 (§ 52 Abs. 41 EStG).

gegangen werden kann und die Gesellschafter sich nicht auf den Ansatz eines einheitlichen Grenzsteuersatzes einigen können[1]; auch hier können die relevanten gesellschafterindividuellen Aspekte besser im Rahmen eines vollständigen Finanzplans berücksichtigt werden.

b) Totalbetrachtung

Sind die Voraussetzungen einer Grenzbetrachtung nicht gegeben, weil – etwa im Rahmen einer Existenzgründungsplanung – das gesamte Investitionsprogramm eines gewerblichen Personenunternehmens einer Vorteilhaftigkeitsanalyse zu unterziehen ist, müssen die gewerbesteuerlichen Besonderheiten sowohl des Freibetrags als auch des Staffeltarifs explizit in die Betrachtung mit einbezogen werden. Für diesen Fall ergibt sich zunächst das Problem der Bestimmung der effektiven Gewerbeertragsteuer. Die Vorgehensweise soll hier beispielhaft nur für den Fall skizziert werden, dass der Gewerbeertrag des betrachteten gewerblichen Personenunternehmens in der oberen 5. Staffelzone liegt. Unter Berücksichtigung ihrer Abzugsfähigkeit als Betriebsausgabe gilt dann als Bedingung für die effektive Gewerbeertragsteuer:[2]

$$\begin{aligned} GewSt_V = {} & m_I^{GE} \cdot h^{GE} \cdot 12.000 + m_{II}^{GE} \cdot h^{GE} \cdot 12.000 \\ & + m_{III}^{GE} \cdot h^{GE} \cdot 12.000 + m_{IV}^{GE} \cdot h^{GE} \cdot 12.000 \\ & + m_V^{GE} \cdot h^{GE} \cdot \left(X - FB^{GE} - 4 \cdot 12.000 - GewSt_V\right) \end{aligned} \qquad \text{(II.54)}$$

mit:

$GewSt_V$: effektive Gewerbeertragsteuer in der 5. Staffelzone

m_i^{GE} : Steuermesszahl in der i-ten Staffelzone

h^{GE}: : Hebesatz der Gewerbeertragsteuer

---

[1] In der Literatur wird bei heterogenen Steuersätzen insbesondere der Ansatz des mit den Beteiligungsquoten gewichteten durchschnittlichen Grenzsteuersatzes vorgeschlagen.

[2] Dabei wird wiederum von gewerbesteuerlichen Hinzurechnungen und Kürzungen abstrahiert (s.o.).

X : (Steuerbilanz-) Gewinn der Personengesellschaft vor Steuern, gleichzeitig Gewerbeertrag vor Freibetrag, Verlustvortrag und Berücksichtigung der Gewerbeertragsteuer als Betriebsausgabe

FB^{GE}: Freibetrag der Gewerbeertragsteuer (24.500 €)

Auflösen von (II.54) nach $GewSt_V$ liefert nach einigen Umformungen mit

$$\begin{aligned} GewSt_V &= \frac{\left(m_{GE}^{I} + m_{GE}^{II} + m_{GE}^{III} + m_{GE}^{IV}\right)\cdot h}{1+m_{GE}^{V}\cdot h}\cdot 12.000 + \frac{m_{GE}^{V}\cdot h}{1+m_{GE}^{V}\cdot h}\cdot (X - 72.500) \\ &= \frac{m_{GE}^{V}\cdot h}{1+m_{GE}^{V}\cdot h}\cdot (X - 48.500) \end{aligned} \tag{II.55}$$

die gesuchte Bedingung für die effektive Gewerbeertragsteuer im oberen Staffelintervall. In entsprechender Weise lassen sich auch die Bedingungen für die ersten vier Intervalle ermitteln.

Als zweites Problem im Zusammenhang mit der Ermittlung der effektiven Gewerbesteuer sind aber auch die effektiven Intervallgrenzen des Staffeltarifs des § 11 Abs. 2 GewStG zu bestimmen. Aufgrund der Abzugsfähigkeit der Gewerbesteuer als Betriebsausgabe stimmen auch diese effektiven Grenzen nicht mit den nominalen Intervallgrenzen überein. Für die effektive Intervallgrenze der i-ten Staffelzone IG_i^{eff} muss jeweils gelten:

$$IG_i^{eff} - GewSt_i\left[IG_i^{eff}\right] = IG_i^{nom},$$

d.h. die effektive Intervallgrenze der i-ten Staffelzone, abzüglich der effektiven Gewerbeertragsteuer an dieser effektiven Intervallgrenze, ergibt die nominale Intervallgrenze des i-ten Staffelintervalls IG_i^{nom}.

Die entsprechende Bestimmung wird wiederum nur anhand des Beispiels (nun) der 4. Staffelzone skizziert. Gesucht ist also die effektive Intervallgrenze IG_{IV}^{eff}. Die zugehörige nominale Intervallgrenze IG_{IV}^{nom} besteht aus der Summe der unteren vier nominalen Intervallbreiten (4·12.000 €), zuzüglich des Freibetrags von 24.500 €, also:

$$IG_{IV}^{nom} = 72.500\ €$$

Unter Berücksichtigung der Bedingung für die effektive Gewerbeertragsteuer in der 4. Staffelzone (Herleitung wie oben für die 5. Staffelzone gezeigt)

$$GewSt_{IV} = \frac{m_{IV}^{GE} \cdot h^{GE}}{1 + m_{IV}^{GE} \cdot h^{GE}} \cdot (X - 42.500)$$

folgt für IG_{IV}^{eff}

$$IG_{IV}^{eff} - GewSt_{IV}\left[IG_{IV}^{eff}\right] = IG_{IV}^{nom}$$

$$\Rightarrow$$

$$IG_{IV}^{eff} - \frac{m_{IV}^{GE} \cdot h^{GE}}{1 + m_{IV}^{GE} \cdot h^{GE}} \cdot \left(IG_{IV}^{eff} - 42.500\right) = 72.500$$

und nach einigen weiteren Umformungen:

$$IG_{IV}^{eff} = 72.500 + 1.200 \cdot h^{GE}$$

Abschließend werden die Bedingungen für die effektive Gewerbeertragsteuer und die effektiven Intervallgrenzen für alle Staffelzonen zusammenfassend dargestellt:

1. Staffelzone:

- $GewSt_I = \frac{m_I^{GE} \cdot h^{GE}}{1 + m_I^{GE} \cdot h^{GE}} \cdot (X - FB) = \frac{0{,}01 \cdot h^{GE}}{1 + 0{,}01 \cdot h^{GE}} \cdot (X - 24.500)$

- $IG_I^{eff} = IG_I^{nom} + 12.000 \cdot m_I^{GE} \cdot h^{GE} = 36.500 + 120 \cdot h^{GE}$

2. Staffelzone:

- $GewSt_{II} = \frac{m_{II}^{GE} \cdot h^{GE}}{1 + m_{II}^{GE} \cdot h^{GE}} \cdot \left(X - FB - 12.000 + 12.000 \cdot \frac{m_I^{GE}}{m_{II}^{GE}}\right)$
  $= \frac{0{,}02 \cdot h^{GE}}{1 + 0{,}02 \cdot h^{GE}} \cdot (X - 30.500)$

- $IG_{II}^{eff} = IG_{II}^{nom} + 18.000 \cdot m_{II}^{GE} \cdot h^{GE} = 48.500 + 360 \cdot h^{GE}$

3. Staffelzone:

- $$\text{GewSt}_{\text{III}} = \frac{m_{\text{III}}^{\text{GE}} \cdot h^{\text{GE}}}{1 + m_{\text{III}}^{\text{GE}} \cdot h^{\text{GE}}} \cdot \left(X - FB - 24.000 + 12.000 \cdot \frac{m_{\text{I}}^{\text{GE}} + m_{\text{II}}^{\text{GE}}}{m_{\text{III}}^{\text{GE}}} \right)$$
$$= \frac{0{,}03 \cdot h^{\text{GE}}}{1 + 0{,}03 \cdot h^{\text{GE}}} \cdot (X - 36.500)$$

- $$IG_{\text{III}}^{\text{eff}} = IG_{\text{III}}^{\text{nom}} + 24.000 \cdot m_{\text{III}}^{\text{GE}} \cdot h^{\text{GE}} = 60.500 + 720 \cdot h^{\text{GE}}$$

4. Staffelzone:

- $$\text{GewSt}_{\text{IV}} = \frac{m_{\text{IV}}^{\text{GE}} \cdot h^{\text{GE}}}{1 + m_{\text{IV}}^{\text{GE}} \cdot h^{\text{GE}}} \cdot \left(X - FB - 36.000 + 12.000 \cdot \frac{m_{\text{I}}^{\text{GE}} + m_{\text{II}}^{\text{GE}} + m_{\text{III}}^{\text{GE}}}{m_{\text{IV}}^{\text{GE}}} \right)$$
$$= \frac{0{,}04 \cdot h^{\text{GE}}}{1 + 0{,}04 \cdot h^{\text{GE}}} \cdot (X - 42.500)$$

- $$IG_{\text{IV}}^{\text{eff}} = IG_{\text{IV}}^{\text{nom}} + 30.000 \cdot m_{\text{IV}}^{\text{GE}} \cdot h^{\text{GE}} = 72.500 + 1200 \cdot h^{\text{GE}}$$

5. Staffelzone:

- $$\text{GewSt}_{\text{V}} = \frac{m_{\text{V}}^{\text{GE}} \cdot h^{\text{GE}}}{1 + m_{\text{V}}^{\text{GE}} \cdot h^{\text{GE}}} \cdot \left(X - FB - 48.000 + 12.000 \cdot \frac{m_{\text{I}}^{\text{GE}} + m_{\text{II}}^{\text{GE}} + m_{\text{III}}^{\text{GE}} + m_{\text{IV}}^{\text{GE}}}{m_{\text{V}}^{\text{GE}}} \right)$$
$$= \frac{0{,}05 \cdot h^{\text{GE}}}{1 + 0{,}05 \cdot h^{\text{GE}}} \cdot (X - 48.500)$$

- Die 5. Staffelzone ist nach oben unbeschränkt, es existiert hier also keine effektive Intervallgrenze.

Entsprechend der Vorgehensweise unter a) zur Grenzbetrachtung müssen auch für den Fall der Totalbetrachtung aufgrund der fiktiven Gewerbesteueranrechnung gemäß § 35 EStG die Fälle der gewerblichen Einzelunternehmung einerseits und der gewerblichen Personengesellschaft (Mitunternehmerschaft) andererseits unterschieden werden.

b1) Totalbetrachtung bei gewerblicher Einzelunternehmung

Unter Berücksichtigung der im Falle einer Totalbetrachtung auftretenden gewerbesteuerlichen Besonderheiten sowie der Gewerbesteueranrechnung nach § 35 EStG lässt sich die gesamte Ertragsteuerbelastung der gewerblichen Einzelunternehmung nun ermitteln, indem für die Gewerbesteuer die Bedingung für die jeweils relevante Staffelzone angesetzt wird. Für Gewerbeerträge in der oberen 5. Staffelzone ergibt sich etwa:

$$S_{To}^{EU} = \text{GewSt} + \text{ESt} - \text{GewSt-Anrechnung} + \text{SolZ}$$

$$\begin{aligned}
&= s^{GE} \cdot (X - 48.500) \\
&\quad + \left(s^{ESt} \cdot \left[X - s^{GE} \cdot (X - 48.500)\right] - 1{,}8 \cdot \frac{s^{GE} \cdot (X - 48.500)}{h^{GE}} \right) \cdot \left(1 + s^{SZ}\right) \\
&= \left(s^{GE} + \left[s^{ESt} \cdot \left(1 - s^{GE}\right) - s^{GE} \cdot \frac{1{,}8}{h^{GE}} \right] \cdot \left(1 + s^{SZ}\right) \right) \cdot X \\
&\quad - \left(s^{GE} - \left[s^{ESt} \cdot s^{GE} + s^{GE} \cdot \frac{1{,}8}{h^{GE}} \right] \cdot \left(1 + s^{SZ}\right) \right) \cdot 48.500
\end{aligned} \tag{II.56}$$

Zusätzlich zu der bereits für den Fall einer Grenzbetrachtung bekannten Bedingung für den Kapitalwert nach Ertragsteuern der gewerblichen Einzelunternehmung (II.52) ist bei Totalbetrachtung im Kapitalwertkriterium also ein absoluter Korrekturterm zu berücksichtigen, der auf die gewerbesteuerlichen Besonderheiten des Freibetrags und des Staffeltarifs zurückzuführen ist. Dieser Korrekturterm

$$\left(s^{GE} - \left[s^{ESt} \cdot s^{GE} + s^{GE} \cdot \frac{1{,}8}{h^{GE}} \right] \cdot \left(1 + s^{SZ}\right) \right) \cdot 48.500 \tag{II.57}$$

fällt mit zunehmendem Einkommensteuersatz s^{ESt}, steigt mit zunehmendem effektiven Gewerbeertragsteuersatz s^{GE} und kann je nach dem Verhältnis zwischen diesen beiden Steuersätzen positiv oder negativ sein oder auch den Wert null annehmen. Es lässt sich leicht zeigen, dass die folgende Beziehung gilt:

$$\text{Korrekturterm (II.57)} \begin{matrix} > \\ = \\ < \end{matrix} 0, \quad \text{wenn} \quad h^{GE} \begin{matrix} > \\ = \\ < \end{matrix} \frac{1{,}8 \cdot \left(1 + s^{SZ}\right)}{1 - s^{ESt} \cdot \left(1 + s^{SZ}\right)}$$

Mit anderen Worten: bei Totalbetrachtung über- oder auch unterschätzt je nach dem Verhältnis zwischen s^{GE} und s^{ESt} der für den Fall der Grenzbelastung ermittelte effektive Ertragsteuersatz (II.53) die tatsächliche Gesamtsteuerbelastung. Bei ausschließlicher Betrachtung der Gewerbesteuer führt die Vernachlässigung von Freibetrag und Staffeltarif zu einer Überschätzung der Gewerbesteuer. Im Bereich der Einkommensteuer einschließlich der Gewerbesteueranrechnung nach § 35 EStG sowie des Solidaritätszuschlags kommt es jedoch zu einem gegenläufigen Effekt: bei der Einkommensteuer und damit auch beim Solidaritätszuschlag durch die Abzugsfähigkeit der Gewerbesteuer als Betriebsausgabe, bei der Gewerbesteueranrechnung, die ja negativ in die Gesamtsteuerbelastung eingeht, durch die Überschätzung der Gewerbesteuer. Dabei steigt die Bedeutung des in jedem Fall positiven Gewerbesteuereffekts mit zunehmendem effektiven Gewerbesteuersatz, diejenige des negativen Einkommensteuereffekts mit steigendem Einkommensteuersatz. Vorzeichen und Größenordnung des gesamten Korrekturterms hängen davon ab, welcher dieser beiden Effekte überwiegt.

Die folgende Tabelle enthält für Gewerbeerträge in der obersten Staffelzone die Werte des Korrekturterms für verschiedene Steuersätze der Einkommen- und Gewerbeertragsteuer.[1] Es zeigen sich, wie oben angesprochen, sowohl positive als auch negative Werte und dabei Größenordnungen etwa zwischen –2.000 € und +4.000 €. Ob in praktischen Anwendungsfällen der Korrekturterm damit ins Gewicht fällt oder aber vernachlässigt werden kann, muss im Einzelfall entschieden werden.

[1] Dabei wurde weiterhin vorausgesetzt, dass eine Gewerbesteueranrechnung ohne Entstehung von Anrechnungsüberhängen möglich ist. Rundungsvorschriften wurden vernachlässigt.

	h^{GE} / s^{GE} (gerundet)			
	200%	300%	400%	500%
s^{ESt}	9,09%	13,04%	16,67%	20%
20%	-707,66	986,87	2.540,19	3.969,24
25%	-940,24	653,17	2.113,79	3.457,57
30%	-1.172,82	319,47	1.687,40	2.945,89
35%	-1.405,40	-14,23	1.261,00	2.434,22
40%	-1.637,98	-347,93	834,60	1.922,54
45%	-1.870,56	-681,64	408,21	1.410,87

Tabelle 1: Größenordnungen des Korrekturterms des Kapitalwerts nach Ertragsteuern für die gewerbliche Einzelunternehmung bei Totalbetrachtung in Abhängigkeit von den Steuersätzen der Einkommen- und der Gewerbeertragsteuer

b2) Totalbetrachtung bei gewerblichen Mitunternehmerschaften

Soll die gesamte Ertragsteuerbelastung bzw. der effektive Ertragsteuersatz für den Fall der Totalbetrachtung einer gewerblichen Personengesellschaft ermittelt werden, gilt das oben für den Fall der Grenzbetrachtung Gesagte. Zusätzliche Probleme treten hier einerseits auf Grund der mitunternehmerbezogenen Anwendung des § 35 EStG sowie andererseits durch ggf. unterschiedliche Einkommensteuersätze der Gesellschafter auf, so dass das Kapitalwertkriterium kaum noch sinnvoll anzuwenden ist und stattdessen eher das Instrument des vollständigen Finanzplans angewendet werden sollte.

II.2.2.2.2.3 Der effektive Ertragsteuersatz im Fall der Kapitalgesellschaft

Wesentlich für den abschließend zu behandelnden Fall der Rechtsformgruppe der Kapitalgesellschaften ist das zivilrechtliche Trennungsprinzip, welches grundsätzlich auch im Steuerrecht anerkannt wird.[1] Hintergrund ist die Tatsache, dass Kapitalgesellschaften als juristische Personen mit eigener Rechtsfähigkeit ausgestattet sind und unabhängig von ihren Anteilseignern selbständige Rechtssubjekte darstellen. In der Konsequenz behandelt das Steuerrecht im Fall der juristischen Person die Kapitalgesellschaft einerseits und deren Anteilseigner andererseits als voneinander unabhängige Steuersubjekte, „das Einkommen der Kapitalgesellschaft wird steuerlich nicht als Einkommen der Anteilseigner betrachtet, z.B. die Verrechnung von Gesellschaftsverlusten mit positiven Einkünften des Gesellschafters nicht zugelassen und Verträge zwischen Gesellschaft und Anteilseigner werden steuerlich wie Verträge zwischen Fremden behandelt ...“[2]

In der Folge wird die Kapitalgesellschaft ertragsteuerlich neben der Gewerbeertragsteuer durch eine eigenständige Steuerart, die Körperschaftsteuer, erfasst, die wiederum die Bemessungsgrundlage für den Solidaritätszuschlag darstellt, der ebenfalls (auch) auf der Ebene der juristischen Person erhoben wird. Solange die Kapitalgesellschaft Gewinne erzielt und diese nicht an ihre Anteilseigner ausschüttet, sondern thesauriert, setzt sich die (laufende) Ertragsbesteuerung allein aus diesen drei Einzelkomponenten zusammen.[3] Die Ebene der Anteilseigner kommt – außerhalb von Anteilsveräußerungen – ertragsteuerlich erst ins Spiel, sofern Gewinne aus der Kapitalgesellschaft an sie ausgeschüttet werden. Während in diesem Fall im alten Körperschaftsteuersystem mit Vollanrechnungsverfahren die Körperschaftsteuer grundsätzlich im Ergebnis neutralisiert wurde, da sie zum einen zusammen mit der Bardividende das zu versteuernde Einkommen des Anteilseigners erhöhte und zum anderen vollständig auf dessen daraus entstehende Einkommensteuerschuld angerechnet wurde, bleibt sie nach erfolgtem Übergang zu einer Kombination einer

---

[1] Ausnahmen betreffen lediglich missbräuchliche Gestaltungen, welche ggf. zu einer sogenannten Durchgriffsbesteuerung führen können, sowie die Hinzurechnungsbesteuerung der §§ 7 – 14 AStG. Beide Fälle werden im Folgenden nicht behandelt.

[2] S. Lang, J., in: Tipke/Lang, Steuerrecht, 17. Aufl., 2002, S. 364.

[3] Eine zusätzliche Einkommensteuerpflicht bei einem Anteilseigner in der Form einer natürlichen Person könnte außerhalb der laufenden Besteuerung höchstens im Falle einer Anteilsveräußerung entstehen, sofern diese unter die Tatbestände des § 17 oder des § 23 EStG fällt.

„klassischen“ (Definitiv-) Körperschaftsteuer mit einem sogenannten Halbeinkünfteverfahren auch im Ausschüttungsfall bestehen.

Im Ergebnis ist die für die Ertragsbesteuerung der Kapitalgesellschaften relevante Körperschaftsteuer nur bei isolierter Betrachtung der Gesellschaftsebene hinsichtlich der Gewinnverwendung neutral; seit dem angesprochenen körperschaftsteuerlichen Systemwechsel werden Gewinne unabhängig davon, ob sie thesauriert oder an die Anteilseigner ausgeschüttet werden, mit einem einheitlichen Steuersatz von 25% endgültig belastet.[1] Da, den Erkenntnissen der neoklassischen Investitions- und Finanzierungstheorie folgend, die Kapitalgesellschaft jedoch lediglich als Institution ihrer Anteilseigner zur intertemporalen Transformation von Einkommens- bzw. Konsumströmen anzusehen ist, müssen grundsätzlich die Anteilseigner (allein) in der Form natürlicher Personen (Investoren) in die Betrachtung mit einbezogen werden. Greift man aber in diesem Sinne durch die Kapitalgesellschaft durch und berücksichtigt die Ebene der Investoren, zeigt sich, dass das neue deutsche Körperschaftsteuersystem keineswegs gewinnverwendungsneutral ist. Bei Ausschüttung aktueller oder früherer, zunächst thesaurierter Gewinne an natürliche Personen greift das einkommensteuerliche Halbeinkünfteverfahren; die Hälfte der von der Kapitalgesellschaft ausgeschütteten Bardividende unterliegt (noch einmal) der Einkommensbesteuerung. Diese Tatsache macht eine Fallunterscheidung hinsichtlich der Gewinnverwendung der Kapitalgesellschaft erforderlich:

- Alle Gewinne werden in der Kapitalgesellschaft vollständig und dauerhaft thesauriert, Gewinnausschüttungen an ihre Anteilseigner (natürliche Personen) finden zu keinem Zeitpunkt statt.
- Die Gewinne der Kapitalgesellschaft werden – entweder jeweils sofort und uneingeschränkt oder nach teilweiser oder vollständiger vorübergehender Thesaurierung – an ihre Anteilseigner (natürliche Personen) ausgeschüttet.

[1] Für die folgende Untersuchung werden Altfälle, d.h. die Ausschüttung von noch im alten Körperschaftsteuersystem entstandenen verwendbaren Eigenkapitals, die während der fünfzehnjährigen Übergangsphase mit einer Körperschaftsteuerminderung (§ 37 KStG) oder –erhöhung (§ 38 KStG) verbunden sein können, aus Vereinfachungsgründen vernachlässigt.

a) Vollständige und dauerhafte Gewinnthesaurierung

Selbst der – aus Praxissicht unrealistische – Grenzfall, in dem die das (Real-) Investitionsobjekt realisierende Kapitalgesellschaft

- alle Gewinne grundsätzlich vollständig thesauriert und diese einbehaltenen Gewinne dauerhaft in der Unternehmung verbleiben und
- auf der Ebene der Anteilseigner der Kapitalgesellschaft keine im Zusammenhang mit ihrer Beteiligung stehenden Betriebsausgaben bzw. Werbungskosten zu berücksichtigen sind, insbesondere also keine Fremdfinanzierung der Beteiligung vorliegt,[1]

erweist sich hinsichtlich seiner Erfassung mittels des Kapitalwertkriteriums nach Steuern als nur auf den ersten Blick unproblematisch. Zunächst einmal ist bei isolierter Betrachtung der Ebene der Kapitalgesellschaft die Ermittlung des relevanten effektiven Ertragsteuersatzes leicht, denn es sind hier lediglich die Gewerbeertrag- und die Körperschaftsteuer, charakterisiert durch den einheitlichen Körperschaftsteuersatz, sowie der Solidaritätszuschlag (zur Körperschaftsteuer) relevant. Mit Einführung der folgenden Variablen:

X :	körperschaftsteuerlicher Gewinn vor Steuern, gleichzeitig Gewerbeertrag vor Berücksichtigung eines Verlustvortrags und Berücksichtigung der Gewerbesteuer als Betriebsausgabe[2]
S_{Th}^{KapG} :	gesamte Ertragsteuerbelastung der Kapitalgesellschaft im Fall der vollständigen und dauerhaften Gewinnthesaurierung

[1] Die steuerlichen Konsequenzen solcher Betriebsausgaben oder Werbungskosten der Anteilseigner müssten in der hier vertretenen Auffassung der Kapitalgesellschaft als Institution der Gesellschafter (s.u.) in die Analyse der Vorteilhaftigkeit eines Investitionsobjektes einbezogen werden.

[2] Dies gilt wiederum (nur) unter der Voraussetzung, dass sich die gewerbesteuerlichen Hinzurechnungen und Kürzungen zu null addieren (s.o.). Unberücksichtigt bleiben im Folgenden weiterhin auch alle anderen möglichen Abweichungen zwischen den Einzahlungsüberschüssen einerseits und den ertragsteuerlichen Bemessungsgrundlagen andererseits (s.o.) mit Ausnahme der planmäßigen ertragsteuerlichen Abschreibungen.

KSt	:	Körperschaftsteuer
GewSt	:	Gewerbeertragsteuer
SZ	:	Solidaritätszuschlag
s^{KSt}	:	Körperschaftsteuersatz
s^{GE}	:	effektiver Gewerbeertragsteuersatz
s^{SZ}	:	Steuersatz des Solidaritätszuschlags
m^{GE}	:	Steuermesszahl der Gewerbeertragsteuer
h^{GE}	:	gewerbesteuerlicher Hebesatz

lässt sich die gesamte Ertragsteuerbelastung der Kapitalgesellschaft als Summe aus Gewerbesteuer, Körperschaftsteuer sowie Solidaritätszuschlag bestimmen. Dabei ist wiederum zu berücksichtigen, dass die Gewerbesteuer als Realsteuer nicht unter das Abzugsverbot des § 12 Nr. 3 EStG für Personensteuern fällt und deshalb als Betriebsausgabe die ertragsteuerlichen Bemessungsgrundlagen mindert.

$$\begin{aligned} S_{Th}^{KapG} &= GESt + KSt + SZ \\ &= m^{GE} \cdot h^{GE} \cdot (X\text{-}GESt) + s^{KSt} \cdot (X\text{-}GESt) + s^{SZ} \cdot s^{KSt} \cdot (X\text{-}GESt) \\ &= m^{GE} \cdot h^{GE} \cdot (X\text{-}GESt) + s^{KSt} \cdot (1+s^{SZ}) \cdot (X\text{-}GESt) \end{aligned} \tag{II.58}$$

Bestimmungsgleichung (II.58) ist zu konkretisieren, indem zunächst die rekursive Beziehung hinsichtlich der Gewerbeertragsteuer aufgelöst und die auf den Gewinn vor Ertragsteuern X bezogene *effektive Gewerbeertragsteuer* unter Berücksichtigung ihrer Abzugsfähigkeit als Betriebsausgabe ermittelt wird. Wie im Fall der Grenzbetrachtung der gewerblichen Personenunternehmung ergibt sich auch hier ein effektiver Gewerbeertragsteuersatz von

$$s^{GE} = \frac{m^{GE} \cdot h^{GE}}{1 + m^{GE} \cdot h^{GE}}, \tag{II.59}$$

wobei m^{GE} die für Kapitalgesellschaften gemäß § 11 Abs. 2 Nr. 2 GewStG einheitliche Steuermesszahl von 5% bezeichnet.

Unter Verwendung von (II.59) folgt für die gesamte Ertragsteuerbelastung der Kapitalgesellschaft bei vollständiger und dauerhafter Gewinnthesaurierung:

$$\begin{aligned} s_{Th}^{KapG} &= GESt + s^{KSt} \cdot (1+s^{SZ}) \cdot (X - GESt) \\ &= s^{GE} \cdot X + s^{KSt} \cdot (1+s^{SZ}) \cdot (X - s^{GE} \cdot X) \\ &= [s^{GE} + s^{KSt} \cdot (1+s^{SZ}) \cdot (1-s^{GE})] \cdot X \end{aligned} \tag{II.60}$$

Der effektive Ertragsteuersatz s_{Th}^{KapG} bei alleiniger Betrachtung der Ebene der Kapitalgesellschaft ergibt sich also als:

$$\begin{aligned} s_{Th}^{KapG} &= s^{GE} + s^{KSt} \cdot (1+s^{SZ}) \cdot (1-s^{GE}) \\ &= \frac{m^{GE} \cdot h^{GE}}{1 + m^{GE} \cdot h^{GE}} + s^{KSt} \cdot \left(1 + s^{SZ}\right) \cdot \frac{1}{1 + m^{GE} \cdot h^{GE}} \end{aligned} \tag{II.61}$$

Unter der Annahme

- eines Körperschaftsteuersatzes von 25%,
- einer für Kapitalgesellschaften einheitlichen gewerbeertragsteuerlichen Steuermesszahl von 5% und
- eines Solidaritätszuschlagssteuersatzes von 5,5%

ergibt sich mit

$$\begin{aligned} s_{Th}^{KapG} &= \frac{0{,}05 \cdot h^{GE}}{1 + 0{,}05 \cdot h^{GE}} + 0{,}25 \cdot (1 + 0{,}055) \cdot \frac{1}{1 + 0{,}05 \cdot h^{GE}} \\ &= \frac{0{,}26375 + 0{,}05 \cdot h^{GE}}{1 + 0{,}05 \cdot h^{GE}} \end{aligned}$$

eine Bedingung für den effektiven Ertragsteuersatz, der nur noch von der Höhe des von der Betriebsstättengemeinde festgesetzten gewerbesteuerlichen Hebesatzes h^{GE} abhängig ist. Für Hebesätze von 400% (450%, 500%) erreicht der effektive Ertragsteuersatz einen Wert von (ggf. gerundet) 38,65% (39,9%, 41,1%).

Wenn also die Bestimmung des effektiven Ertragsteuersatzes für die isolierte Ebene der Kapitalgesellschaft zwar einfach ist, so ist doch dessen Verwendung im Kapitalwertkriterium nach Steuern auch für den Fall der vollständigen und dauerhaften Gewinnthesaurierung problematisch, denn auf diese Weise wird die Ebene der Anteilseigner (Investoren) vollkommen abgeschnitten. Dies mag zwar aus juristischer Sicht der Kapitalgesellschaft als juristische Person mit eigener Rechts- und Steuersubjektfähigkeit konsequent erscheinen und einer „traditionellen Betrachtungsweise" in der Betriebswirtschaftslehre entsprechen, die die Kapitalgesellschaft als „Unternehmung an sich" mit dem Sachziel interpretiert, „fremden Bedarf zu decken, d.h. Haushalte und andere Unternehmen mit Gütern zu versorgen",[1] ist jedoch mit der „modernen Betrachtungsweise" der Unternehmung „als Instrument nutzenmaximierender Wirtschaftssubjekte", „die das Unternehmen als Instrument benutzen", unvereinbar.[2] Schließt man sich jedoch diesem – theoretisch geschlossenen – Ansatz an, so ist auch der Fall der vollständigen und dauerhaften Gewinnthesaurierung zwingend aus der Sicht der Anteilseigner der Kapitalgesellschaft zu beurteilen. Dazu ist gewissermaßen eine Schnittstelle zwischen der Ebene der ihre Gewinne einbehaltenden Kapitalgesellschaft und der Ebene ihrer Anteilseigner zu definieren. Diese kann entweder darin bestehen, dass eine endliche Lebensdauer der Kapitalgesellschaft unterstellt und der Fall betrachtet wird, dass an deren Ende die Gesellschaft liquidiert und die Liquidationserlöse (dann doch) an die Gesellschafter ausgeschüttet werden,[3] oder aber bei Unterstellung einer unendlichen Lebensdauer der Kapitalgesellschaft die mit der fortlaufenden Gewinnthesaurierung verbundenen Änderungen des Werts der Anteile der Gesellschafter in die Betrachtung mit einbezogen werden. In beiden Varianten sind jedoch zusätzlich zur Ertragsteuerbelastung auf der Ebene der Kapitalgesellschaft auch die entsprechenden steuerlichen Konsequenzen auf der Ebene der Anteilseigner zu berücksichtigen, bei Liquidation spaltet sich die gesamte Zahlung an die Gesellschafter jeweils in eine steuerfreie Rückzahlung des Nennkapitals und eine steuerpflichtige Auszahlung von Gewinnrücklagen, bei der zweiten Alternative wäre ggf. die Steuerpflicht eines etwaigen Veräußerungsgewinns oder –verlustes in Betracht zu ziehen, sofern die veräußerten Anteile in einem Betriebsvermögen gehalten werden oder die Voraussetzungen des § 17

[1] S. Schmidt, R.H. / Terberger, E.: Grundzüge der Investitions- und Finanzierungstheorie, 3. Aufl., 1996, S. 12.

[2] S. ebd., S. 38.

[3] Mit dieser Annahme wird allerdings der Fall der vollständigen und dauerhaften Gewinnthesaurierung aufgegeben und die Situation einer vorübergehenden Thesaurierung betrachtet (s.u.).

EStG oder des § 23 EStG vorliegen. Bei beiden Varianten wären aber in jedem Fall Informationen über die weitere Verwendung der thesaurierten Gewinne in der Kapitalgesellschaft erforderlich bzw. müssten entsprechende Annahmen getroffen werden, da bei Berücksichtigung der (späteren) Ertragsbesteuerung auf der Ebene der Anteilseigner der Kapitalwert (nach Steuern) der aus dem ursprünglich zu beurteilenden Investitionsobjekt freigesetzten und thesaurierten Einzahlungsüberschüsse nicht notwendigerweise null beträgt. Damit aber stößt das Kapitalwertkriterium auch hier an seine Grenzen.

b) Gewinnausschüttung

Schüttet eine Kapitalgesellschaft ihre Gewinne aus, ist die ertragsteuerliche Ebene der Anteilseigner in Form der Einkommensbesteuerung der ihnen zufließenden Bardividende zu berücksichtigen. In diesem Zusammenhang verhinderte im Fall der Gewinnausschüttung an natürliche Personen das in Deutschland bis 31.12.2000 geltende körperschaftsteuerliche (Voll-)Anrechnungsverfahren eine Doppelbelastung mit Körperschaftsteuer und Einkommensteuer. Durch Einbeziehung der Ausschüttungskörperschaftsteuer in die einkommensteuerliche Bemessungsgrundlage und gleichzeitige Anrechnung der von der Kapitalgesellschaft gezahlten Körperschaftsteuer auf die Einkommensteuer des Anteilseigners wurden Gewinnausschüttungen im Ergebnis allein mit Einkommensteuer belastet. Für den den Ausschüttungen zuzurechnenden effektiven Ertragsteuersatz bedeutete dies, dass der Körperschaftsteuersatz (direkt) irrelevant war und ihm lediglich indirekt auf Grund der fehlenden Anrechnungsmöglichkeit des Solidaritätszuschlags der Kapitalgesellschaft Bedeutung zukam.

Nach Rückkehr zu einem „klassischen" Körperschaftsteuersystem, kombiniert mit dem einkommensteuerlichen Halbeinkünfteverfahren auf der Ebene der Anteilseigner (natürliche Personen), müssen im Falle von Gewinnausschüttungen bei der Ermittlung des effektiven Ertragsteuersatzes grundsätzlich Gewerbesteuer und Körperschaftsteuer (auf der Ebene der Kapitalgesellschaft), die Einkommensteuer (auf der Ebene der Anteilseigner) sowie der Solidaritätszuschlag (auf beiden Ebenen) berücksichtigt werden. Werden weiterhin einheitliche Einkommensteuersätze der Anteilseigner s^{ESt} unterstellt – auch hier besteht andernfalls das oben diskutierte Problem der Nichteinmütigkeit der Gesellschafter hinsichtlich des zu berücksichtigenden Steuersatzes bzw. anzusetzenden Kalkulationszinsfußes –, lässt sich der gesuchte effektive Ertragsteuersatz unter Berücksichtigung des einkommensteuerlichen Halbeinkünfteverfahrens bestimmen. Der Einkommensteuer unterliegt danach nur die Hälfte der von der Kapitalgesellschaft ausgeschütteten Bardividende, die sich wiederum als Vorsteuergewinn abzüglich Gewerbesteuer, Körperschaftsteuer und Solidaritätszuschlag der Kapitalgesellschaft ergibt. Damit lautet mit

X	:	körperschaftsteuerlicher Gewinn vor Steuern, gleichzeitig Gewerbeertrag vor Berücksichtigung eines Verlustvortrags und Berücksichtigung der Gewerbesteuer als Betriebsausgabe[1]
S_A^{KapG}	:	gesamte Ertragsteuerbelastung der Kapitalgesellschaft im Fall der sofortigen und vollständigen Gewinnausschüttung
KSt	:	Körperschaftsteuer
GewSt	:	Gewerbeertragsteuer
SZ	:	Solidaritätszuschlag
s^{KSt}	:	Körperschaftsteuersatz
s^{GE}	:	effektiver Gewerbeertragsteuersatz
s^{SZ}	:	Steuersatz des Solidaritätszuschlags
m^{GE}	:	Steuermesszahl der Gewerbeertragsteuer
h^{GE}	:	gewerbesteuerlicher Hebesatz

die gesamte ertragsteuerliche Belastung ausgeschütteter Gewinne:

$$\begin{aligned} S_A^{KapG} &= GewSt + KSt + SZ \quad &\text{(auf der Ebene der Kapitalgesellschaft)} \\ &+ ESt + SZ \quad &\text{(auf der Ebene der Anteilseigner)} \end{aligned}$$

[1] Dabei werden mögliche Abweichungen zwischen den Einzahlungsüberschüssen des Investitionsobjektes und den ertragsteuerlichen Bemessungsgrundlagen, hier insbesondere in Form gewerbesteuerlicher Hinzurechnungen und Kürzungen sowie körperschaftsteuerlicher Zu- und Abrechnungen, mit Ausnahme ertragsteuerlicher planmäßiger Abschreibungen wiederum vernachlässigt (s.o.).

$$= [s^{GE} + s^{KSt} \cdot (1+s^{SZ}) \cdot (1-s^{GE})] \cdot X$$
$$+ \; s^{ESt} \cdot (1+s^{SZ}) \cdot 0{,}5 \cdot [1-(s^{GE} + s^{KSt} \cdot (1+s^{SZ}) \cdot (1-s^{GE}))] \cdot X$$
$$= \{0{,}5 \cdot s^{ESt} \cdot (1+s^{SZ})$$
$$+ \; [s^{GE} + s^{KSt} \cdot (1+s^{SZ}) \cdot (1-s^{GE})] \cdot [1-0{,}5 \cdot s^{ESt} \cdot (1+s^{SZ})]\} \cdot X \qquad \text{(II.62)}$$

In Bedingung (II.62) wurde erneut unterstellt, dass auf der Ebene der Anteilseigner keine im Zusammenhang mit ihren Beteiligungen stehenden Betriebsausgaben bzw. Werbungskosten anfallen. Sind solche zu berücksichtigen, ist zu beachten, dass sie momentan – korrespondierend zum Halbeinkünfteverfahren – dem Halbabzugsverfahren des § 3c EStG unterliegen, also nur zur Hälfte steuerlich abzugsfähig sind. Aus (II.62) folgt für den gesuchten effektiven Ertragsteuersatz im Ausschüttungsfall:

$$s_A^{KapG} = 0{,}5 \cdot s^{ESt} \cdot (1+s^{SZ}) + [s^{GE} + s^{KSt} \cdot (1+s^{SZ}) \cdot (1-s^{GE})] \cdot [1-0{,}5 \cdot s^{ESt} \cdot (1+s^{SZ})] \qquad \text{(II.63)}$$

Bei einem Einkommensteuersatz von 45% (Spitzensteuersatz im Veranlagungszeitraum 2004), einem Körperschaftsteuersatz von 25%, einer einheitlichen Gewerbesteuermesszahl von 5% und einem Steuersatz des Solidaritätszuschlags von 5,5% resultiert ein wiederum nur noch von der Höhe des Hebesatzes der Gewerbeertragsteuer abhängiger effektiver Steuersatz von:

$$s_A^{KapG} = 0{,}237375 + 0{,}762625 \cdot \frac{0{,}26375 + 0{,}05 \cdot h^{GE}}{1 + 0{,}05 \cdot h^{GE}} \qquad \text{(II.64)}$$

Für gewerbesteuerliche Hebesätze von 400% (450%, 500%) erreicht der effektive Ertragsteuersatz bei Gewinnausschüttung damit einen Wert von (gerundet) 53,21% (54,16%, 55,08%). Wird in Deutschland, wie geplant, der Spitzensteuersatz der Einkommensteuer ab dem Veranlagungszeitraum 2005 auf 42% gesenkt, ändert sich Gleichung (II.64) zu

$$s_A^{KapG} = 0{,}22155 + 0{,}77845 \cdot \frac{0{,}26375 + 0{,}05 \cdot h^{GE}}{1 + 0{,}05 \cdot h^{GE}}$$

und der effektive Ertragsteuersatz erreicht bei einem Hebesatz der Gewerbeertragsteuer von 400% (450%, 500%) nur noch einen Wert von (gerundet) 52,24%

(53,21%, 54,15%). Aufgrund der zusätzlichen Belastung mit Einkommensteuer und persönlichem Solidaritätszuschlag des Anteilseigners übersteigt der effektive Steuersatz bei Gewinnausschüttung also denjenigen bei vollständiger und dauerhafter Gewinnthesaurierung in allen Fällen, in denen der Anteilseigner einen von null verschiedenen Einkommensteuersatz aufweist.

Ist also auch für den Ausschüttungsfall der relevante effektive Ertragsteuersatz problemlos zu ermitteln, so sind jedoch auch in dieser Situation ernste Einwände gegen eine Anwendung des Kapitalwertkriteriums nach Ertragsteuern vorzubringen. Zunächst ergeben sich für den Fall, dass Gewinne jeweils nicht sofort ausgeschüttet bzw. nicht vollständig ausgeschüttet werden, die gleichen Probleme, wie sie schon für die Situation einer vollständigen und dauerhaften Gewinnthesaurierung angesprochen wurden; hier sind etwa zusätzliche Annahmen bzw. Informationen über die Verwendung der einbehaltenen Gewinne in der Kapitalgesellschaft erforderlich.

Aber auch der sich anbietende Ausweg, eine jeweils sofortige und vollständige Gewinnausschüttung anzunehmen, impliziert Schwierigkeiten, die das Kapitalwertkriterium wiederum an seine Grenzen stoßen lassen. Zunächst einmal ist diese Annahme seit dem körperschaftsteuerlichen Systemwechsel nicht mehr realistisch. Im alten Vollanrechnungssystem war wenigstens für personenbezogene Kapitalgesellschaften, also im Wesentlichen für kleine GmbHs, eine „indirekte" Gewinnthesaurierung über das sogenannte Schütt-aus-hol-zurück-Verfahren in vielen Fällen vorteilhaft, d.h. Gewinne wurden zunächst ausgeschüttet und dann in Form einer Kapitalerhöhung der Gesellschaft wieder zugeführt. Dies war immer dann der direkten Thesaurierung überlegen, wenn die Grenzsteuersätze der Anteilseigner niedriger waren als der Thesaurierungssteuersatz der Körperschaftsteuer (zuletzt 40%). Mit dem vollzogenen Systemwechsel hin zu einer Kombination aus definitiver Körperschaftsteuer auf der Ebene der Kapitalgesellschaft und zusätzlichem einkommensteuerlichen Halbeinkünfteverfahren auf der Ebene der Anteilseigner (natürliche Personen) hat jedoch das Schütt-aus-hol-zurück-Verfahren seine Attraktivität eingebüßt; wie gezeigt, erhöht sich die Gesamtsteuerbelastung bei Ausschüttung von Gewinnen an die Anteilseigner regelmäßig durch die zusätzliche Belastung mit deren persönlicher Einkommensteuer.

Als weitaus problematischer stellt sich jedoch bei genauer Betrachtung (ausschließlich) für die Rechtsform der Kapitalgesellschaft ein weiterer Aspekt des deutschen Handelsbilanzrechts dar. Dieses beschränkt nämlich als Konsequenz aus dem zivilrechtlichen Trennungsprinzip[1] aus Gründen bzw. mit der Zielsetzung der (Nominal-)*Kapitalerhaltung* die Gewinnausschüttung auf den bilanziellen Jahresüberschuss.[2] Das heißt jedoch, dass im Regelfall die aus dem Investitionsobjekt freigesetzten Einzahlungsüberschüsse gar nicht vollständig ausgeschüttet werden können bzw. dürfen; in der Kapitalgesellschaft ggf. vorhandene Zahlungsmittel unterliegen in Höhe der oben genannten nicht zahlungswirksamen Aufwendungen einer Abrechnungsperiode, insbesondere der hier in diesem Zusammenhang allein modellierten ertragsteuerlichen planmäßigen Abschreibungen, einer *Ausschüttungssperre*. In diesem Sinne ist der Begriff der vollständigen Gewinnausschüttung irreführend; ausgeschüttet werden zwar tatsächlich alle auf der Reinvermögensebene ermittelten Gewinne, aufgrund der Ausschüttungssperre im Regelfall aber keineswegs gleichzeitig auch alle am Ende der betrachteten Periode in der Kapitalgesellschaft vorhandenen Zahlungsmittel, die jedoch für das Kapitalwertkriterium allein relevant sind. Im Ergebnis gibt es eine sofortige und vollständige Ausschüttung aller in der Kapitalgesellschaft am Ende einer Periode vorhandenen Zahlungsmittel überhaupt nur in zwei wiederum sehr unrealistischen Sonderfällen:

- Bei dem betrachteten Investitionsobjekt handelt es sich ausschließlich um die Anschaffung eines nicht-abnutzbaren Wirtschaftsguts des bilanziellen Anlage-

---

[1] Die Kapitalgesellschaft weist als juristische Person eine vollständig eigenständige Rechtsfähigkeit auf (s.o.) mit der Konsequenz, dass ihre Anteilseigner „keinerlei direkte („dingliche“), sondern nur noch durch die Mitgliedschaft vermittelte Beziehungen“ zum Gesellschaftsvermögen aufweisen und Gläubiger im Regelfall nur auf dieses Gesellschaftsvermögen zugreifen können. S. Kübler, F., Gesellschaftsrecht, 5. Aufl., 1999, S. 29.

[2] Anzumerken ist, dass dies durchaus als Besonderheit des deutschen Bilanzrechts anzusehen ist; so verfolgen etwa die IAS/IFRS oder die US-GAAP allein die Zielsetzung der Informationsvermittlung vor dem Hintergrund einer angestrebten decision usefulness, ordnen der Bilanz jedoch dagegen keine Ausschüttungsbemessungsfunktion zu. Für die Rechtsformgruppe der Personenunternehmungen (Einzelunternehmung und Personengesellschaft) gilt dies auch in Deutschland.

vermögens, welches darüber hinaus über seine gesamte Nutzungsdauer auch keinen außerplanmäßigen Abschreibungsbedarf oder andere nicht (in derselben Periode) zahlungswirksame Aufwendungen auslöst.

- Greift dagegen die handelsbilanzrechtliche Ausschüttungssperre, ist also mit dem zu beurteilenden Investitionsobjekt die Anschaffung oder Herstellung eines abnutzbaren und damit planmäßig abzuschreibenden Wirtschaftsguts verbunden und/oder sind während der Nutzungsdauer nicht (in derselben Periode) zahlungswirksame Aufwendungen zu berücksichtigen, ist der Fall einer sofortigen und vollständigen Ausschüttung nur noch mit der zusätzlichen Annahme zu konstruieren, dass am Ende jeder Periode eine Kapitalherabsetzung in Höhe der vorhandenen, aber ausschüttungsgesperrten Zahlungsmittel erfolgt.

Da in der Realität beide Voraussetzungen praktisch nie erfüllt sein dürften, ist das Kapitalwertkriterium also auch im vermeintlich einfach(er)en Fall der vollständigen Gewinnausschüttung nur mit entsprechenden Vorbehalten anwendbar. Eine Erweiterung um die Modellierung der Verwendung in der Kapitalgesellschaft zwangsthesaurierter Zahlungsmittel ist zwar prinzipiell möglich, doch ist hier zweifellos wiederum der Übergang zu finanzplanorientierten Verfahren der dynamischen Investitionsrechnung erreicht.

II.2.2.2.3 Weitere ertragsteuerliche Modifikationen der Bemessungsgrundlage bzw. des effektiven Ertragsteuersatzes

II.2.2.2.3.1 Die Berücksichtigung gewerbesteuerlicher Hinzurechnungen und Kürzungen

Die bisherigen Ergebnisse zur Erweiterung der Zahlungsreihe eines Investitionsobjektes um Ertragsteuern wurden für alle betrachteten Rechtsformalternativen unter der Annahme abgeleitet, dass sich die Bemessungsgrundlagen von Einkommen- bzw. Körperschaftsteuer einerseits und Gewerbeertragsteuer andererseits entsprechen. Erscheint diese Voraussetzung auf den ersten Blick insbesondere hinsichtlich der Hinzurechnungsvorschrift des § 8 Nr. 1 GewStG, die bei der Ermittlung des Gewerbeertrags die Hinzurechnung der Hälfte der Dauerschuldzinsen fordert, als sehr unrealistisch, da sie praktisch die Annahme einer vollständigen Eigenfinanzierung der Unternehmung impliziert, erweist sie sich bei näherer Analyse doch als relativ unproblematisch.

Zunächst ist festzuhalten, dass lediglich entscheidungsrelevante, also dem zu beurteilenden Investitionsobjekt ursächlich zuzuordnende Hinzurechnungen und Kürzungen zu betrachten sind. Darüber hinaus sind der (Fremd-)Finanzierung des Investitionsobjektes neben der angesprochenen Hinzurechnungsvorschrift des § 8 Nr. 1 GewStG auch diejenigen des § 8 Nrn. 2, 3, 7 GewStG für

- mit der Gründung oder dem Erwerb des Betriebs, Teilbetriebs oder Anteils des Betriebs wirtschaftlich zusammenhängende Renten und dauernde Lasten,
- Gewinnanteile (typisch) stiller Gesellschafter sowie
- für die Hälfte der Miet- oder Pachtzinsen unter bestimmten Voraussetzungen

zuzuordnen und damit, wie im Abschnitt II.2.2.3 ausführlich gezeigt wird, nicht in der Zahlungsreihe, sondern allein im Kalkulationszinsfuß nach Steuern zu berücksichtigen. Die verbleibenden Hinzurechnungs- und Kürzungsvorschriften der §§ 8, 9 GewStG dienen überwiegend der Vermeidung von Doppelerfassungen im Fall der Beteiligung einer gewerblichen Unternehmung an einer anderen. Ob sie im Einzelfall in der Zahlungsreihe eines zu bewertenden Investitionsobjektes zu berücksichtigen sind oder nicht, ist im Einzelfall zu entscheiden und hängt insbesondere von der jeweils vorliegenden Rechtsformkombination ab. Ist etwa ein gewerbliches Personenunternehmen an einer anderen gewerblichen Mitunternehmerschaft beteiligt, enthält die Zahlungsreihe des Investitionsobjektes dessen (ggf. anteilige) Einzahlungsüberschüsse vor Steuern und wäre entsprechend um die Ertragsteuern des beteiligten Mitunternehmers zu korrigieren. Handelt es sich dagegen um die Beteiligung einer Kapitalgesellschaft an einer anderen und enthält die entsprechende Zahlungsreihe Bardividenden, also Gewinnausschüttungen (nach Gewerbe- und Körperschaftsteuer sowie Solidaritätszuschlag), wäre auf der Ebene der Muttergesellschaft ausschließlich die pauschale Steuerpflicht von 5% der erhaltenen Dividende gemäß § 8b Abs. 5 KStG sowie bei Weiterausschüttung an ihre Anteilseigner (natürliche Personen) das einkommensteuerliche Halbeinkünfteverfahren sowie der Solidaritätszuschlag (s.o.) einzubeziehen. In jedem Fall zu berücksichtigen bleibt praktisch allein die Kürzungsvorschrift des § 9 Nr. 1 GewStG für 1,2% des gemäß § 121a

BewG um 40% erhöhten Einheitswerts des zum Betriebsvermögen gehörenden Grundbesitzes, sofern im Rahmen der zu beurteilenden Investition (auch) ein Grundstück erworben wird, dem Investitionsobjekt also die entsprechende Kürzung zuzurechnen ist.

Sind gewerbesteuerliche Modifikationen der einkommen- bzw. körperschaftsteuerlichen Bemessungsgrundlage in Form von Hinzurechnungen Hi^{GE} und Kürzungen $Kü^{GE}$ explizit im Kapitalwertkriterium zu berücksichtigen, ergibt sich mit

$$GewSt = s^{GE} \cdot (X+Hi^{GE}-Kü^{GE}) \tag{II.65}$$

etwa für den Fall der gewerblichen Einzelunternehmung bei Grenzbetrachtung des zu beurteilenden Investitionsobjektes die folgende erweiterte Bedingung für die gesamte Ertragsteuerbelastung:

$$\begin{aligned} S_{Gr}^{EU} &= GESt + ESt - GewSt\text{-Anrechnung} + Solidaritätszuschlag \\ &= \left(s^{GE} + \left[s^{ESt} \cdot \left(1 - s^{GE}\right) - s^{GE} \cdot \frac{1{,}8}{h^{GE}}\right] \cdot \left(1 + s^{SZ}\right)\right) \cdot X \\ &\quad + \left(s^{GE} \cdot \left(1 - \left(s^{ESt} + \frac{1{,}8}{h^{GE}}\right) \cdot \left(1 + s^{SZ}\right)\right)\right) \cdot \left(Hi^{GE} - Kü^{GE}\right) \end{aligned} \tag{II.66}$$

Wie bereits im Fall der Berücksichtigung der gewerbesteuerlichen Besonderheiten des Freibetrags und des Staffeltarifs für gewerbliche Personenunternehmen ist auch hier neben dem effektiven Ertragsteuersatz s_{Gr}^{EU} aus Bedingung (II.53) ein zusätzlicher absoluter ertragsteuerlicher *Korrekturterm* im Kapitalwertkriterium zu berücksichtigen, dessen Größe und Vorzeichen von der Höhe der gewerbesteuerlichen Hinzurechnungen und Kürzungen abhängt.

II.2.2.2.3.2 Die Berücksichtigung von Verlusten

In den bisher betrachteten Fällen werden im Kapitalwertkriterium die ertragsteuerlichen Bemessungsgrundlagen mit den zugehörigen effektiven Ertragsteuersätzen unabhängig davon multipliziert, ob jene positiv oder negativ sind, ob also in der jeweiligen Periode im ertragsteuerlichen Sinne Gewinne oder Verluste anfallen. Bei negativen Bemessungsgrundlagen, also steuerlichen Verlusten, wird damit implizit die Möglichkeit eines sofortigen und vollständigen Verlustausgleichs im Sinne einer sofortigen anteiligen Verlustbeteiligung des Fiskus in Höhe des effektiven Ertragsteuersatzes vorausgesetzt. Da das deutsche Ertragsteuerrecht dieses – aus ökonomischer Sicht wünschenswerte – Instrument nicht vorsieht, ist diese Vorgehensweise bei negativen Bemessungsgrundlagen, also steuerlichen Verlusten, nur unter den folgenden Voraussetzungen korrekt:

- Im Rahmen einer *Grenzbetrachtung* – das zu beurteilende Investitionsobjekt kommt zu einem bereits bestehenden Investitionsprogramm hinzu (s.o.) – ist es erforderlich, dass aus dem zusätzlichen Investitionsobjekt ggf. entstehende ertragsteuerliche Verluste in voller Höhe mit anderen ertragsteuerlichen Gewinnen verrechnet werden können. Im Fall der Kapitalgesellschaft kommen dafür aufgrund des Trennungsprinzips allein Gewinne aus dem übrigen Investitionsprogramm der Gesellschaft in Frage, im Fall von Personenunternehmen darüber hinaus auch Gewinne bzw. positive Einkünfte aus anderen Unternehmungen oder anderen Einkunftsarten des oder der Steuerpflichtigen (einkommensteuerlicher horizontaler bzw. vertikaler Verlustausgleich). Die aus dem Verlustausgleich resultierende Steuerersparnis wird im Rahmen des Kapitalwertkriteriums nach Ertragsteuern dann dem zu bewertenden Investitionsobjekt in voller Höhe zugerechnet.
- Die Wirkung einer sofortigen vollständigen Verlustverrechnung wird im Ergebnis auch durch die Möglichkeit eines unbeschränkten *Verlustrücktrags* erreicht, sofern in Vorperioden ertragsteuerliche Gewinne in ausreichender Höhe zur Verrechnung vorhanden sind. Das Instrument des Verlustrücktrags ist aber aus zwei Gründen im Kapitalwertkriterium nicht sinnvoll anwendbar. Erstens weist die relevante Vorschrift des § 10d EStG eine Beschränkung des Verlustrücktrags auf nur eine Periode und eine maximale Höhe rücktragsfähiger Verluste von 511.500 € auf. Zweitens sieht § 10a GewStG für den Bereich der Gewerbesteuer einen Verlustrücktrag überhaupt nicht vor, so dass eine sofortige Verlustverrechnung höchstens unvollständig erreicht würde.

Im Fall einer Totalbetrachtung oder einer Grenzbetrachtung, bei der keine oder keine ausreichend hohen Verrechnungsmöglichkeiten zur Verfügung stehen, müsste das Kapitalwertkriterium explizit um die Möglichkeit des intertemporalen Verlustausgleichs mit seinen beiden Varianten Verlustrücktrag und Verlustvortrag erweitert werden. An dieser Stelle stößt das Kapitalwertkriterium jedoch wiederum an die Grenzen seiner (sinnvollen) Handhabbarkeit; bei praktischen Anwendungsfällen dürfte in derartigen Fällen i.d.R. das Instrument des vollständigen Finanzplans vorzuziehen sein.

II.2.2.3 Die Berücksichtigung von Ertragsteuern im Kalkulationszinsfuß

Wie bereits angesprochen, sind Ertragsteuern im Rahmen des Kapitalwertkriteriums nach der Nettomethode II nicht nur in der Zahlungsreihe des Investitionsobjektes, sondern auch im Rahmen des Kalkulationszinsfußes zu berücksichtigen. Dazu wird der *Kalkulationszinsfuß nach Steuern* i_S üblicherweise definiert als:

$$i_S = i \cdot (1-s) \qquad \text{(II.67)}$$

Der Nachsteuerkalkulationszinsfuß ergibt sich also durch Kürzung des Kalkuationszinssatzes vor Steuern i um den relevanten effektiven Ertragsteuersatz s. Entsprechend ist im Folgenden zu untersuchen,

- welcher effektive Ertragsteuersatz s und
- welcher Kalkulationszinsfuß vor Steuern i

bei der Ermittlung des Kalkulationszinsfußes nach Steuern i_S anzusetzen sind. Für beide Fragen ist die Tatsache von entscheidender Bedeutung, dass (nur) im Modell des vollkommenen Kapitalmarktes ohne Berücksichtigung von Steuern der Kalkulationszinsfuß gleichzeitig als (einheitlicher) Kapitalmarktzinssatz, Zinssatz der besten alternativen Verwendung vorhandener Eigenmittel sowie auch der aus dem Investitionsobjekt freigesetzten Zahlungen und schließlich als Rate der intertemporalen Konsumpräferenz zu interpretieren ist.[1] Nur unter der Modellannahme des vollkommenen Kapitalmarktes bei Sicherheit – und unter zusätzlichen Annahmen auch bei Unsicherheit (Risiko) – ist eine Separation von Investitionsentscheidung einerseits und Konsum- bzw. Finanzierungsentscheidung andererseits möglich. Umge-

---

[1] Alle diese vier Interpretationen des Kalkulationszinsfußes sind etwa aus dem Fisher-Hirshleifer-Modell (s. Abschnitt II.1) unmittelbar abzuleiten.

kehrt: die Verwendung des Kapitalwertkriteriums unter Zugrundelegung eines einheitlichen Kalkulationszinssatzes ist nur dann unproblematisch, wenn ein einziger Zinssatz tatsächlich gleichzeitig alle vier oben genannten Größen repräsentiert.

Geht man zunächst von der Annahme eines vollkommenen Kapitalmarktes im Sinne eines tatsächlich einheitlichen Vorsteuerzinssatzes für Geldanlagen und Kreditaufnahmen aus, so bleibt im Zusammenhang mit der Ermittlung des Kalkulationszinsfußes nach Steuern allein die Frage nach dem relevanten effektiven Ertragsteuersatz zu beantworten. Zur Veranschaulichung soll zunächst die Bedeutung des Kalkulationszinsfußes anhand eines einfachen Zahlenbeispiels demonstriert werden. Betrachtet wird das durch die folgende Zahlungsreihe charakterisierte Investitionsobjekt:

$$(-300, 110; 242; 266{,}2)$$

Der Kalkulationszinsfuß vor Steuern betrage i=10% p.a. Der Kapitalwert vor Steuern dieses Investitionsobjektes beträgt damit:

$$\begin{aligned} K_0 &= -300 + 110 \cdot 1{,}1^{-1} + 242 \cdot 1{,}1^{-2} + 266{,}2 \cdot 1{,}1^{-3} \\ &= -300 + 100 + 200 + 200 \\ &= 200 \end{aligned}$$

Zur Veranschaulichung der Bedeutung des Kalkulationszinsfußes soll der zugehörige vollständige Finanzplan für den Fall der vollständigen Fremdfinanzierung formuliert werden. Die Unterlassungsalternative, mit welcher das Kapitalwertkriterium das Investitionsobjekt implizit vergleicht, entspricht hier dem Verzicht auf die Kreditaufnahme und die Realisation der Investition. Im Finanzplan (s. Tabelle 2) werden neben der Zeile mit der Anschaffungsauszahlung und den Einzahlungsüberschüssen drei weitere Zeilen für die dem Investitionsobjekt zuzurechnenden Kapitalmarktaktivitäten eingeführt, eine Zeile für den (Kredit-)Kontostand sowie jeweils eine Zeile für die Zins- und Tilgungszahlungen.[1] Die Einzahlungsüberschüsse werden jeweils zur Verzinsung und Tilgung des anfänglichen Darlehens verwendet.

---

[1] Einzahlungen werden durch positive, Auszahlungen durch negative Vorzeichen repräsentiert, nicht zahlungswirksame Beträge, hier zunächst nur die Kontostände, werden durch eckige Klammern gekennzeichnet.

Periode	0	1	2	3
Einzahlungsüberschuss	-300,00	110,00	242,00	266,20
[Kontostand]	[-300,00]	[-220,00]	[0]	[0]
Zinsen	-	-30,00	-22,00	0
Kreditaufnahme / Tilgung	300,00	-80,00	-220,00	
Saldo / Endvermögen	0	0	0	266,20

Tabelle 2: Vollständiger Finanzplan zur Ermittlung des Endvermögens eines Investitionsobjektes ohne Berücksichtigung von Steuern

Der Kapitalwert des Investitionsobjektes ergibt sich durch Abzinsung des Endvermögens von 266,20 mit dem Kalkulationszinsfuß von i=10% auf den Entscheidungszeitpunkt t=0:

$$K_0 = 266{,}2 \cdot 1{,}1^{-3} = 200$$

Anhand des Finanzplans wird die Aufgabe des Kalkulationszinsfußes im Kapitalwertkriterium deutlich; er bildet die Kapitalmarktaktivitäten, im konkreten Beispiel also die Kreditfinanzierung des Investitionsobjektes, und (damit) die Verwendung der aus dem Investitionsobjekt freigesetzten Einzahlungsüberschüsse ab.

Zur Veranschaulichung der entsprechenden Bedeutung des Kalkulationszinsfußes nach Steuern wird das eingeführte Zahlenbeispiel um die Ertragsbesteuerung eines gewerblichen Einzelunternehmers bei Grenzbetrachtung des Investitionsobjektes erweitert. Dazu werden die folgenden Annahmen eingeführt:

- Die Gewerbeerträge liegen jeweils im oberen Intervall des Staffeltarifs, relevant ist also eine gewerbesteuerliche Messzahl von 5%. Der Hebesatz der Gewerbeertragsteuer beträgt 500%, der effektive Steuersatz der Gewerbeertragsteuer damit 20%.[1]

[1] Effektiver Steuersatz der GewSt $= \frac{m^{GE} \cdot h^{GE}}{1 + m^{GE} \cdot h^{GE}} = \frac{0{,}05 \cdot 5}{1 + 0{,}05 \cdot 5} = 0{,}2$.

- Im Zusammenhang mit der vollständigen Fremdfinanzierung des Investitionsobjektes ist die gewerbesteuerliche Hinzurechnungsvorschrift des § 8 Nr. 1 GewStG für die Hälfte der Dauerschuldzinsen zu berücksichtigen.
- Die Anschaffungsauszahlung des Investitionsobjektes wird über die Nutzungsdauer von 3 Perioden linear abgeschrieben.
- Der Grenzsteuersatz der Einkommensteuer des Einzelunternehmers beträgt in allen 3 Perioden s^{ESt}=40%, der Steuersatz des Solidaritätszuschlags jeweils 5,5%.

Der resultierende vollständige Finanzplan wird wiederum in zwei Bereiche unterteilt: im oberen Teil werden die Zahlungsreihe des Investitionsobjektes und die daraus resultierenden Ertragsteuern, im unteren Teil die (Fremd-)Finanzierung mit den durch sie ausgelösten Ertragsteuerzahlungen abgebildet. Zu beachten ist, dass die im Zuge der Fremdfinanzierung ausgelösten gewerbesteuerlichen Hinzurechnungen für 50% der jeweiligen Schuldzinsen nicht doppelt erfasst werden dürfen; sie werden allein durch die Finanzierung ausgelöst und sind deshalb ausschließlich im entsprechenden (unteren) Teil des Finanzplans zu berücksichtigen.[1]

Anhand des resultierenden Finanzplans in Tabelle 3 kann die formale Struktur des Kapitalwertkriteriums nach Ertragsteuern bzw. die Bedeutung des Kalkulationszinsfußes nach Ertragsteuern veranschaulicht werden. Dazu werden zunächst die Zahlungsreihe unter Berücksichtigung von Steuern sowie der Kalkulationszinsfuß nach Steuern ermittelt.

Die Elemente der Zahlungsreihe des Investitionsobjektes nach Steuern ergeben sich gemäß der im Abschnitt II.2.2.2 dargestellten Vorgehensweise als Differenz der Einzahlungsüberschüsse vor Steuern und der zugehörigen Ertragsteuerzahlung:

$$Z_t - s \cdot (Z_t - AfA_t)$$

[1] In Tabelle 3 werden Bemessungsgrundlagen mit „BG“ gekennzeichnet. Steuerzahlungen mit negativem Vorzeichen bedeuten Auszahlungen, solche mit positivem Vorzeichen entsprechend Einzahlungen, also Minderungen der Steuerlast. Alle Werte wurden auf 2 Nachkommastellen gerundet, dadurch können geringe Rundungsfehler auftreten.

Periode	0	1	2	3
1. Teil: Investitionsobjekt				
[1] Einzahlungsüberschuss	-300,00	110,00	242,00	266,20
[2] [Abschreibung]		[100,00]	[100,00]	[100,00]
[3] [Gewerbeertrag] ([1]-[2])		[10,00]	[142,00]	[166,20]
[4] GewSt (-0,2·[3])		-2,00	-28,40	-33,24
[5] [BG der ESt] ([3]+[4])		[8,00]	[113,60]	[132,96]
[6] [Tarifliche ESt] (-0,4·[5])		[-3,20]	[-45,44]	[-53,18]
[7] [GewSt-Anrechnung] (-[4]/h^{GE}·1,8)		[0,72]	[10,22]	[11,97]
[8] ESt-Zahllast ([6]+[7])		-2,48	-35,22	-41,22
[9] Solidaritätszuschlag (0,055·[8])		-0,14	-1,94	-2,27
[10] Gesamtsteuerbelastung ([4]+[8]+[9])		-4,62	-65,55	-76,72
[11] Cash Flow nach Ertragsteuern ([1]+[4]+[8]+[9])	-300,00	105,38	176,45	189,48
2. Teil: (Fremd-)Finanzierung				
[12] (Soll-)Zinsen		-30,00	-21,14	-4,67
[13] [Gewerbeertrag] ([12]-0,5·[12])		[-15,00]	[-10,57]	[-2,34]
[14] GewSt (-0,2·[13])		3,00	2,11	0,47
[15] [BG der ESt] ([12]+[14])		[-27,00]	[-19,02]	[-4,20]
[16] [Tarifliche ESt] (-0,4·[15])		[10,80]	[7,61]	[1,68]
[17] [GewSt-Anrechnung] (-[14]/h^{GE}·1,8)		[-1,08]	[-0,76]	[-0,17]
[18] ESt-Zahllast ([16]+[17])		9,72	6,85	1,51
[19] Solidaritätszuschlag (0,055·[18])		0,53	0,38	0,08
[20] Cash Flow nach Ertragsteuern ([12]+[14]+[18]+[19])		-16,75	-11,80	-2,61
[21] Kreditaufnahme / Tilgung (ab t=1: max{$[23]_{t-1}$; -([11]+[21])})	300,00	-88,64	-164,65	-46,72
[22] [Kontostand]	[-300,00]	[-211,36]	[-46,71]	[0]
[23] Saldo / Endwert	0	0	0	140,16

Tabelle 3: Vollständiger Finanzplan zur Ermittlung des Endwerts eines Investitionsobjektes unter Berücksichtigung von Ertragsteuern

Die jährlichen Abschreibungen betragen bei linearer AfA jeweils 100. Der relevante effektive Ertragsteuersatz s^{EU} ergibt sich für den Fall des gewerblichen Einzelunternehmers gemäß [II.53] als:

$$\begin{aligned} s^{EU} &= s^{GE} + \left[s^{ESt} \cdot \left(1 - s^{GE}\right) - s^{GE} \cdot \frac{1{,}8}{h^{GE}} \right] \cdot \left(1 + s^{SZ}\right) \\ &= 0{,}2 + [0{,}4 \cdot 0{,}8 - 0{,}2 \cdot 1{,}8/5] \cdot 1{,}055 \\ &= 0{,}46164 \end{aligned}$$

Durch Multiplikation dieses Steuersatzes mit den ertragsteuerlichen Bemessungsgrundlagen (Z_t-AfA_t) ergeben sich die gesamten Steuerzahlungen der drei Perioden der Nutzungsdauer in Höhe von 4,62, 65,55 und 76,72 in Zeile [10] des Finanzplans. Werden diese wiederum von den jeweiligen Einzahlungsüberschüssen vor Steuern abgezogen, resultieren mit 105,38, 176,45 und 189,48 die in Zeile [11] angegebenen Werte für die Cash Flows des Investitionsobjektes nach Steuern.

Im unteren Teil des Finanzplans wird die (Fremd-)Finanzierung des Investitionsobjektes abgebildet. Dies entspricht im Kapitalwertkriterium dem Kalkulationszinsfuß, der sich im Steuerfall durch Kürzung des Vorsteuerkalkulationszinssatzes um den relevanten Ertragsteuersatz s^{Kz} ergibt. s^{Kz} entspricht im betrachteten Fall der (vollständigen) Fremdfinanzierung nicht dem Ertragsteuersatz s, der oben für die Zahlungsreihe des Investitionsobjektes ermittelt wurde. Die Ursache hierfür liegt in der erst jetzt und nur hier zu berücksichtigenden Hinzurechnungsvorschrift des § 8 Nr. 1 GewStG, wonach dem Gewerbeertrag 50% der Dauerschuldzinsen (wieder) hinzuzurechnen sind, die zuvor als Betriebsausgabe die einkommensteuerliche Bemessungsgrundlage und damit auch die Ausgangsgröße zur Ermittlung des Gewerbeertrags gemindert haben. Im Ergebnis werden die Sollzinsen nur in Höhe des halben effektiven Steuersatzes der Gewerbeertragsteuer entlastet. Entsprechend ergibt sich der gesuchte Ertragsteuersatz s^{Kz} als:

$$\begin{aligned} s^{Kz} &= 0{,}5 \cdot s^{GE} + \left[s^{ESt} \cdot \left(1 - 0{,}5 \cdot s^{GE}\right) - 0{,}5 \cdot s^{GE} \cdot \frac{1{,}8}{h^{GE}} \right] \cdot \left(1 + s^{SZ}\right) \\ &= 0{,}5 \cdot 0{,}2 + [0{,}4 \cdot 0{,}9 - 0{,}1 \cdot 1{,}8/5] \cdot 1{,}055 \\ &= 0{,}44182 \end{aligned}$$

Multiplikation der jeweiligen Sollzinsen in den 3 Perioden der Nutzungsdauern in Höhe von -30,00 (-21,14; -4,67) mit diesem Ertragsteuersatz ergibt die entsprechende gesamte Ertragsteuerentlastung von 13,25 (9,34; 2,06), die im Finanzplan jeweils als Summe der Werte in den Zeilen [14], [18] und [19] abzulesen ist.

Der gesuchte Kalkulationszinsfuß nach Steuern beträgt:

$$i_{S^{Kz}} = i \cdot \left(1 - s^{Kz}\right) = 0{,}1 \cdot (1 - 0{,}44182) = 0{,}055818$$

Mit ihm lässt sich durch Aufzinsen der Cash Flows des Investitionsobjektes nach Steuern (Zeile [11] des Finanzplans) auf das Ende der Periode 3 den Endwert[1] nach Ertragsteuern (Zeile [23] des Finanzplans für t=3)

$$\begin{aligned} W_3^S &= -300{,}00 \cdot 1{,}055818^3 + 105{,}38 \cdot 1{,}055818^2 \\ &\quad + 176{,}45 \cdot 1{,}055818^1 + 189{,}48 \\ &= 140{,}16 \end{aligned}$$

bzw. durch Abzinsen dieser Cash Flows nach Steuern auf den Entscheidungszeitpunkt t=0 der Kapitalwert nach Ertragsteuern

$$\begin{aligned} K_0^S &= -300{,}00 + 105{,}38 \cdot 1{,}055818^{-1} \\ &\quad + 176{,}45 \cdot 1{,}055818^{-2} + 189{,}48 \cdot 1{,}055818^{-3} \\ &= 140{,}16 \cdot 1{,}055818^{-3} \\ &= 119{,}08 \end{aligned}$$

ermitteln.

Aus diesen an einem einfachen Zahlenbeispiel angestellten Überlegungen lässt sich als allgemeines Ergebnis festhalten, dass zur Ermittlung des Kalkulationszins-

---

[1] Der Endwert am Ende der Periode T W_T einer Zahlungsreihe mit T Elementen ergibt sich als Summe der jeweils mit dem Kalkulationszinsfuß i auf den Zeitpunkt T aufgezinsten Einzahlungsüberschüsse Z_t (s.u.):

$$W_T = -I_0 \cdot (1+i)^T + \sum_{t=1}^{T} Z_t \cdot (1+i)^{T-t}$$

Wie sich leicht zeigen lässt, gilt: $K_0 = W_T \cdot (1+i)^{-T}$ bzw. $W_T = K_0 \cdot (1+i)^T$.

fußes nach Ertragsteuern der Vorsteuerkalkulationszinsfuß um den effektiven Ertragsteuersatz zu kürzen ist, der für die Verwendung der aus dem Investitionsobjekt freigesetzten Einzahlungsüberschüsse nach Steuern anzusetzen ist. Die Höhe dieses Steuersatzes hängt damit insbesondere von der Art der Finanzierung des Investitionsobjektes ab:

- Im Fall der vollständigen Eigenfinanzierung der Anschaffungsauszahlung ist der effektive Ertragsteuersatz der (Wieder-)Anlage der Einzahlungsüberschüsse nach Steuern relevant. Dies kann damit der gleiche Ertragsteuersatz sein, der auch zur Ermittlung der Zahlungsreihe des Investitionsobjektes nach Steuern ermittelt bzw. angesetzt wurde, nämlich dann, wenn die freigesetzten Einzahlungsüberschüsse in wiederum gewerbliche (Folge- oder Ergänzungs-)Investitionen fließen, die den gleichen steuerlichen Rahmenbedingungen unterliegen wie das ursprüngliche Investitionsobjekt. Werden diese Ergänzungsinvestitionen dagegen unterschiedlich besteuert, weichen die effektiven Ertragsteuersätze zur Ermittlung der Zahlungsreihe nach Steuern einerseits und zur Berechnung des Kalkulationszinsfußes nach Steuern andererseits voneinander ab. Dies ist beispielsweise der Fall, wenn eine Reinvestition der Einzahlungsüberschüsse in Beteiligungen an Kapitalgesellschaften erfolgt; hier wären je nach Rechtsform des betrachteten Unternehmens die 95%ige Steuerfreiheit der resultierenden Dividenden (§§ 8b Abs. 1, 5 KStG) oder das einkommensteuerliche Halbeinkünfteverfahren zu berücksichtigen.[1] Fließen die Einzahlungsüberschüsse in unterschiedlich besteuerte Ergänzungsinvestitionen, stößt das Kapitalwertkriterium wiederum an die Grenzen seiner praktischen Handhabbarkeit.
- Der Fall der vollständigen Fremdfinanzierung wurde im Rahmen des obigen Zahlenbeispiels erörtert. Zu berücksichtigen ist hier bei Kreditfinanzierung die

[1] In dem Maße, wie der deutsche Steuergesetzgeber eine Politik der „Schedulisierung" der Einkommensteuer betreibt und zunehmend unterschiedliche Tarifvorschriften für unterschiedliche Arten der Einkünfteerzielung vorsieht, steigt in diesem Zusammenhang die Komplexität mit der Folge, dass das Kapitalwertkriterium in immer weniger Fällen sinnvoll anwendbar ist. Weitere Beispiele sind die geplanten speziellen Steuersätze für Veräußerungsgewinne im Bereich der (privaten) Überschusseinkunftsarten oder der geplante Abgeltungssteuersatz für Einkünfte aus Kapitalvermögen, insbesondere für Zinseinkünfte.

Hinzurechnungsvorschrift für die Hälfte der Dauerschuldzinsen (§ 8 Nr. 1 GewStG) oder bei Finanzierung durch Aufnahme eines stillen Gesellschafters die entsprechende Hinzurechnungsvorschrift des § 8 Nr. 3 GewStG für dessen vollen Gewinnanteil jeweils allein im effektiven Ertragsteuersatz zur Ermittlung des Kalkulationszinsfußes nach Steuern. Zu beachten ist darüber hinaus, dass das Kapitalwertkriterium nach der Nettomethode II bei vollständiger Fremdfinanzierung überdies nur in dem Sonderfall problemlos anwendbar ist, in dem – wie im obigen Zahlenbeispiel – über die gesamte Nutzungsdauer aus den Einzahlungsüberschüssen des Investitionsobjektes Sollzins- und Kredittilgungszahlungen erfolgen. Problematisch sind dagegen Situationen, in denen statt dessen der ursprünglich aufgenommene Kredit schon in der vorletzten Periode der Nutzungsdauer oder früher vollständig getilgt ist und weitere positive Einzahlungsüberschüsse anfallen. Diese sind dann in Form einer Ergänzungsinvestition (s.o.) anzulegen mit der Folge, dass sich der relevante effektive Ertragsteuersatz zur Bestimmung des Kalkulationszinsfußes nach Steuern durch Wegfall der Hinzurechnung der Dauerschuldzinsen und ggf. durch besondere Tarifvorschriften für bestimmte Anlageformen (s.o.) ändert. Nur wenn aus der gegebenen Zahlungsreihe die genaue Periode, in der dies eintritt, zweifelsfrei ersichtlich ist, bleibt das Kapitalwertkriterium anwendbar, indem in den Perioden bis zur vollständigen Kredittilgung ein Ertragsteuersatz unter Berücksichtigung der entsprechenden gewerbesteuerlichen Hinzurechnungsvorschrift, in den Perioden danach ein entsprechend abweichender effektiver Ertragsteuersatz angewendet wird. Ist diese Periode dagegen nicht unmittelbar bekannt – und dies dürfte in der Praxis der Regelfall sein –, ist das Instrument des vollständigen Finanzplans oder des Kapitalwertkriteriums nach der Nettomethode I anzuwenden, bei welchen die aus der (Fremd-)Finanzierung und aus Ergänzungsinvestitionen resultierende Zahlungen explizit berücksichtigt werden.

- Wird das zu beurteilende Investitionsobjekt teilweise eigen- und teilweise fremdfinanziert, gilt das oben für den Fall der vollständigen Fremdfinanzierung Gesagte. Aus dem Investitionsobjekt freigesetzte Einzahlungsüberschüsse werden zunächst zur Verzinsung und Tilgung des aufgenommenen Kredits verwendet. Ist der Kredit vorzeitig getilgt, fließen weitere Einzahlungsüberschüsse in Ergänzungsinvestitionen. Beide Phasen haben unterschiedliche Implikationen für den effektiven Ertragsteuersatz zur Ermittlung des Kalkulationszinsfußes nach Steuern, so dass regelmäßig auch hier das Kapitalwertkriterium nicht mehr sinnvoll anwendbar ist.

Als zweite Fragestellung neben der Ermittlung des relevanten effektiven Ertragsteuersatzes ist zu untersuchen, welcher Kalkulationszinsfuß vor Steuern dem Kapitalwertkriterium zugrunde zu legen ist. In der Realität liegen die Voraussetzungen eines vollkommenen Kapitalmarktes nicht oder nur in Ausnahmefällen vor. Statt dessen weichen mindestens der (einheitliche) Sollzinssatz auf der einen und der (einheitliche) Habenzinssatz auf der anderen Seite voneinander ab, in der Praxis werden zudem regelmäßig alternative Kredit- und Anlageangebote mit jeweils unterschiedlichen Zinssätzen etwa für verschiedene Volumina und/oder Laufzeiten anzutreffen sein.

In der ersten Situation jeweils einheitlicher, aber unterschiedlich hoher Soll- und Habenzinssätze folgen für die Anwendung des Kapitalwertkriteriums zwei Alternativen:

- Entweder wird dennoch mit einem einheitlichen Kalkulationszinsfuß gearbeitet mit der Konsequenz, dass wegen der Abweichung von den tatsächlichen Zinssätzen die gefundene von der richtigen Lösung um einen unbekannten Betrag abweicht,
- oder es wird versucht, durch Einschränkung der Anwendungsbedingungen des Kapitalwertkriteriums bestimmte Implikationen des Kalkulationszinsfußes zu vermeiden.

Wird etwa die Prämisse aufgegeben, dass Soll- und Habenzinssatz übereinstimmen, und stattdessen realistischerweise

$$i_{Soll} > i_{Haben}$$

unterstellt, so ergibt sich das Problem, dass nun bereits vor Steuern der Kalkulationszinssatz nicht mehr problemlos angegeben werden kann, weil ex ante regelmäßig nicht bekannt ist, ob und (bis) zu welchen Zeitpunkten Geldmittel zum Sollzinssatz aufgenommen oder zum Habenzinssatz angelegt werden müssen bzw. können. Investitions- und Finanzierungsentscheidung sind damit nicht mehr separierbar, sondern müssen simultan geplant werden, dann aber nicht mehr mittels des Kapitalwertkriteriums, welches die Separierbarkeit beider Entscheidungen voraussetzt. Im Fisher-Hirshleifer-Modell geht, wie sich leicht zeigen lässt, in diesem Fall die Fisher-Separation verloren; zur Bestimmung des optimalen Realinvestitionsvolumens ist die Kenntnis der Konsumpräferenzen des jeweiligen Investors erforderlich, d.h. es muss bekannt sein, ob dieser zu den einzelnen Zeitpunkten Geld anlegen oder aufnehmen muss, um seinen optimalen intertemporalen Konsumpfad zu realisieren. Diese Überlegungen führen zu den folgenden Konsequenzen für die Anwendbarkeit des Kapitalwertkriteriums. Zu unterscheiden sind wiederum drei alternative Fallkonstellationen hinsichtlich der Finanzierung des zu beurteilenden Investitionsobjektes:

- Bei vollständiger Eigenfinanzierung werden in jeder Periode die aus dem Investitionsobjekt freigesetzten Einzahlungsüberschüsse zum Habenzinssatz am Kapitalmarkt angelegt bzw. auftretende Auszahlungsüberschüsse mit vorhandenen Eigenmitteln so verrechnet, dass insgesamt keine Kreditaufnahme erforderlich wird. Die Vergleichsalternative zur Realinvestition ist die Geldanlage am Kapitalmarkt, im Kapitalwertkriterium kann als Kalkulationszinssatz der Habenzinssatz angesetzt werden.
- Im Fall der vollständigen Fremdfinanzierung werden in den Perioden der Nutzungsdauer des Investitionsobjektes dessen Einzahlungsüberschüsse zur Verzinsung und Tilgung von Krediten bzw. zur Vermeidung der sonst erforderlichen Ausweitung des Kreditvolumens verwendet. Auszahlungsüberschüsse werden durch zusätzliche Kreditaufnahme ausgeglichen. Die Vergleichsalternative zur Realinvestition besteht im Verzicht auf eine zur Finanzierung der Realinvestitionen erforderliche Kreditaufnahme. In diesem Fall kann (nur) unter der zusätzlichen Voraussetzung, dass nach vollständiger Tilgung des Kredits erst in der letzten Periode Anlagebeträge anfallen, das Kapitalwertkriterium unter Zugrundelegung des Sollzinssatzes angewendet werden.
- In allen übrigen Fällen gemischter Finanzierung existiert kein einheitlicher Kalkulationszinssatz mehr mit der Folge, dass die mit dem Realinvestitionsobjekt zusammenhängenden Finanzierungsaktivitäten explizit in der Zahlungsrei-

he des Kapitalwerts zu berücksichtigen sind bzw. zum Instrument des vollständigen Finanzplans überzugehen ist.

Die Konsequenzen der Besteuerung im Zusammenhang mit unterschiedlichen Finanzierungsformen sind ausführlicher Gegenstand des Kapitels IV.

Sind für ein zu beurteilendes Investitionsobjekt nicht nur unterschiedliche Soll- und Habenzinssätze, sondern darüber hinaus auch alternative Kredit- und Anlageangebote mit jeweils unterschiedlichen Zinssätzen für verschiedene Volumina und/oder Laufzeiten relevant, scheidet in nichttrivialen Fällen das Kapitalwertkriterium aus. Hier kommen statt dessen Modelle der simultanen Investitions- und Finanzplanung zur Anwendung, die auch unter Berücksichtigung von Ertragsteuern etwa mittels des Instrumentariums der Linearen Optimierung gelöst werden können.

II.2.3 Alternative Entscheidungskriterien

II.2.3.1 Endwert, Endvermögen, Baldwin-Rendite

Eng im Zusammenhang mit dem Kapitalwertkriterium stehen der Endwert und das Endvermögen. Der Endwert ist dabei auf das Ende des Planungshorizonts, also auf den Zeitpunkt T bezogen und wird wie folgt definiert:

$$\begin{aligned} W_T &:= -I_0 \cdot (1+i)^T + \sum_{t=1}^{T} Z_t \cdot (1+i)^{T-t} \\ &= -I_0 \cdot (1+i)^T + EV_T, \end{aligned} \tag{II.68}$$

wobei EV_T das durch die Einzahlungsüberschüsse der Investition erzeugte Endvermögen im Zeitpunkt T ist:

$$EV_T := \sum_{t=1}^{T} Z_t \cdot (1+i)^{T-t} \tag{II.69}$$

Eine isoliert betrachtete Investition ist dann vorteilhaft, wenn der Endwert größer als null ist, wenn also $W_T > 0$ gilt, was gleichbedeutend ist mit:

$$EV_T > I_0 \cdot (1+i)^T \tag{II.70}$$

Dies lässt folgende Interpretation zu: Eine Investition ist dann vorteilhaft, wenn das durch sie erzeugte Endvermögen im Zeitpunkt T größer ist als das Endvermögen im Zeitpunkt T, welches sich bei Anlage der Investitionsausgabe auf dem Kapitalmarkt ergäbe. Diese Interpretation ist allerdings dann zu modifizieren, wenn die Investition nicht ausschließlich eigenfinanziert wird. In diesem Fall gilt

$$I_0 = W_0 + F_0, \tag{II.71}$$

wobei F_0 das zur Durchführung der Investition aufgenommene Fremdkapital angibt. Die Investition ist dann vorteilhaft, wenn das durch sie erzeugte Endvermögen, abzüglich der durch die Fremdkapitalaufnahme verursachten Finanzierungskosten und Tilgungen, größer ist als das Endvermögen, welches sich bei Anlage des vorhandenen Anfangsvermögens auf dem Kapitalmarkt ergäbe, wenn also gilt:

$$EV_T - F_0 \cdot (1+i)^T > W_0 \cdot (1+i)^T \tag{II.72}$$

In Anlehnung an die bisherige Vorgehensweise sind Endwert und Endvermögen nach Steuern wie folgt zu definieren:

$$W_T^S := -I_0 \cdot (1+i_S)^T + \sum_{t=1}^{T} \left[Z_t - s \cdot (Z_t - AfA_t)\right] \cdot (1+i_S)^{T-t} \tag{II.73}$$

$$EV_T^S := \sum_{t=1}^{T} \left[Z_t - s \cdot (Z_t - AfA_t)\right] \cdot (1+i_S)^{T-t} \tag{II.74}$$

Beide Ausdrücke sind ggf. noch um Liquidationserlöse gemäß (II.28) zu erweitern.

Auf der Basis des Endvermögens (vor bzw. nach Steuern) kann die sogenannte Baldwin-Rendite (vor bzw. nach Steuern) definiert werden:

$$b := \sqrt[T]{\frac{\text{Endvermögen}}{\text{Anfangsvermögen}}} - 1 = \sqrt[T]{\frac{EV_T}{W_0}} - 1 \tag{II.75}$$

$$b_S := \sqrt[T]{\frac{\text{Endvermögen (n.St.)}}{\text{Anfangsvermögen}}} - 1 = \sqrt[T]{\frac{EV_T^S}{W_0}} - 1 \tag{II.76}$$

Die Vorteilhaftigkeit einer Investition ist gegeben, wenn die Baldwin-Rendite (vor bzw. nach Steuern) größer ist als der Kalkulationszinsfuß (vor bzw. nach Steuern).

II.2.3.2 Zeitlich kontinuierliche Betrachtungsweise

Grundsätzlich gehen wir im Rahmen dieser Untersuchung von einer diskreten Betrachtungsweise aus, d.h. es wird unterstellt, dass die relevanten Zahlungen zu diskreten Zeitpunkten t=0,1,2,..... anfallen. Im Rahmen einiger Entscheidungsprobleme kann es zur besseren Durchdringung der Problematik allerdings hilfreich sein, Investitionen durch kontinuierliche Zahlungsströme abzubilden. Der Investitionsauszahlung I_0 steht damit ein auf einem (halboffenen) Intervall (0,T] definierter Zahlungsstrom $Z_t=Z(t)$ gegenüber. Der Kapitalwert vor Steuern ergibt sich dann wie folgt:

$$K_0 := -I_0 + \int_0^T Z_t \cdot e^{-it} dt \tag{II.77}$$

Entsprechend lässt sich der Kapitalwert nach Steuern darstellen:

$$K_0^S := -I_0 + \int_0^T [Z_t - s \cdot (Z_t - AfA_t)] \cdot e^{-i^s t} dt \tag{II.78}$$

Die Abschreibungen sind also ebenfalls als über dem Intervall (0,T] kontinuierlicher Strom zu betrachten. Die Entscheidungsregeln bzgl. der Vorteilhaftigkeit von Einzelinvestitionsobjekten sind dieselben wie im diskreten Fall. Die mit dem Kapitalwert verwandten Kriterien des Endwerts, des Endvermögens und der Baldwin-Rendite sind entsprechend darzustellen.

II.2.4 Anwendungen

In diesem Abschnitt soll das oben vorgestellte Standardmodell erweitert werden. Damit ist es möglich, Entscheidungsprobleme, die im Zusammenhang mit Investitionsentscheidungen anfallen können, zu untersuchen.

II.2.4.1 Die optimale Nutzungsdauer

a) Einmalige Investition

Bisher wurde stets unterstellt, dass die Nutzungsdauer einer Investition vorgegeben ist. Jetzt soll von folgender Situation ausgegangen werden: Das Ende des Planungshorizonts T stellt die maximale Nutzungsdauer dar. Zu jedem Zeitpunkt $t \leq T$ kann das Investitionsobjekt veräußert und dadurch ein Veräußerungserlös L_t erzielt werden. Im diskreten Fall lässt sich die Situation wie folgt darstellen:

Periode	t=0	t=1	t=2	...	t=T
Einzahlungs-überschuss	$-I_0$	Z_1	Z_2	...	Z_T
Veräuße-rungserlös		L_1	L_2	...	L_T

Aus diesem einen Investitionsobjekt mit T verschiedenen möglichen Nutzungsdauern konstruiert man T verschiedene, sich gegenseitig ausschliessende Investitionsobjekte wie folgt:

Periode t	t=0	t=1	t=2	t=3	....	t=T-1	t=T
IO_1	$-I_0$	Z_1+L_1	0	0	....	0	0
IO_2	$-I_0$	Z_1	Z_2+L_2	0	....	0	0
IO_3	$-I_0$	Z_1	Z_2	Z_3+L_3	....	0	0
:	:	:	:	:	:	:	:
IO_{T-1}	$-I_0$	Z_1	Z_2	Z_3	....	$Z_{T-1}+L_{T-1}$	0
IO_T	$-I_0$	Z_1	Z_2	Z_3	....	Z_{T-1}	Z_T+L_T

Optimal ist dann die Nutzungsdauer t^*, für die gilt:

$$K_0(t^*) = \max\{K_0(t) := K_0(IO_t) \mid t=1,...,T\} \tag{II.79}$$

Im vorliegenden Fall bietet es sich an, zunächst die stetige Variante des Entscheidungsproblems etwas genauer zu betrachten, da sich hierdurch allgemeine formale Aussagen über die optimale Nutzungsdauer ableiten lassen. Dabei kann in jedem Zeitpunkt $t \in (0,T]$ eine Veräußerung des Investitionsobjekts zum Erlös L_t vorgenommen werden. Die Menge der alternativen, sich gegenseitig ausschließenden Investionsobjekte ist jetzt also nicht mehr endlich (ja nicht einmal abzählbar unendlich). Das optimale t^* ergibt sich aus folgendem Optimierungsproblem:

$$\max \left\{K_0(t) = -I_0 + \int_0^t Z_\tau \cdot e^{-i\tau} d\tau + L_t \cdot e^{-it} \mid t \in (0,T]\right\} \tag{II.80}$$

Die notwendige Bedingung für das Vorliegen eines Optimums ergibt sich aus der Differentiation von $K_0(t)$ nach t und Gleichsetzung mit null:

$$\frac{dK_0(t)}{dt} = Z_t \cdot e^{-it} - i \cdot L_t \cdot e^{-it} + \frac{dL_t}{dt} \cdot e^{-it} = 0 \tag{II.81}$$

Daraus folgt:

$$Z_t - i \cdot L_t + \frac{dL_t}{dt} = 0 \tag{II.81}$$

Die linke Seite der Gleichung (II.81) wird als zeitlicher Grenzgewinn G_t der Periode t bezeichnet. Das Optimum ist also dann erreicht, wenn der zeitliche Grenzgewinn gerade null ist. Dabei darf jedoch folgendes nicht übersehen werden: Bedingung (II.81) ist noch nicht hinreichend, sie gibt auch allenfalls eine Bedingung für lokale Optima wieder. Wenn mehrere Optima existieren, muss geklärt werden, welche ein (lokales) Maximum darstellen und wo das globale Maximum liegt. Dabei darf auch die Randwertproblematik nicht übersehen werden.

Integriert man nun Steuern in das Entscheidungsproblem der optimalen Nutzungsdauer, so liegt gemäß (II.80) folgendes Optimierungsproblem vor:

$$\begin{aligned}\max \{ K_0^S(t) &= -I_0 + \int_0^t \left[Z_\tau - s \cdot (Z_\tau - AfA_\tau)\right] \cdot e^{-is \cdot \tau} d\tau \\ &\quad + \left[L_t - s \cdot (L_t - R_t)\right] \cdot e^{-is \cdot t} \mid t \in (0,T]\}\end{aligned} \tag{II.82}$$

Dabei ist:

$$R_t := I_0 - \int_0^t AfA_\tau d\tau \qquad \text{(II.83)}$$

Als Bedingung 1. Ordnung erhält man:

$$Z_t - i \cdot L_t + \frac{dL_t}{dt} + i \cdot s \cdot [L_t - R_t] = 0 \qquad \text{(II.84)}$$

Der linke Ausdruck ist wieder der zeitliche Grenzgewinn G_t^S der Periode t, nunmehr nach Steuern. Wie man sieht, unterscheidet sich die Optimumsbedingung im Falle nach Steuern von der im Falle vor Steuern. Im Allgemeinen wird die optimale Nutzungsdauer nach Steuern von derjenigen vor Steuern abweichen. Auch hier lässt sich aus der Gültigkeit der Gleichung (II.84) nicht unmittelbar auf die Existenz eines globalen Maximums schließen.

Durch Umformung von (II.81) bzw. (II.84) erhält man als Optimumsbedingung vor Steuern

$$Z_t = i \cdot L_t - \frac{dL_t}{dt} \qquad \text{(II.85)}$$

und als entsprechende Bedingung nach Steuern:

$$Z_t = i \cdot L_t - \frac{dL_t}{dt} - i \cdot s \cdot [L_t - R_t] \qquad \text{(II.86)}$$

Beide Bedingungen stimmen nur dann überein, wenn s=0 gilt oder die Abschreibungen so gewählt sind, dass der Restbuchwert in t mit dem Veräußerungserlös übereinstimmt, d.h. wenn $R_t = L_t$ ist.

Kehren wir nun zurück zum diskreten Fall. Hier ist die Veränderung des Kapitalwerts zu betrachten, wenn die Nutzungsdauer um eine Periode (von t-1 auf t) verlängert wird. Es gilt vor Steuern:

$$\Delta K_0(t) = K_0(t) - K_0(t\text{-}1)$$

$$= [-I_0 + \sum_{\tau=1}^{t} Z_\tau \cdot (1+i)^{-\tau} + L_t \cdot (1+i)^{-t}] - [-I_0 + \sum_{\tau=1}^{t-1} Z_\tau \cdot (1+i)^{-\tau} + L_{t-1} \cdot (1+i)^{-(t-1)}]$$

$$= \sum_{\tau=1}^{t} Z_\tau \cdot (1+i)^{-\tau} + L_t \cdot (1+i)^{-t} - \sum_{\tau=1}^{t-1} Z_\tau \cdot (1+i)^{-\tau} - L_{t-1} \cdot (1+i)^{-(t-1)}$$

$$= Z_t \cdot (1+i)^{-t} + [L_t - L_{t-1} \cdot (1+i)] \cdot (1+i)^{-t} \qquad \text{(II.87)}$$

Im Idealfall wäre das Optimum dann erreicht, wenn der Ausdruck auf der rechten Seite von (II.87) null wäre, was äquivalent ist zu:

$$Z_t + \Delta L_t - i \cdot L_{t-1} = 0 \qquad \text{(II.88)}$$

Die linke Seite der Gleichung gibt wieder den zeitlichen Grenzgewinn der Periode t an. Die Gleichung (II.88) lässt sich wie folgt umformen und interpretieren:

$$Z_t + L_t = (1+i) \cdot L_{t-1} \qquad \text{(II.89)}$$

Auf der linken Seite der Gleichung (II.89) steht der Betrag, den man zusätzlich erhält, wenn die Veräußerung um eine Periode hinausgeschoben wird. Dafür entgeht der Veräußerungserlös der Vorperiode, den man eine Periode lang (von t-1 nach t) zum Kapitalmarktzins hätte anlegen können.

Unter Berücksichtigung von Steuern ergibt sich die Differenz der Kapitalwerte (nach Steuern) wie folgt:

$$\Delta K_0^S(t) = K_0^S(t) - K_0^S(t\text{-}1)$$

$$= \{-I_0 + \sum_{\tau=1}^{t} [Z_\tau - s \cdot (Z_\tau - AfA_\tau)] \cdot (1+i_S)^{-\tau} + [L_t - s \cdot (L_t - R_t)] \cdot (1+i_S)^{-t}\}$$

$$-\{-I_0 + \sum_{\tau=1}^{t-1} [Z_\tau - s \cdot (Z_\tau - AfA_\tau)] \cdot (1+i_S)^{-\tau}$$

$$+ [L_{t-1} - s \cdot (L_{t-1} - R_{t-1})] \cdot (1+i_S)^{-(t-1)}\}$$

$$= [Z_t - s \cdot (Z_t - AfA_t)] \cdot (1+i_S)^{-t}$$

$$+ \{[L_t - s \cdot (L_t - R_t)] - [L_{t-1} - s \cdot (L_{t-1} - R_{t-1})] \cdot (1+i_S)\} \cdot (1+i_S)^{-t} \qquad \text{(II.90)}$$

Wegen

$$R_t = I_0 - \sum_{\tau=1}^{t} AfA_\tau = I_0 - \sum_{\tau=1}^{t-1} AfA_\tau - AfA_t = R_{t-1} - AfA_t \qquad \text{(II.91)}$$

folgt:

$$\begin{aligned}\Delta K_0^S(t) = {} & [Z_t - s\cdot(Z_t - AfA_t)]\cdot(1+i_S)^{-t} + (1-s)\cdot[L_t - L_{t-1}\cdot(1+i_S)]\cdot(1+i_S)^{-t} \\ & - s\cdot(AfA_t + i_S\cdot R_{t-1})\cdot(1+i_S)^{-t} \qquad \text{(II.92)}\end{aligned}$$

Setzt man (für den Idealfall) den Ausdruck auf der rechten Seite gleich null und dividiert durch $(1+i_S)^{-t}$, so erhält man

$$(1-s)\cdot Z_t + (1-s)\cdot[L_t - L_{t-1}\cdot(1+i_S)] - i_S\cdot s\cdot R_{t-1} = 0$$

$$\Leftrightarrow$$

$$(1-s)\cdot Z_t + (1-s)\cdot[L_t - L_{t-1}\cdot(1+i_S)] - (1-s)\cdot i\cdot s\cdot R_{t-1} = 0$$

und schließlich:

$$Z_t - (1+i_S)\cdot L_{t-1} + L_t - i\cdot s\cdot R_{t-1} = 0$$

$$\Leftrightarrow$$

$$Z_t + \Delta L_t - i\cdot[L_{t-1} - s\cdot(L_{t-1} - R_{t-1})] = 0 \qquad \text{(II.93)}$$

Auch hier steht links wieder der zeitliche Grenzgewinn, jetzt nach Steuern. Diese Gleichung kann auch wie folgt geschrieben werden:

$$Z_t = L_{t-1} - L_t + i\cdot[L_{t-1} - s\cdot(L_{t-1} - R_{t-1})] \qquad \text{(II.94)}$$

Die so hergeleiteten Optimumsbedingungen (vor bzw. nach Steuern) werden aber höchstens zufällig genau erfüllt sein. Als Entscheidungsregeln lassen sich aber unter der Voraussetzung, dass die Differenz der Kapitalwerte genau einen Vorzeichenwechsel aufweist, die folgenden Bedingungen ableiten:

Nutze das Investitionsobjekt aus der Sicht des Zeitpunkts t-1 noch eine Periode weiter, wenn (vor Steuern)

$$Z_t \geq i\cdot L_{t-1} + (L_{t-1} - L_t) \qquad \text{(II.95)}$$

bzw. wenn (nach Steuern)

$$Z_t \geq L_{t-1} - L_t + i \cdot [L_{t-1} - s \cdot (L_{t-1} - R_{t-1})] \quad \text{(II.96)}$$

gilt. Diese Bedingungen lassen sich wie folgt ökonomisch interpretieren:

- Vor Steuern (II.95):
  Die Nutzung des Investitionsobjekts um eine weitere Periode lohnt sich, wenn der in der nächsten Periode erzielbare Einzahlungsüberschuss mindestens die Minderung des Veräußerungserlöses sowie die entgehende (einperiodige) Verzinsung des aktuell erzielbaren Veräußerungserlöses beträgt.
- Nach Steuern (II.96):
  In diesem Fall muss ebenfalls die Minderung des Veräußerungserlöses kompensiert werden. Könnte in der aktuellen Periode ein Veräußerungsgewinn erzielt werden ($L_t > R_t$), so unterläge dieser der Besteuerung. Da die Steuerlast auf den Veräußerungsgewinn nicht angelegt werden kann, muss der in der nächsten Periode erzielbare Einzahlungsüberschuss zusätzlich die entgehende (einperiodige) Verzinsung des aktuell erzielbaren Veräußerungserlöses abzüglich der Steuerbelastung auf den Veräußerungsgewinn auffangen. Entstünde dagegen ein Veräußerungsverlust, so entginge neben dem Veräußerungserlös auch noch die Steuerentlastung auf diesen Verlust. In diesem Fall muss der erzielbare Einzahlungsüberschuss die entgehende Verzinsung des Veräußerungserlöses und der Steuerersparnis abdecken.

Diese angegebenen Entscheidungsregeln sind jedoch nur dann korrekt, wenn die Existenz eines eindeutigen Kapitalwertmaximums gesichert ist. Wir hatten schon im stetigen Fall gesehen, dass dies nicht allgemein verifiziert werden kann. Die auftretende Problematik soll nun im diskreten Fall an einem Beispiel erläutert werden. Hierzu wird das folgende Einzelinvestitionsobjekt betrachtet:

Periode t	0	1	2	3
Einzahlungsüberschuss	-570.000,00	209.000,00	157.300,00	146.410,00

Periode t		4	5	6
Einzahlungsüberschuss		131.769,00	112.735,00	17.715,60

Der Kalkulationszinsfuß betrage i=10% und die erzielbaren Veräußerungserlöse L_t seien gerade so hoch wie die erwarteten Restertragswerte (nicht zu verwechseln mit den Restbuchwerten), d.h. es sei:

$$L_t = \sum_{\tau=t+1}^{T} Z_\tau \cdot (1+i)^{-(\tau-t)} \tag{II.97}$$

Die obige Tabelle ist also wie folgt zu erweitern:

Periode t	0	1	2	3
Einzahlungsüberschuss	-570.000,00	209.000,00	157.300,00	146.410,00
Liquidationserlös L_t		451.000,00	338.800,00	226.270,00
Periode t		4	5	6
Einzahlungsüberschuss		131.769,00	112.735,00	17.715,60
Liquidationserlös L_t		117.128,00	16.105,10	0,00

Daraus lassen sich wie folgt sechs sich gegenseitig ausschließende Investitionsobjekte generieren:

Periode t:	IO_1	IO_2	IO_3	IO_4	IO_5	IO_6
0	-570.000,00	-570.000,00	-570.000,00	-570.000,00	-570.000,00	-570.000,00
1	660.000,00	209.000,00	209.000,00	209.000,00	209.000,00	209.000,00
2		496.100,00	157.300,00	157.300,00	157.300,00	157.300,00
3			372.680,00	146.410,00	146.410,00	146.410,00
4				248.897,00	131.769,00	131.769,00
5					128.840,10	112.735,00
6						17.715,60

Ohne Berücksichtigung von Steuern muss damit zwangsläufig Indifferenz zwischen den verschiedenen möglichen Veräußerungszeitpunkten bestehen. Der Kapitalwert beträgt in jedem Fall K_0=+30.000.

Der Ertragsteuersatz möge nun s=50% betragen. Die Abschreibung soll linear erfolgen. Es muss nun noch die betriebsgewöhnliche Nutzungsdauer T^S angegeben werden. Um aufzuzeigen, wie unterschiedlich der Einfluss der Besteuerung sein kann, betrachten wir drei Fälle:

- Fall 1: $T^S = 4$ Perioden
- Fall 2: $T^S = 5$ Perioden
- Fall 3: $T^S = 6$ Perioden

In Abhängigkeit von der tatsächlichen (wirtschaftlichen) Nutzungsdauer t (d.h. es wird IO_t betrachtet) und der betriebsgewöhnlichen Nutzungsdauer T^S ergeben sich die folgenden Kapitalwerte:

ND t	IO_1	IO_2	IO_3	IO_4	IO_5	IO_6
TS=4	15.714,29	16.247,17	17.409,03	19.131,97	21.426,29	21.726,74
TS=5	15.714,29	15.600,91	15.531,80	15.496,22	15.557,49	15.857,94
TS=6	15.714,29	15.170,07	14.280,32	13.072,38	11.644,95	10.173,14

Im Fall der kürzeren betriebsgewöhnlichen Nutzungsdauer (T^S=4) steigt der Kapitalwert in Abhängigkeit von der tatsächlichen Nutzungsdauer an. Das Optimum liegt beim Randwert von t=6 Perioden. Wird die betriebsgewöhnliche Nutzungsdauer um eine Periode verlängert (T^S=5), so existiert ein Optimum im Inneren, bei dem es sich aber um ein Minimum handelt. Ausgehend von t=1 sinkt also zunächst der Kapitalwert bis t=4, um dann wieder anzusteigen. Auch hier liegt das Kapitalwertmaximum am Rand, und zwar bei t=6 Perioden. Wird die betriebsgewöhnliche Nutzungsdauer noch einmal verlängert (T^S=6), so fällt der Kapitalwert ausgehend von t=1. Wieder liegt das Maximum am Rand, diesmal jedoch bei t=1 Perioden.

b) Investition mit einmaligem Nachfolger

Die Ausgangssituation ist jetzt wie folgt: Es kann eine Investition mit einer maximalen Nutzungsdauer von T Perioden durchgeführt werden. Wird das Investitionsobjekt $t \leq T$ Jahre genutzt, so wird ein Veräußerungserlös L_t erzielt. Im Jahre t wird dann eine Nachfolgeinvestition $\left(I_0^{nf}\right)$ durchgeführt, deren Zahlungsstrom und Nutzungsdauer fest vorgegeben und von t unabhängig ist. Formal lässt sich dies wie folgt darstellen:

Periode t	0	1	...	t	t+1	...	t+N
Einzahlungs- überschuss	$-I_0$	Z_1	...	Z_t+L_t $-I_0^{nf}$	Z_1^{nf}	...	Z_N^{nf}

Von Interesse ist auch hier die optimalen Nutzungsdauer bzw. der optimale Ersatzzeitpunkt t^*. Dazu berechnen wir zunächst den Kapitalwert der Nachfolgeinvestition, bezogen auf den Zeitpunkt ihrer Durchführung:

$$K_0^{nf} = -I_0^{nf} + \sum_{n=1}^{N} Z_n^{nf} \cdot (1+i)^{-n} \tag{II.98}$$

Wegen der unterstellten Unabhängigkeit des Zahlungsstroms und der Nutzungsdauer der Nachfolgeinvestition vom Ersatzzeitpunkt ist auch dieser Kapitalwert unabhängig von diesem Zeitpunkt. Wenn also die (ursprüngliche) Investition t Jahre genutzt und dann die Ersatzinvestition durchgeführt wird, so bedeutet dies, dass dem Investor im Zeitpunkt t ein zusätzlicher Vermögensvorteil in Höhe von K_0^{nf} zufließt:

Periode t	0	1	...	t
Einzahlungsüberschuss	$-I_0$	Z_1	...	$Z_t+L_t+K_0^{nf}$

Hieraus lassen sich wieder T verschiedene, sich gegenseitig ausschließende Investitionsobjekte wie folgt konstruieren:

Periode t	t=0	t=1	t=2	....	t=T
IO_1	$-I_0$	$Z_1+L_1+K_0^{nf}$	0	....	0
IO_2	$-I_0$	Z_1	$Z_2+L_2+K_0^{nf}$	....	0
:	:	:	:	:	:
IO_T	$-I_0$	Z_1	Z_2	....	$Z_T+L_T+K_0^{nf}$

Der Kapitalwert des Gesamtprojekts ergibt sich dann mit:

$$K_0(t) = -I_0 + \sum_{\tau=1}^{t} Z_\tau \cdot (1+i)^{-\tau} + (L_t + K_0^{nf}) \cdot (1+i)^{-t} \tag{II.99}$$

Wir berechnen wieder die Differenz $\Delta K(t) := K(t) - K(t-1)$:

$$\begin{aligned}
\Delta K(t) &= -I_0 + \sum_{\tau=1}^{t} Z_\tau \cdot (1+i)^{-\tau} + (L_t + K_0^{nf}) \cdot (1+i)^{-t} \\
&\quad -[-I_0 + \sum_{\tau=1}^{t-1} Z_\tau \cdot (1+i)^{-\tau} + (L_{t-1} + K_0^{nf}) \cdot (1+i)^{-(t-1)}] \\
&= Z_t \cdot (1+i)^{-t} + L_t \cdot (1+i)^{-t} - L_{t-1} \cdot (1+i)^{-(t-1)} + K_0^{nf} \cdot [(1+i)^{-t} - (1+i)^{-(t-1)}] \\
&= \{Z_t + [L_t - (1+i) \cdot L_{t-1}] + K_0^{nf} \cdot [1-(1+i)]\} \cdot (1+i)^{-t} \\
&= \{Z_t + [L_t - (1+i) \cdot L_{t-1}] - i \cdot K_0^{nf}\} \cdot (1+i)^{-t} \\
&= [Z_t + \Delta L_t - i \cdot L_{t-1} - i \cdot K_0^{nf}] \cdot (1+i)^{-t} \qquad \text{(II.100)}
\end{aligned}$$

Im Idealfall wäre diese Differenz wieder gleich null zu setzen. Man erhält:

$$Z_t + \Delta L_t - i \cdot L_{t-1} = i \cdot K_0^{nf} \qquad \text{(II.101)}$$

Auf der linken Seite der Gleichung (II.101) steht der Grenzgewinn der alten Anlage. Dieser muss (im Idealfall) den Zinsen auf den Kapitalwert der neuen Anlage entsprechen. Gleichung (II.101) lässt sich wie folgt umformen:

$$Z_t + \Delta L_t - i \cdot L_{t-1} = i \cdot (-I_0^{nf} + EW_0^{nf}),$$

wobei

$$EW_0^{nf} = \sum_{n=1}^{N} Z_n^{nf} \cdot (1+i)^{-n}$$

den Ertragswert des Nachfolgeinvestitionsobjektes angibt. Damit erhält man weiter:

$$Z_t + L_t + i \cdot I_0^{nf} = (1+i) \cdot L_{t-1} + i \cdot EW_0^{nf} \qquad \text{(II.102)}$$

Auf der linken Seite von (II.102) steht, was man zusätzlich erhält, wenn die Nutzungsdauer von t-1 auf t verlängert wird: den Einzahlungsüberschuss der Periode t, den Veräußerungserlös der Periode t sowie die Zinsen auf die Ausgabe für das neue Projekt, weil man diesen Betrag noch eine Periode (von t-1 nach t) anlegen konnte. Auf der rechten Seite steht, was man durch die Verlängerung der Nutzungsdauer verliert: den Veräußerungserlös der Periode t-1 nebst der Zinsen darauf, die man erhalten hätte, wenn man diesen Erlös eine Periode angelegt hätte, sowie den durch die neue Anlage erzeugten ökonomischen Gewinn, den man bei Veräußerung in t-1 schon eine Periode früher erhalten hätte.

Bezieht man die Ertragsteuern mit ein, so erhält man für die Differenz der Kapitalwerte nach Steuern:

$$\begin{aligned}\Delta K^S(t) &= -I_0 + \sum_{\tau=1}^{t}[Z_\tau - s\cdot(Z_\tau - AfA_\tau)]\cdot(1+i_S)^{-\tau} \\ &\quad + [L_t - s\cdot(L_t - R_t) + K_0^{nf,S})\cdot(1+i_S)^{-t} \\ &\quad -\{-I_0 + \sum_{\tau=1}^{t-1}[Z_\tau - s\cdot(Z_\tau - AfA_\tau)]\cdot(1+i_S)^{-\tau} \\ &\quad + [L_{t-1} - s\cdot(L_{t-1} - R_{t-1}) + K_0^{nf,S})\cdot(1+i_S)^{-(t-1)}\}\end{aligned} \tag{II.103}$$

Die Größe $K_0^{nf,S}$ gibt jetzt den Kapitalwert nach Steuern des Nachfolgeinvestitionsobjektes, bezogen auf den Zeitpunkt der Durchführung der Ersatzinvestition, an:

$$K_0^{nf,S} = -I_0^{nf} + \sum_{n=1}^{N}[Z_n^{nf} - s\cdot(Z_n^{nf} - AfA_n^{nf})]\cdot(1+i_S)^{-n} \tag{II.104}$$

Aus (II.103) ergibt sich:

$$\begin{aligned}\Delta K^S(t) &= [(1-s)\cdot Z_t + s\cdot AfA_t]\cdot(1+i_S)^{-t} + K_0^{nf,S}\cdot[(1+i_S)^{-t} - (1+i_S)^{-(t-1)}] \\ &\quad + [L_t - s\cdot(L_t - R_t)]\cdot(1+i_S)^{-t} - [L_{t-1} - s\cdot(L_{t-1} - R_{t-1})]\cdot(1+i_S)^{-(t-1)} \\ &= [(1-s)\cdot Z_t + s\cdot AfA_t]\cdot(1+i_S)^{-t} + K_0^{nf,S}\cdot[1-(1+i_S)]\cdot(1+i_S)^{-t} \\ &\quad + (1-s)\cdot[L_t - (1+i_S)\cdot L_{t-1}]\cdot(1+i_S)^{-t} + s\cdot[R_t - (1+i_S)\cdot R_{t-1}]\cdot(1+i_S)^{-t} \\ &= [(1-s)\cdot Z_t + s\cdot AfA_t]\cdot(1+i_S)^{-t} - i_S\cdot K_0^{nf,S}\cdot(1+i_S)^{-t} \\ &\quad + (1-s)\cdot[L_t - (1+i_S)\cdot L_{t-1}]\cdot(1+i_S)^{-t} + s\cdot[R_{t-1} - AfA_t - (1+i_S)\cdot R_{t-1}]\cdot(1+i_S)^{-t} \\ &= (1-s)\cdot Z_t\cdot(1+i_S)^{-t} - i_S\cdot K_0^{nf,S}\cdot(1+i_S)^{-t} - s\cdot i_S\cdot R_{t-1}\cdot(1+i_S)^{-t} \\ &\quad + (1-s)\cdot[L_t - (1+i_S)\cdot L_{t-1}]\cdot(1+i_S)^{-t}\end{aligned} \tag{II.105}$$

Wegen $i_S = i\cdot(1-s)$ ergibt sich durch Nullsetzen und Division durch $(1-s)$

$$Z_t - i \cdot K_0^{nf,S} - s \cdot i \cdot R_{t-1} + [L_t - (1+i_S) \cdot L_{t-1}] = 0$$

und weiter:

$$Z_t + \Delta L_t - i_S \cdot L_{t-1} - s \cdot i \cdot R_{t-1} = i \cdot K_0^{nf,S} = i \cdot (-I_0^{nf} + EW_0^{nf,S})$$

Daraus folgt:

$$Z_t + L_t + i \cdot I_0^{nf} + i \cdot s \cdot (L_{t-1} - R_{t-1}) = (1+i) \cdot L_{t-1} + i \cdot (EW_0^{nf,S}) \quad \text{(II.106)}$$

Auf der linken Seite der Gleichung (II.106) ist der Vermögensvorteil erfasst, der entsteht, wenn die Veräußerung um eine Periode (von t-1 nach t) verzögert wird: der Einzahlungsüberschuss und der Veräußerungserlös der Periode t und die Zinsen auf die Auszahlung für die Nachfolgeinvestition und auf die nicht zu zahlende Steuer auf den Veräußerungserlös der Periode t-1. Auf der rechten Seite steht der Vermögensnachteil aufgrund der verlagernden Veräußerung: der Veräußerungserlös der Periode t-1 nebst den Zinsen hierauf sowie der ökonomische Gewinn nach Steuern der Nachfolgeinvestition, der für die Periode t-1 noch nicht entsteht.

Natürlich werden auch hier die Optimalitätsbedingungen (II.102) und (II.106) höchstens zufällig erfüllt sein. Unter bestimmten Voraussetzungen können jedoch folgende Entscheidungsregeln formuliert werden: Nutze das Objekt noch eine Periode weiter, sofern vor Steuern

$$Z_t + L_t + i \cdot I_0^{nf} \geq (1+i) \cdot L_{t-1} + i \cdot EW_0^{nf} \quad \text{(II.107)}$$

bzw. nach Steuern

$$Z_t + L_t + i \cdot I_0^{nf} + i \cdot s \cdot (L_{t-1} - R_{t-1}) \geq (1+i) \cdot L_{t-1} + i \cdot (EW_0^{nf,S}) \quad \text{(II.108)}$$

gilt, sofern also der Vermögensvorteil, der durch eine Nutzung für eine weitere Periode entsteht, größer oder gleich ist dem Vermögensnachteil.

c) Identische, unendliche Investitionsketten

Wir gehen jetzt von folgender Situation aus: Ein Investitionsobjekt verursache den folgenden Zahlungsstrom:

Periode t	t=0	t=1	t=2	......	t=T
Einzahlungs-überschuss	$-I_0$	Z_1	Z_2	......	Z_T
Veräußerungs-erlös		L_1	L_2	......	L_T

Wird die Investition t Jahre genutzt, so wird sie durch ein Investitionsobjekt identischen Typs ersetzt, welches wiederum t Jahre genutzt wird und dann wieder entsprechend ersetzt wird. Dies wird unendlich oft durchgeführt. Tabellarisch lässt sich dies wie folgt darstellen:

Periode t	0	...	t	...	2t	...	3t	...
erstes Objekt	$-I_0$	...	Z_t+L_t					
Nachfolgeobjekt 1			$-I_0$	...	Z_t+L_t			
Nachfolgeobjekt 2					$-I_0$	...	Z_t+L_t	
Nachfolgeobjekt 3							$-I_0$	...

Wir bezeichnen mit K(t) den Kapitalwert des (einzelnen) Investitionsobjektes, bezogen auf den Zeitpunkt der Durchführung, wenn das Objekt t Jahre genutzt wird:

$$K(t) = -I_0 + \sum_{\tau=1}^{t} Z_\tau \cdot (1+i)^{-\tau} \qquad \text{(II.109)}$$

Für die gesamte Investitionskette ergibt sich somit in jedem natürlichen Vielfachen von t ein Vermögensvorteil in Höhe von K(t):

Periode t	0	...	t	...	2t	...	3t	...
	K(t)	...	K(t)	...	K(t)	...	K(t)	...

Der Kapitalwert der gesamten Investitionskette $K^K(t)$ ergibt sich damit durch:

$$\begin{aligned} K^K(t) &= \sum_{j=0}^{\infty} K(t) \cdot (1+i)^{-j \cdot t} \\ &= K(t) \cdot \sum_{j=0}^{\infty} (1+i)^{-j \cdot t} \\ &= K(t) \cdot \sum_{j=0}^{\infty} [(1+i)^{-t}]^j \end{aligned} \qquad \text{(II.110)}$$

Der zweite Faktor auf der rechten Seite ist aber nichts anderes als eine unendliche geometrische Reihe. Somit folgt:

$$\begin{aligned} K^K(t) &= K(t) \cdot \frac{1}{1-(1+i)^{-t}} \\ &= K(t) \cdot \frac{(1+i)^t}{(1+i)^t - 1} \\ &= \frac{K(t)}{i} \cdot \frac{i \cdot (1+i)^t}{(1+i)^t - 1} \\ &= \frac{K(t)}{i} \cdot w(i,t) \end{aligned} \qquad \text{(II.111)}$$

Dabei bezeichnet

$$w(i,t) = \frac{i \cdot (1+i)^t}{(1+i)^t - 1} \qquad \text{(II.112)}$$

den *Kapitalwiedergewinnungsfaktor* zum Zinssatz i und zur Nutzungsdauer t. Zur Bestimmung des optimalen Ersatzzeitpunktes berechnen wir wieder die Differenz:

$$\begin{aligned} \Delta K^K(t) &= K^K(t) - K^K(t\text{-}1) \\ &= K(t) \cdot \frac{(1+i)^t}{(1+i)^t - 1} - K(t\text{-}1) \cdot \frac{(1+i)^{t-1}}{(1+i)^{t-1} - 1} \end{aligned} \qquad \text{(II.113)}$$

Im Idealfall wäre diese Differenz im Optimum null. Man erhält:

$$K(t) \cdot (1+i)t \cdot [(1+i)t\text{-}1-1] = K(t\text{-}1) \cdot (1+i)t\text{-}1 \cdot [(1+i)t-1]$$

$$\Leftrightarrow$$

$$K(t) \cdot (1+i) \cdot [(1+i)t\text{-}1-1] = K(t\text{-}1) \cdot [(1+i)t-1]$$

Wegen

$$K(t\text{-}1) = K(t) - (Z_t+L_t)\cdot(1+i)^{-t} + L_{t-1}\cdot(1+i)^{-(t-1)}$$

folgt weiter:

$$K(t)\cdot(1+i)\cdot[(1+i)^{t-1}-1] = K(t)\cdot[(1+i)^t-1]$$
$$-[(Z_t+L_t)\cdot(1+i)^{-t}- L_{t-1}\cdot(1+i)^{-(t-1)}]\cdot[(1+i)^t-1]$$

$$\Leftrightarrow$$

$$[(Z_t+L_t)\cdot(1+i)^{-t} - L_{t-1}\cdot(1+i)^{-(t-1)}] \cdot [(1+i)^t-1] = i \cdot K(t)$$

$$\Leftrightarrow$$

$$Z_t + L_t - L_{t-1}\cdot(1+i) = K(t)\cdot\frac{i\cdot(1+i)^t}{(1+i)^t-1}$$

$$\Leftrightarrow$$

$$Z_t + \Delta L_t - i\cdot L_{t-1} = K(t) \cdot w(i,t) \tag{II.114}$$

Der optimale Ersatzzeitpunkt ist dann erreicht, wenn der zeitliche Grenzgewinn der alten Anlage gleich dem Durchschnittsgewinn der neuen Anlage, definiert als die gleichmäßige Verteilung des Kapitalwerts der Einzelinvestition über die Nutzungsdauer, ist.

Für die Berücksichtigung von Ertragsteuern definieren wir

$$K^S(t) = -I_0 + \sum_{\tau=1}^{t}[Z_\tau - s\cdot(Z_\tau - AfA_\tau)]\cdot(1+i_S)^{-\tau}$$
$$+ [L_t-s\cdot(L_t-R_t)] \cdot (1+i_S)^{-t} \tag{II.115}$$

als den Kapitalwert nach Steuern der (einzelnen) Investition, bezogen auf den Zeitpunkt der Durchführung, wenn das Objekt t Jahre genutzt wird. Der Kapitalwert nach Steuern der gesamten Investitionskette ist analog zu (II.110) gegeben durch:

$$K^{K,S}(t) = \sum_{j=0}^{\infty} K^S(t)\cdot(1+i_S)^{-j\cdot t}$$

$$= K^S(t) \cdot \sum_{j=0}^{\infty} (1+i_S)^{-j\cdot t}$$

$$= K^S(t) \cdot \sum_{j=0}^{\infty} [(1+i_S)^{-t}]^j \tag{II.116}$$

Wie oben folgt schließlich:

$$K^{K,S}(t) = \frac{K^S(t)}{i_S} \cdot w(i_S,t) \tag{II.117}$$

Zur Bestimmung des optimalen Investitionszeitpunkts bilden wir wieder die Differenz:

$$\begin{aligned} \Delta K^{K,S}(t) &= K^{K,S}(t) - K^{K,S}(t-1) \\ &= K^S(t) \cdot \frac{(1+i_S)^t}{(1+i_S)^t - 1} - K^S(t-1) \cdot \frac{(1+i_S)^{t-1}}{(1+i_S)^{t-1} - 1} \end{aligned} \tag{II.118}$$

Wegen

$$\begin{aligned} K^S(t-1) = {} & K^S(t) - [Z_t - s\cdot(Z_t - AfA_t)]\cdot(1+i_S)^{-t} \\ & -[L_t - s\cdot(L_t - R_t)]\cdot(1+i_S)^{-t} + [L_{t-1} - s\cdot(L_{t-1} - R_{t-1})]\cdot(1+i_S)^{-(t-1)} \end{aligned}$$

und

$$R_t = R_{t-1} - AfA_t$$

folgt nach weiteren Umformungen:

$$\Delta K^{K,S}(t) = 0$$

$$\Leftrightarrow$$

$$\begin{aligned} & K^S(t) \cdot (1+i_S)^t \cdot [(1+i_S)^{t-1} - 1] \\ & \quad = K^S(t) \cdot (1+i_S)^{t-1} \cdot [(1+i_S)^t - 1] \\ & \quad\quad - (1-s) \cdot [Z_t + L_t - L_{t-1}\cdot(1+i_S)] \cdot (1+i_S)^{-1} \cdot [(1+i_S)^t - 1] \\ & \quad\quad - s \cdot [AfA_t + R_t - (1+i_S)\cdot R_{t-1}] \cdot (1+i_S)^{-1} \cdot [(1+i_S)^t - 1] \end{aligned}$$

$$\Leftrightarrow$$

$$K^S(t)\cdot[(1+i_S)-1]\cdot(1+i_S)^t = \{(1\text{-}s)\cdot[Z_t+L_t-L_{t-1}\cdot(1+i_S)]-s\cdot i_S\cdot R_{t-1}\}\cdot[(1+i_S)^t-1]$$

$$\Leftrightarrow$$

$$K^S(t)\cdot i_S\cdot\frac{(1+i_S)^t}{(1+i_S)^t-1} = (1\text{-}s)\cdot[Z_t+L_t-L_{t-1}\cdot(1+i_S)] - s\cdot i_S\cdot R_{t-1} \qquad \text{(II.119)}$$

Division durch (1-s) liefert:

$$\Delta K^{K,S}(t) = 0$$

$$\Leftrightarrow$$

$$Z_t + L_t - L_{t-1}\cdot(1+i_S) - s\cdot i\cdot R_{t-1} = K^S(t)\cdot w(i_S,t)$$

$$\Leftrightarrow$$

$$Z_t + \Delta L_t - i_S\cdot L_{t-1} - s\cdot i\cdot R_{t-1} = K^S(t)\cdot w(i_S,t)$$

$$\Leftrightarrow$$

$$Z_t + \Delta L_t - i\cdot L_{t-1} + i\cdot s\cdot(L_{t-1}-R_{t-1}) = K^S(t)\cdot w(i_S,t) \qquad \text{(II.120)}$$

Auf der linken Seite von Gleichung (II.120) finden wir wieder den zeitlichen Grenzgewinn der alten Anlage, auf der rechten Seite steht der Durchschnittsgewinn, jetzt beides unter Berücksichtigung der Ertragsteuern. Auch hier ist zu beachten, dass die Optimalitätsbedingungen höchstens zufällig genau erfüllt sein werden. Unter der Voraussetzung, dass die Differenzen $\Delta K^K(t)$ und $\Delta K^{K,S}(t)$ jeweils genau einen Vorzeichenwechsel erfahren, lassen sich folgende Entscheidungsregeln ableiten: Nutze das Objekt noch eine Periode weiter, sofern vor Steuern

$$Z_t + \Delta L_t - i\cdot L_{t-1} \geq K(t)\cdot w(i,t) \qquad \text{(II.121)}$$

bzw. nach Steuern gilt:

$$Z_t + \Delta L_t - i\cdot L_{t-1} + i\cdot s\cdot(L_{t-1}-R_{t-1}) \geq K^S(t)\cdot w(i_S,t) \qquad \text{(II.122)}$$

Zur Illustration der steuerlichen Wirkungen sei das folgende Beispiel betrachtet: Das Einzelinvestitionsobjekt sei durch den Zahlungsstrom

Periode t	t=0	t=1	t=2	t=3
EZÜ	-270.000	+110.000	+121.000	+133.100
Lt		+220.000	+154.000	+69.300

charakterisiert (dabei sei die Plausibilität dieses Zahlungsstroms hier nicht weiter thematisiert). Der Kalkulationszinsfuß vor Steuern betrage i=10%.

Unter Anwendung von (II.110) berechnen wir die Kapitalwerte vor Steuern der Investitionskette, bezogen auf die verschiedenen möglichen Ersatzzeitpunkte t=1,2 oder 3. Hierzu sind zunächst die Kapitalwerte K(t) der Einzelinvestition, bezogen auf den Zeitpunkt der Durchführung, zu bestimmen:

$$K(1) = -270.000 + (110.000+220.000)\cdot 1{,}10^{-1} = \underline{\underline{+30.000{,}00}}$$

$$K(2) = -270.000 + 110.000\cdot 1{,}10^{-1} + (121.000+154.000)\cdot 1{,}10^{-2} = \underline{\underline{+57.272{,}73}}$$

$$K(3) = -270.000 + 110.000\cdot 1{,}10^{-1} + 121.000\cdot 1{,}10^{-2} + (133.100+69.300)\cdot 1{,}10^{-3} = \underline{\underline{+82.066{,}12}}$$

Daraus erhalten wir die Kapitalwerte vor Steuern der gesamten Investitionskette in Abhängigkeit vom Ersatzzeitpunkt:

$$K^K(1) = \frac{K(1)}{0{,}10}\cdot w(0{,}10;1) = 300.000{,}00 \cdot 1{,}10 = \underline{\underline{+330.000}}$$

$$K^K(2) = \frac{K(2)}{0{,}10}\cdot w(0{,}10;2) = 572.727{,}27 \cdot 0{,}576190 = \underline{\underline{+330.000}}$$

$$K^K(3) = \frac{K(3)}{0{,}10}\cdot w(0{,}10;3) = 820.661{,}16 \cdot 0{,}402115 = \underline{\underline{+330.000}}$$

Die Daten sind also so gewählt, dass vor Steuern gerade Indifferenz zwischen den verschiedenen Ersatzzeitpunkten besteht.

Unterstellen wir nun einen Ertragsteuersatz von s=50% und dass das Objekt steuerlich linear über drei Jahre abgeschrieben werde. Damit gilt AfA_t=90.000 und i_S=5%. Zunächst sind die Kapitalwerte nach Steuern $K^S(t)$ der Einzelinvestition, bezogen auf den Zeitpunkt der Durchführung, zu berechnen. Man erhält:

$$\begin{aligned} K^S(1) &= -270.000 + [110.000 - 0{,}50 \cdot (110.000 - 90.000) \\ &\qquad + 220.000 - 0{,}50 \cdot (220.000 - 180.000)] \cdot 1{,}05^{-1} \\ &= \underline{\underline{+15.714{,}29}} \end{aligned}$$

$$\begin{aligned} K^S(2) &= -270.000 + [110.000 - 0{,}50 \cdot (110.000 - 90.000)] \cdot 1{,}05^{-1} \\ &\qquad + [121.000 - 0{,}50 \cdot (121.000 - 90.000) \\ &\qquad + 154.000 - 0{,}50 \cdot (154.000 - 90.000)] \cdot 1{,}05^{-2} \\ &= \underline{\underline{+31.587{,}30}} \end{aligned}$$

$$\begin{aligned} K^S(3) &= -270.000 + [110.000 - 0{,}50 \cdot (110.000 - 90.000)] \cdot 1{,}05^{-1} \\ &\qquad + [121.000 - 0{,}50 \cdot (121.000 - 90.000)] \cdot 1{,}05^{-2} \\ &\qquad + [133.100 - 0{,}50 \cdot (133.100 - 90.000) \\ &\qquad + 69.300 - 0{,}50 \cdot (69.300 - 0)] \cdot 1{,}05^{-3} \\ &= \underline{\underline{+47.222{,}76}} \end{aligned}$$

Daraus erhalten wir die Kapitalwerte nach Steuern der gesamten Investitionskette in Abhängigkeit vom Ersatzzeitpunkt:

$$\begin{aligned} K^{K,S}(1) &= \frac{K^S(1)}{0{,}05} \cdot w(0{,}05;1) = 314.285{,}80 \cdot 1{,}05 \\ &= \underline{\underline{+330.000{,}09}} \end{aligned}$$

$$\begin{aligned} K^{K,S}(2) &= \frac{K^S(2)}{0{,}05} \cdot w(0{,}05;2) = 631.746{,}00 \cdot 0{,}537805 \\ &= \underline{\underline{+339.756{,}16}} \end{aligned}$$

$$\begin{aligned} K^{K,S}(3) &= \frac{K^S(3)}{0{,}05} \cdot w(0{,}05;3) = 944.455{,}20 \cdot 0{,}367209 \\ &= \underline{\underline{+346.812{,}45}} \end{aligned}$$

In diesem Fall liegt der optimale Ersatzzeitpunkt bei t=3. Die Indifferenz zwischen den möglichen Nutzungsdauern, die vor Steuern gegeben war, geht durch die Ertragsbesteuerung also verloren.

Wir wollen anhand dieses Beispiels die Anwendung der oben angegebenen Entscheidungsregeln demonstrieren, dabei beschränken wir uns sinnvollerweise auf den Fall nach Steuern. Um zu überprüfen, ob es sich überhaupt lohnt, die Investition durchzuführen (d.h. ob, ausgehend vom Zeitpunkt t=0, das Objekt eine Periode länger genutzt werden soll), unterstellen wir, dass in t=0 das Objekt zum Anschaffungspreis wieder veräußert werden könnte (also $L_0=I_0$).

t=0:

$$\begin{aligned} & Z_1+\Delta L_1-i\cdot L_0+i\cdot s\cdot(L_0-R_0) \\ & = 110.000 - 50.000 - 0{,}10\cdot 270.000 + 0{,}10\cdot 0{,}50\cdot(270.000-270.000) \\ & = 33.000 \geq 15.714{,}29 \cdot 1{,}05 = 16.500 = K^S(1)\cdot w(0{,}05;1) \end{aligned}$$

Es lohnt sich also, die Investition wenigstens eine Periode zu nutzen.

t=1:

$$\begin{aligned} & Z_2+\Delta L_2-i\cdot L_1+i\cdot s\cdot(L_1-R_1) \\ & = 121.000 - 66.000 - 0{,}10\cdot 220.000 + 0{,}10\cdot 0{,}50\cdot(220.000-180.000) \\ & = 35.000 \geq 31.587{,}30 \cdot 0{,}537805 = 16.987{,}81 = K^S(2)\cdot w(0{,}05;2) \end{aligned}$$

In t=1 ist die optimale Nutzungsdauer noch nicht erreicht.

t=2:

$$\begin{aligned} & Z_3+\Delta L_3-i\cdot L_2+i\cdot s\cdot(L_2-R_2) \\ & = 133.100 - 84.700 - 0{,}10\cdot 154.000 + 0{,}10\cdot 0{,}50\cdot(154.000-90.000) \\ & = 36.200 \geq 47.222{,}76 \cdot 0{,}367209 = 17.340{,}62 = K^S(3)\cdot w(0{,}05;3) \end{aligned}$$

In t=2 ist die optimale Nutzungsdauer noch nicht erreicht.

Da das Objekt annahmegemäß maximal drei Perioden genutzt werden kann, ist bei t=3 die optimale Nutzungsdauer bzw. der optimale Ersatzzeitpunkt erreicht.

II.2.4.2 Der optimale Investitionszeitpunkt

Mitunter steht man vor der Frage, ob eine Investition sofort oder zu einem späteren Zeitpunkt durchgeführt werden soll. Unter den gleichen Modellannahmen wie bisher kann auch diese Frage unter Anwendung des Kapitalwertkriteriums beantwortet werden. Entsprechend ist es möglich, eventuelle Einflüsse der Besteuerung auf den optimalen Investitionszeitpunkt aufzuzeigen.

Wir wollen zwei Fälle unterscheiden:

- Der durch eine Investition verursachte Zahlungsstrom ist in seiner Struktur unabhängig vom Zeitpunkt der Durchführung der Investition (Fall a).
- Einzahlungsüberschüsse können über einen bestimmten Zeitraum erzielt, das Investitionsobjekt jedoch nur über einen Teilzeitraum genutzt werden (Fall b).

a) Der optimale Investitionszeitpunkt bei unabhängigem Zahlungsstrom

Ohne Berücksichtigung von Steuern lässt sich das Problem wie folgt darstellen: Wir haben ein Investitionsobjekt, dass T Jahre genutzt werden kann. Sowohl die Anschaffungsausgabe als auch die Einzahlungsüberschüsse sind in ihrer Höhe unabhängig von dem Zeitpunkt, in dem die Investition durchgeführt wird. Tabellarisch lässt sich dies wie folgt darstellen:

Periode t	t=0	t=1	t=2	…	…	…	…
IO_1	$-I_0$	Z_1	Z_2	…	Z_T		
IO_2		$-I_0$	Z_1	Z_2	…	Z_T	
IO_3			$-I_0$	Z_1	Z_2	…	Z_T
⋮				⋮	⋮	⋮	⋮

Im Fall vor Steuern ist die Lösung des Problems trivial: Der Kapitalwert K(t) einer im Zeitpunkt t durchgeführten Investition beträgt, bezogen auf diesen Zeitpunkt

$$K_t = -I_0 + \sum_{\tau=t+1}^{t+T} Z_{\tau-t} \cdot (1+i)^{-(\tau-t)} = K \qquad \text{(II.123)}$$

und ist damit konstant. Diese Kapitalwerte müssen aber noch auf den Zeitpunkt 0, in dem die Entscheidung über den Investitionszeitpunkt zu fällen ist, abgezinst werden. Der Kapitalwert $K_0(t)$ einer Investition, die im Zeitpunkt t durchgeführt wird, ergibt sich damit mit:

$$K_0(t) = K_t \cdot (1+i)^{-t} = K \cdot (1+i)^{-t} \qquad \text{(II.124)}$$

Offensichtlich ist $K_0(t)$ für t=0 am größten, so dass die Investition sofort durchzuführen ist.

Bei Berücksichtigung von Steuern scheint sich hieran zunächst nichts zu ändern, es gilt nämlich

$$K_t^S = -I_0 + \sum_{\tau=t+1}^{t+T} [Z_{\tau-t} - s \cdot (Z_{\tau-t} - AfA_{\tau-t})] \cdot (1+i_S)^{-(\tau-t)} = K^S \qquad \text{(II.125)}$$

und damit:

$$K_0^S(t) = K_t^S \cdot (1+i_S)^{-t} = K^S \cdot (1+i_S)^{-t} \qquad \text{(II.126)}$$

Auch hier nimmt $K_0^S(t)$ für t=0 den maximalen Wert an. Dies kann sich jedoch dann ändern, wenn sich die steuerlichen Rahmenbedingungen im Laufe der Zeit ändern, wenn also die Abschreibungsregeln oder die Steuersätze im Zeitablauf variieren. Wir wollen dies anhand eines Beispiels verdeutlichen. Wir betrachten die folgende einfache Investition:

Periode t	t	t+1	t+2
Einzahlungsüberschuss	−180.000	+110.000	+121.000

Der Kalkulationszinsfuß betrage i=10%. Der Investor stehe vor der Frage, ob er die Investition in t=0 oder in t=1 durchführen soll. Vor Steuern ist

$$K_0(1) = +20.000{,}00$$

$$K_0(2) = +18.181{,}82$$

und damit die Investition auf jeden Fall in t=0 durchzuführen. Nehmen wir an, das Objekt sei über zwei Jahre linear abzuschreiben. In den Jahren t=1 und t=2 betrage der Ertragsteuersatz $s_1=s_2=50\%$. In t=3 werde dieser Steuersatz auf $s_3=40\%$ gesenkt. In diesem Fall sind zwar die durch das Investitionsobjekt verursachten Aus- und Einzahlungen vor Steuern vom Zeitpunkt der Durchführung der Investition unabhängig, gleiches gilt aber nicht mehr für die Zahlungen nach Steuern. Die Kalkulationszinsfüße für die verschiedenen Perioden ergeben sich mit

$$i_{S_1} = i_{S_2} = (1-0{,}50)\cdot 0{,}10 = 0{,}05$$

$$i_{S_3} = (1-0{,}40)\cdot 0{,}10 = 0{,}06$$

und man erhält die folgenden Kapitalwerte nach Steuern:

Für t=0:

$$\begin{aligned} K_0^S(0) &= -180.000 + [110.000-0{,}50\cdot(110.000-90.000)]\cdot 1{,}05^{-1} \\ &\quad + [121.000-0{,}50\cdot(121.000-90.000)]\cdot 1{,}05^{-2} \\ &= \underline{\underline{+10.929{,}71}} \end{aligned}$$

Für t=1:

$$\begin{aligned} K_0^S(1) &= \{-180.000 + [110.000-0{,}50\cdot(110.000-90.000)]\cdot 1{,}05^{-1} \\ &\quad +[121.000-0{,}40\cdot(121.000-90.000)]\cdot 1{,}05^{-1}\cdot 1{,}06^{-1}\}\cdot 1{,}05^{-1} \\ &= \underline{\underline{+12.202{,}11}} \end{aligned}$$

Wie man sieht, ist es aufgrund der Steuersatzsenkung und der damit verbundenen geringeren Belastung der Einzahlungen in t=3 in diesem Fall besser, die Durchführung der Investition um eine Periode zu verschieben.

Allgemein lässt sich der Kapitalwert nach Steuern einer im Zeitpunkt t durchgeführten Investition bei im Zeitablauf variierenden Steuersätzen wie folgt darstellen:

$$K_0^S(t) = \{-I_0 + \sum_{\tau=t+1}^{t+T}[Z_{\tau-t} - s_\tau \cdot (Z_{\tau-t} - AfA_{\tau-t})] \cdot \prod_{j=1}^{\tau}(1+i_{S_{j+t}})^{-1}\}$$

$$\cdot \prod_{m=1}^{t-1}(1+i_{S_m})^{-1} \qquad \text{(II.127)}$$

Aufgrund der Komplexität dieses Ausdrucks soll auf eine weitergehende Analyse der Differenz $\Delta K_0^S(t) = K_0^S(t) - K_0^S(t-1)$ zur Herleitung ähnlicher Entscheidungsregeln wie oben verzichtet werden.

b) Der optimale Investitionszeitpunkt bei zeitabhängigem Zahlungsstrom

Wir betrachten jetzt folgende Situation: in jedem Zeitpunkt t kann ein Einzahlungsüberschuss Z_t erzielt werden (wobei t nicht durch einen Planungshorizont beschränkt sei). In Abhängigkeit vom Zeitpunkt der Durchführung der Investition variiert die Anschaffungsauszahlung. Das betrachtete Investitionsobjekt kann jedoch nur T Perioden genutzt werden, so dass sich dem Investor folgendes Entscheidungsproblem stellt:

Periode t	t=0	t=1	t=2	t=3	…	t=T	t=T+1	t=T+2	…
IO_1	$-I_0(0)$	Z_1	Z_2	Z_3	…	Z_T			
IO_2		$-I_0(1)$	Z_2	Z_3	…	Z_T	Z_{T+1}		
IO_3			$-I_0(2)$	Z_3	…	Z_T	Z_{T+1}	Z_{T+2}	
⋮				⋮	⋮	⋮	⋮	⋮	⋮

Auf die Möglichkeit der Veräußerung des Investitionsobjekts vor dem Ende der Nutzungsdauer T und die Berücksichtigung eines Veräußerungserlöses soll der Einfachheit halber verzichtet werden.

In Abhängigkeit vom Zeitpunkt der Durchführung der Investition t ergibt sich für den Kapitalwert vor Steuern:

$$K_0(t) = \{-I_0(t) + \sum_{\tau=t+1}^{t+T} Z_\tau \cdot (1+i)^{-(\tau-t)}\} \cdot (1+i)^{-t} \qquad \text{(II.128)}$$

Der optimale Investitionszeitpunkt t* ist gegeben durch:

$$K_0(t^*) = \max\{K_0(t) \mid t=0,1,2,...\} \tag{II.129}$$

Um wie oben eine Entscheidungsregel ableiten zu können, betrachten wir wieder die Differenz zweier aufeinanderfolgender Kapitalwerte:

$$\Delta K_0(t) = K_0(t) - K_0(t-1) \tag{II.130}$$

Wir erhalten:

$$\begin{aligned}
\Delta K_0(t) &= [-I_0(t) + \sum_{\tau=t+1}^{t+T} Z_\tau \cdot (1+i)^{-(\tau-t)}] \cdot (1+i)^{-t} \\
&\quad - [-I_0(t-1) + \sum_{\tau=t}^{t-1+T} Z_\tau \cdot (1+i)^{-(\tau-t+1)}] \cdot (1+i)^{-(t-1)} \\
&= [-I_0(t) + I_0(t-1)\cdot(1+i)] \cdot (1+i)^{-t} \\
&\quad + [\sum_{\tau=t+1}^{t+T} Z_\tau \cdot (1+i)^{-(\tau-t)} - \sum_{\tau=t}^{t-1+T} Z_\tau \cdot (1+i)^{-(\tau-t)}] \cdot (1+i)^{-t} \\
&= [-I_0(t) + I_0(t-1)\cdot(1+i)] \cdot (1+i)^{-t} + [Z_{t+T}\cdot(1+i)^{-T} - Z_t] \cdot (1+i)^{-t}
\end{aligned} \tag{II.131}$$

Im Idealfall ist diese Differenz gerade null, was äquivalent ist zu:

$$-I_0(t) + I_0(t-1)\cdot(1+i) = -Z_{t+T}\cdot(1+i)^{-T} + Z_t$$

$$\Leftrightarrow$$

$$I_0(t-1)\cdot(1+i) + Z_{t+T}\cdot(1+i)^{-T} = I_0(t) + Z_t \tag{II.132}$$

Die Gleichheit wird wieder höchstens zufällig genau erfüllt sein, man kann aber folgende Entscheidungsregel ableiten: Gilt

$$I_0(t-1)\cdot(1+i) + Z_{t+T}\cdot(1+i)^{-T} > I_0(t) + Z_t, \tag{II.133}$$

so lohnt es sich, noch eine weitere Periode mit der Durchführung der Investition zu warten. In diesem Fall braucht man in t-1 den Betrag $I_0(t-1)$ noch nicht zu zahlen und kann diesen für eine Periode zum Zinssatz i auf dem Kapitalmarkt anlegen. Zusätzlich erhält man in T den Betrag Z_{t+T}, der in t den Wert $Z_{t+T}\cdot(1+i)^{-T}$ hat. Damit ist die linke Seite der Ungleichung erklärt; sie gibt den auf den Zeitpunkt t bezogenen barwertmäßigen Vermögenszuwachs an, der aus der Verzögerung resultiert. Auf der rechten Seite der Ungleichung steht die entsprechende Vermögensminderung: Bei Durchführung der Investition in t ist der Betrag $I_0(t)$ aufzubringen und man verliert den Einzahlungsüberschuss der Periode t, Z_t. Die in den Perioden t+1 bis T-1 anfallenden Einzahlungsüberschüsse spielen im Rahmen dieser Entscheidung keine Rolle, da sie sowohl bei Durchführung in t-1 als auch in t anfallen.

Unter Berücksichtigung der Ertragsteuern lässt sich die letzte Aussage nicht aufrechterhalten. Die zu verrechnenden Abschreibungen hängen von der Höhe der Investitionsausgabe und dem Zeitpunkt der Durchführung der Investition ab.

In Abhängigkeit vom Zeitpunkt der Durchführung der Investition t ergibt sich für den Kapitalwert nach Steuern:

$$\begin{aligned} K_0^S(t) &= \{-I_0(t) + \sum_{\tau=t+1}^{t+T}[Z_\tau - s\cdot(Z_\tau - AfA_{t,\tau})]\cdot(1+i_S)^{-(\tau-t)}\}\cdot(1+i_S)^{-t} \\ &= \{-I_0(t)+(1-s)\cdot\sum_{\tau=t+1}^{t+T} Z_\tau\cdot(1+i_S)^{-(\tau-t)} \\ &\quad + s\cdot\sum_{\tau=t+1}^{t+T} AfA_{t,\tau}\cdot(1+i_S)^{-(\tau-t)}\}\cdot(1+i_S)^{-t} \end{aligned} \tag{II.134}$$

mit:

$$\sum_{\tau=t+1}^{t+T} AfA_{t,\tau} = I_0(t) \tag{II.135}$$

Der optimale Investitionszeitpunkt t^* ist gegeben durch:

$$K_0^S(t^*) = \max\{K_0^S(t) \mid t=0,1,2,...\} \tag{II.136}$$

Wir betrachten wieder die Differenz zweier aufeinanderfolgender Kapitalwerte:

$$\Delta K_0^S(t) = K_0^S(t) - K_0^S(t\text{-}1) \tag{II.137}$$

Für diese folgt

$$\begin{aligned} \Delta K_0^S(t) = {} & [-I_0(t)+I_0(t\text{-}1)\cdot(1+i_S)]\cdot(1+i_S)^{-t} \\ & +(1-s)\cdot[Z_{t+T}\cdot(1+i_S)^{-T}-Z_t]\cdot(1+i_S)^{-t}+s\cdot[A_t-A_{t-1}\cdot(1+i_S)]\cdot(1+i_S)^{-t}, \end{aligned} \tag{II.138}$$

wobei

$$A_t := \sum_{\tau=t+1}^{t+T} AfA_{t,\tau} \cdot (1+i_S)^{-(\tau-t)} \qquad \text{(II.139)}$$

den nachsteuerlichen Barwert der durch die Investitionsausgabe $I_0(t)$ ausgelösten Abschreibungen im Falle der Durchführung der Investition in t angibt. Im Idealfall wäre im Optimum wieder gerade $\Delta K_0^S(t) = 0$, was äquivalent ist zu:

$$I_0(t\text{-}1)\cdot(1+i_S) + (1-s)\cdot Z_{t+T}\cdot(1+i_S)^{-T} + s\cdot A_t = I_0(t) + (1-s)\cdot Z_t + s\cdot A_{t-1}\cdot(1+i_S) \qquad \text{(II.140)}$$

Hieraus lässt sich die folgende Entscheidungsregel ableiten: Warte mit der Durchführung der Investition eine weitere Periode, falls

$$I_0(t\text{-}1)\cdot(1+i_S) + (1-s)\cdot Z_{t+T}\cdot(1+i_S)^{-T} + s\cdot A_t > I_0(t) + (1-s)\cdot Z_t + s\cdot A_{t-1}\cdot(1+i_S) \qquad \text{(II.141)}$$

gilt. Auf der linken Seite dieser Ungleichung (II.141) steht erneut der auf den Zeitpunkt t bezogene Vermögenszuwachs, wenn die Durchführung der Investition (aus der Sicht von t-1) um eine Periode verzögert wird. Er setzt sich zusammen aus der gesparten Investitionsausgabe in t-1 zuzüglich der Zinsen nach Steuern hierauf, dem Einzahlungsüberschuss nach Steuern der Periode t+T, abgezinst auf den Zeitpunkt t, sowie dem Barwert der aus den Abschreibungen resultierenden Steuerersparnis. Dem steht auf der rechten Seite die aus der Verzögerung resultierende, auf den Zeitpunkt t bezogene Vermögensminderung gegenüber: die in t zu zahlende Investitionsausgabe, der entgangene Einzahlungsüberschuss nach Steuern der Periode t sowie der Barwert der aus den Abschreibungen resultierenden Steuerersparnis, wenn man die Investition schon in t-1 durchgeführt hätte. Letztere muss einmal auf den Zeitpunkt t aufgezinst werden.

Das folgende Zahlenbeispiel möge den Einfluss der Besteuerung auf den Investitionszeitpunkt in dem hier betrachteten Fall aufzeigen: Die erzielbaren Einzahlungsüberschüsse wachsen jährlich ausgehend von Z_1=2.200 bis t=5 um 10% und bleiben dann konstant. Die notwendige Investitionsausgabe wächst jährlich so, dass der Kapitalwert vor Steuern stets gleich null ist, wenn das Investitionsobjekt genau drei Jahre genutzt werden kann und ein Ersatz nicht möglich ist. Der Kalkulationszinsfuß betrage i=10%, der Ertragsteuersatz s=50%, die betriebsgewöhnliche Nutzungsdauer sei T^S=3 und die Abschreibung erfolge linear. Tabellarisch lässt sich dies wie folgt darstellen:

Zeit	t=0	t=1	t=2	t=3	t=4	t=5	t=6	...
EZÜ		+2.200,00	+2.420,00	+2.662,00	+2.928,20	+3.221,02	+3.221,02	...
$I_0(t)$	−6.000,00	−6.600,00	−7.260,00	−7.744,00	−8.010,20	−8.010,20	−8.010,20	...

Es stehen also die folgenden Alternativen zur Beurteilung:

Zeit	t=0	t=1	t=2	t=3	t=4	t=5	t=6	...
IO_1	−6.000,00	+2.200,00	+2.420,00	+2.662,00				
IO_2		−6.600,00	+2.420,00	+2.662,00	+2.928,20			
IO_3			−7.260,00	+2.662,00	+2.928,20	+3.221,02		
IO_4				−7.744,00	+2.928,20	+3.221,02	+3.221,02	
IO_5					−8.010,20	+3.221,02	+3.221,02	+3.221,02
⋮						...	...	...

Die Daten sind also gerade so gewählt, dass vor Steuern Indifferenz bezüglich des Investitionszeitpunktes (und überhaupt bezüglich der Durchführung der Investition) gilt, da alle Kapitalwerte gleich null sind.

Wir berechnen im Folgenden die Kapitalwerte nach Steuern $K_0^S(t)$, wobei t den Zeitpunkt der Durchführung der Investition angibt.

<u>Investitionszeitpunkt t=0:</u>

$$I_0=6.000 \quad \Rightarrow \quad AfA_t=2.000 \quad \text{für } t=1,2,3$$

$$\begin{aligned} \Rightarrow \quad K_0^S(t=0) &= -6.000 + [2.200-0{,}50\cdot(2.200-2.000)]\cdot 1{,}05^{-1} \\ &\quad + [2.420-0{,}50\cdot(2.420-2.000)]\cdot 1{,}05^{-2} \\ &\quad + [2.662-0{,}50\cdot(2.662-2.000)]\cdot 1{,}05^{-3} \\ &= \underline{\underline{+18{,}14}} \end{aligned}$$

Investitionszeitpunkt t=1:

$$I_0=6.600 \quad \Rightarrow \quad AfA_t=2.200 \text{ für } t=2,3,4$$

$$\begin{aligned} \Rightarrow \quad K_1^S(t=1) &= -6.600 + [2.420-0{,}50\cdot(2.420-2.200)]\cdot 1{,}05^{-1} \\ &\quad + [2.662-0{,}50\cdot(2.662-2.200)]\cdot 1{,}05^{-2} \\ &\quad + [2.928{,}20-0{,}50\cdot(2.928{,}20-2.200)]\cdot 1{,}05^{-3} \\ &= \underline{\underline{+19{,}95}} \end{aligned}$$

Dies ist der Kapitalwert in t=1, also bezogen auf den Zeitpunkt der Durchführung der Investition. Dieser Wert muss noch einmal abdiskontiert werden:

$$K_0^S(t=1) = 19{,}95\cdot 1{,}05^{-1} = \underline{\underline{+19{,}00}}$$

Investitionszeitpunkt t=2:

$$I_0=7.260 \quad \Rightarrow AfA_t=2.420 \text{ für } t=3,4,5$$

$$\begin{aligned} \Rightarrow \quad K_2^S(t=2) &= -7.260 + [2.662-0{,}50\cdot(2.662-2.420)]\cdot 1{,}05^{-1} \\ &\quad + [2.928{,}20-0{,}50\cdot(2.928{,}20-2.420)]\cdot 1{,}05^{-2} \\ &\quad + [3.221{,}02-0{,}50\cdot(3.221{,}02-2.420)]\cdot 1{,}05^{-3} \\ &= \underline{\underline{+21{,}95}} \end{aligned}$$

Dies ist der Kapitalwert in t=2, also bezogen auf den Zeitpunkt der Durchführung der Investition. Dieser Wert muss also noch zweimal abdiskontiert werden:

$$K_0^S(t=2) = 21{,}95\cdot 1{,}05^{-2} = \underline{\underline{+19{,}91}}$$

Investitionszeitpunkt t=3:

$$I_0=7.744 \quad \Rightarrow AfA_t=2.581{,}33 \text{ für } t=4,5,6$$

$$\begin{aligned} \Rightarrow \quad K_3^S(t=3) &= -7.744 + [2.928{,}20-0{,}50\cdot(2.928{,}20-2.581{,}33)]\cdot 1{,}05^{-1} \\ &\quad + [3.221{,}02-0{,}50\cdot(3.221{,}02-2.581{,}33)]\cdot 1{,}05^{-2} \\ &\quad + [3.221{,}02-0{,}50\cdot(3.221{,}02-2.581{,}33)]\cdot 1{,}05^{-3} \\ &= \underline{\underline{+17{,}18}} \end{aligned}$$

Dies ist der Kapitalwert in t=3, also bezogen auf den Zeitpunkt der Durchführung der Investition. Dieser Wert muss noch dreimal abdiskontiert werden:

$$K_0^S(t=3) \;=\; 17{,}18 \cdot 1{,}05^{-3} = \underline{\underline{+14{,}84}}$$

Wegen des ab t=5 fehlenden Wachstums der erzielbaren Einzahlungsüberschüsse fallen die Kapitalwerte nach Steuern für spätere Investitionszeitpunkte. Der optimale Investitionszeitpunkt liegt somit unter Berücksichtigung der Ertragsteuern bei $t^*=2$.

II.2.4.3 Gemischte Finanzierung

Bei den bisher betrachteten Anwendungsbeispielen wurde stillschweigend unterstellt, dass die Investition aus eigenen Mitteln erfolgt. Wir wollen jetzt annehmen, dass zumindest ein Teil der benötigten Mittel fremdfinanziert wird. Wir hatten schon im Abschnitt II.2.2.3 gesehen, dass bei gemischter Finanzierung in den meisten Fällen der Kapitalwert des Investitionsobjekts um den Kapitalwert des Finanzierungsobjekts erweitert werden muss. Dies gilt, wenn Soll- und Habenzins auseinanderfallen bzw. wenn bei gleichem Soll- und Habenzins die Zinserträge aus der Kapitalanlage und die Zinsaufwendungen bei der (Fremd-) Kapitalaufnahme steuerlich unterschiedlich behandelt werden, wie es beispielsweise im deutschen Steuerrecht aufgrund der gewerbesteuerlichen Hinzurechnungsvorschrift für die Hälfte der Dauerschuldzinsen gemäß § 8 Nr. 1 GewStG der Fall ist.

Formal lässt sich der Kapitalwert nach Steuern eines gemischtfinanzierten Investitionsobjekts wie folgt darstellen:

$$\begin{aligned} K_0^S \;&=\; -I_0 + \sum_{t=1}^{T} [Z_t - s \cdot (Z_t - AfA_t)] \cdot (1 + i_S^{Haben})^{-t} \\ &\quad + F_0 - \sum_{t=1}^{T} (F_{t-1} - F_t + i_S^{Soll} \cdot F_{t-1}) \cdot (1 + i_S^{Haben})^{-t} \qquad \text{(II.142)} \end{aligned}$$

Dabei bezeichnen i_S^{Haben} und i_S^{Soll} den Haben- bzw. Sollzinssatz nach Steuern und F_t die Restschuld zum Ende der Periode t. Es gilt

$$i_S^{Haben} = (1-s) \cdot i^{Haben} \tag{II.143}$$

mit dem kombinierten Ertragsteuersatz

$$s = s^{KSt} + s^{GE} - s^{KSt} \cdot s^{GE} = s^{KSt} + s^{GE} \cdot (1-s^{KSt}), \tag{II.144}$$

mit dem Zinserträge steuerlich (mit Körperschaft- und Gewerbesteuer bei Vernachlässigung des Solidaritätszuschlags) belastet werden. Die aus der Fremdkapitalanlage resultierenden Fremdkapitalzinsen werden wegen der oben angegebenen gewerbesteuerlichen Hinzurechnungsvorschrift dagegen mit dem kombinierten Steuersatz

$$s^F = s^{KSt} + ½\cdot s^{GE} - ½\cdot s^{KSt}\cdot s^{GE} = s^{KSt} + ½\cdot s^{GE} \cdot (1-s^{KSt}) \tag{II.145}$$

entlastet, d.h. es ist:

$$i_S^{Soll} = (1-s^F) \cdot i^{Soll} \tag{II.146}$$

Zur Verdeutlichung der Funktionsweise betrachten wir das folgende Zahlenbeispiel: Einer Kapitalgesellschaft, die ihre Gewinne vollständig thesauriert, biete sich die Durchführung eines Investitionsobjekts an, welches folgenden Zahlungsstrom verursache:

Periode t	t=0	t=1	t=2	t=3
Einzahlungsüberschuss	-300.000	+110.000	+121.000	+139.720

Der Habenzinssatz vor Steuern betrage i^{Haben}=10%. Das Objekt werde linear über drei Jahre abgeschrieben. Es stehen aber nur eigene Mittel in Höhe von 200.000 zu Verfügung. Die restlichen 100.000 müssen als Fremdkapital zu den folgenden Bedingungen aufgenommen werden:

- Laufzeit: 3 Jahre
- Zinssatz: 12% (=i^{Soll}) p.a. auf die Restschuld zum Ende des Vorjahres
- Tilgung: in einer Summe am Ende der Laufzeit

Damit gilt F_t=100.000 für t=0,1,2 und F_3=0. Der gewerbesteuerliche Hebesatz betrage h^{GE}=500%. Damit folgt

$$s^{GE} = \frac{0{,}05 \cdot 5}{1 + 0{,}05 \cdot 5} = 0{,}20$$

und weiter

$$s = 0{,}25 + 0{,}20 - 0{,}25 \cdot 0{,}20 = 0{,}40$$

sowie:

$$s^F = 0{,}25 + \tfrac{1}{2} \cdot 0{,}20 - \tfrac{1}{2} \cdot 0{,}25 \cdot 0{,}20 = 0{,}325$$

Somit erhalten wir für die relevanten Zinssätze nach Steuern die Werte

$$i_S^{Haben} = (1-0{,}40) \cdot 0{,}10 = 0{,}06$$

und:

$$i_S^{Soll} = (1-0{,}325) \cdot 0{,}12 = 0{,}081$$

Für den Kapitalwert vor Steuern der Investition ergibt sich:

$$\begin{aligned} K_0 = & -300.000 + 110.000 \cdot 1{,}10^{-1} + 121.000 \cdot 1{,}10^{-2} + 139.720 \cdot 1{,}10^{-3} \\ & +100.000 - 12.000 \cdot 1{,}10^{-1} - 12.000 \cdot 1{,}10^{-2} - 112.000 \cdot 1{,}10^{-3} \\ = & +4.973{,}70 - 4.973{,}70 = 0 \end{aligned}$$

Ohne die Berücksichtigung von Steuern besteht für den Entscheidungsträger also Indifferenz zwischen der Durchführung der Investition und der Anlage der vorhandenen Mittel in Höhe von 200.000 auf dem Kapitalmarkt (zum Habenzinssatz von 10%).

Für den Kapitalwert nach Steuern der Investition ergibt sich:

$$\begin{aligned} K_0^S = & -300.000 + [110.000-0{,}40 \cdot (110.000-100.000)] \cdot 1{,}06^{-1} \\ & + [121.000-0{,}40 \cdot (121.000-100.000)] \cdot 1{,}06^{-2} \\ & + [139.720-0{,}40 \cdot (139.720-100.000)] \cdot 1{,}06^{-3} \\ & +100.000 - 0{,}081 \cdot 100.000 \cdot 1{,}06^{-1} \\ & - 0{,}081 \cdot 100.000 \cdot 1{,}06^{-2} \\ & - (100.000+0{,}081 \cdot 100.000) \cdot 1{,}06^{-3} \\ = & +4.185{,}33 - 5.613{,}33 \\ = & -1.428{,}00 \end{aligned}$$

Unter Berücksichtigung der Ertragsteuern hat die Investition also einen negativen Kapitalwert. Es ist jetzt für den Entscheidungsträger günstiger, auf die Durchführung der Investition zu verzichten und die vorhandenen Mittel auf dem Kapitalmarkt anzulegen.

III Investitionsneutralität der Besteuerung

III.1 Entscheidungsneutralität der Besteuerung als Ausgangspunkt für die Analyse von Steuerwirkungen

III.1.1 Grundlagen

Im zweiten Kapitel haben wir gesehen, dass die Besteuerung vielfältige Einflüsse auf die Vorteilhaftigkeit von Investitionsobjekten haben kann. So kann es etwa sein, dass ein Investitionsobjekt, dessen Kapitalwert vor Steuern negativ ist, nach Steuern einen positiven Kapitalwert aufweist. Mit anderen Worten: galt ohne Berücksichtigung von Steuern die Relation „Investitionsobjekt $\prec$ Alternativanlage", so gilt unter Berücksichtigung der durch die Investition ausgelösten Steuerfolgen die Relation „Investitionsobjekt $\succ$ Alternativanlage".

Die Besteuerung hätte in diesem Fall die Rangordnung der beiden betrachteten Handlungsalternativen „Durchführung des Investitionsobjekts" und „Anlage der Mittel auf dem Kapitalmarkt" umgekehrt.

Mit dem bisher behandelten Instrumentarium können also durchaus steuerliche Wirkungen aufzeigt werden. Dagegen sind wir nicht in der Lage, ihre Ursachen zu erklären. Hierfür benötigen wir einen Vergleichsmaßstab, d.h. ein Besteuerungskonzept, welches die Vorteilhaftigkeit der betrachteten Investitionsalternativen nicht beeinflusst, oder mit anderen Worten: welches sich gegenüber der Rangfolge der alternativen Investitionsobjekte *neutral* verhält. Im Hinblick auf Investitionsentscheidungen spricht man demgemäß von der *Investitionsneutralität* der Besteuerung. Diese ist ein Spezialfall des allgemeineren Konzepts der *Entscheidungsneutralität* der Besteuerung. Wir wollen uns deshalb zunächst mit dem letztgenannten auseinandersetzen.

Betrachten wir hierzu eine Menge von Handlungsalternativen $\{a_1,...,a_n\}$. Anhand eines vorgegebenen Zielkriteriums mögen sich im Fall ohne Steuern die zielentsprechenden Präferenzen in der Relation

$$a_1 \succeq a_2 \succeq \ldots \succeq a_n \qquad \text{(III.1)}$$

niederschlagen. Ist das Zielkriterium kardinal formuliert, d.h. wird jeder Handlungsalternative a_i (i=1,...,n) ein (reeller) Zahlenwert $z(a_i)$ zugeordnet, gilt also:

$$z(a_1) \geq z(a_2) \geq \ldots \geq z(a_n) \qquad \text{(III.2)}$$

Werden nun die aus der Wahl für eine bestimmte Alternative resultierenden steuerlichen Folgen in das Zielkriterium eingebettet, so wird jeder Handlungsalternative a_i ein Zahlenwert $z^S(a_i)$ zugeordnet. Gilt nun

$$z^S(a_1) \geq z^S(a_2) \geq \ldots \geq z^S(a_n), \qquad \text{(III.3)}$$

so hat die Besteuerung offensichtlich keinen Einfluss auf die Präferenzen des Entscheidungsträgers bezüglich der betrachteten Handlungsalternativen, d.h. die Relation (III.1) bleibt erhalten.

In diesem Sinne kann Entscheidungsneutralität der Besteuerung definiert werden:

Ein Steuersystem ist entscheidungsneutral, wenn es keinen Einfluss auf die zielorientierte Rangfolge der Handlungsalternativen hat.

Zu beachten ist dabei jedoch, dass diese Bedingung auch dann erfüllt sein muss, wenn die Menge der Handlungsalternativen erweitert wird. Das bedeutet: ergibt sich für den Entscheidungsträger eine zusätzliche Handlungsalternative a_{n+1}, so muss deren Rang unter Berücksichtigung von Steuern mit dem ohne Berücksichtigung von Steuern übereinstimmen, d.h. das Steuersystem muss unabhängig von den konkret vorliegenden Handlungsalternativen ausgestaltet sein. Erst damit ist die Allgemeingültigkeit der Neutralitätseigenschaft eines Steuersystems gewährleistet.

Die Wirkungen einer aktuellen oder geplanten steuerlichen Rechtssetzung lassen sich nun wie folgt analysieren: man geht von einem entscheidungsneutralen Steuersystem aus und bettet die betrachtete Rechtsnorm in dieses System ein, d.h. die den entsprechenden Sachverhalt betreffende Regelung in dem neutralen System wird durch die zu analysierende Rechtsvorschrift ersetzt. Es wird dann untersucht, ob und in welchem Maße die Neutralität verletzt ist, ob also ausschließlich durch die betrachtete Rechtssetzung Entscheidungswirkungen auftreten. Weitergehend können auch mehrere Rechtssetzungen simultan untersucht werden. Dabei kann dann analysiert werden, ob die Änderung an einer bestimmten Stelle zu einer Annäherung an ein entscheidungsneutrales Steuersystem führt oder ob man sich damit noch weiter von einem solchen System entfernt.

Diese Vorgehensweise kann sich allerdings dann als problematisch erweisen, wenn es mehrere entscheidungsneutrale Steuersysteme gibt. Es könnte sein, dass die zu analysierende Regelung in einem bestimmten neutralen Steuersystem zu Entscheidungswirkungen führt, in einem anderen aber nicht. Damit stellt sich die Frage, ob es andere Kriterien gibt, anhand derer vorab zu entscheiden ist, welches entscheidungsneutrale Steuersystem als Vergleichsmaßstab heranzuziehen ist.

Als nächstes gilt es zu hinterfragen, welche Aussagekraft entsprechend durchgeführte Analysen beanspruchen können. Werden einer aktuellen, geplanten oder diskutierten Steuerrechtssetzung *in der Realität* bestimmte steuerliche Wirkungen unterstellt, so kann man dies auf die oben beschriebene Art weder verifizieren noch falsifizieren, da die getroffenen Modellannahmen von der Realität mehr oder weniger abweichen. Stimmt die in einem Modell entscheidungsneutraler Besteuerung abgeleitete Wirkung mit der für die Realität unterstellten überein, so kann nicht mehr und nicht weniger gesagt werden, als dass modelltheoretisch dem nichts entgegensteht. Weicht die modellmäßige Wirkung dagegen von der unterstellten ab, so ist weitergehend zu untersuchen, warum in der Realität trotzdem die behaupteten Wirkungen auftreten sollten. Ein kleines Beispiel möge dies erläutern: Es ist in der öffentlichen Diskussion gängige Praxis, in Steuersatzsenkungen ein geeignetes Instrument zur Schaffung von Anreizen zur Durchführung von mehr (Real-)Investitionen zu sehen. Wir werden feststellen, dass in einem Modell entscheidungsneutraler Besteuerung eine solche Wirkung allgemein nicht bestätigt werden kann. Isoliert betrachtet hat die Höhe des Steuersatzes überhaupt keinen Einfluss auf die Investitionsentscheidung. In Kombination mit anderen Rechtssetzungen (insbesondere mit solchen zur Ermittlung der Bemessungsgrundlage) ist die Wirkungsrichtung nicht eindeutig. Unter bestimmten Voraussetzungen kann eine Steuersatzsenkung auch zu weniger Realinvestitionen führen. Damit steht derjenige, der eine positive Anreizwirkung von Steuersatzsenkungen im Hinblick auf die Durchführung von

Realinvestitionen unterstellt, in der Pflicht zu begründen, warum in der Realität diese Wirkung auftreten soll, wenn sie sich schon für die einfache Modellwelt nicht bestätigen lässt.

Insgesamt ergibt sich aus diesen Überlegungen, dass die betriebswirtschaftliche Steuerlehre auf der Grundlage des Konzepts der Entscheidungsneutralität zunächst als deskriptive oder *positive Theorie* zu verstehen ist, d.h. sie untersucht werturteilslos die Folgen der Besteuerung für Entscheidungen sich rational verhaltender Wirtschaftssubjekte. Als *normative Theorie*, die Gestaltungsempfehlungen an Steuerpflichtige und/oder Steuergesetzgeber abgeben kann und will, ist sie nur in dem Maße geeignet, wie ihre Modellannahmen der Überprüfung an der tatsächlichen Umwelt standhalten. Die Aussagekraft der auf der Basis entscheidungsneutraler Besteuerung durchgeführten Steuerwirkungslehre darf damit nicht überschätzt, sie darf aber auch nicht unterschätzt werden. Sie liefert auf jeden Fall wichtige Hinweise darauf, ob die Vorstellungen über positive (oder auch negative) Wirkungen bestimmter steuerlicher Maßnahmen gerechtfertigt oder eher skeptisch zu beurteilen sind.

III.1.2 Alternative Neutralitätsbegriffe

Das Konzept der Entscheidungsneutralität der Besteuerung hat sowohl in der Betriebswirtschaftlichen Steuerlehre als auch in der Finanzwissenschaft erhebliche Bedeutung erlangt. In beiden Bereichen findet sich eine ganze Reihe verschiedener Neutralitätsbegriffe. Unter dem Oberbegriff der *Wettbewerbsneutralität* der Besteuerung, die häufig als finanzpolitische Forderung erhoben wird, werden auf verschiedenen Ebenen unternehmerischen Handelns unterschiedliche Neutralitätsbegriffe diskutiert und angewendet, die sich wie folgt systematisieren lassen:

a) Neutralitätsbegriffe im Zusammenhang mit der Einkommenserzielung

a1) Zwischenbetriebliche Entscheidungen

- *Rechtsformneutralität* hinsichtlich der Besteuerung von Unternehmungen verschiedener Rechtsformen, insbesondere Personen- versus Kapitalgesellschaften
- *Betriebsgrößenneutralität* hinsichtlich der Besteuerung von Unternehmungen unterschiedlicher Größe

- *Branchenneutralität* hinsichtlich der Besteuerung von Unternehmungen verschiedener Branchen (vor allem bezüglich der indirekten Steuern)
- *Neutralität der Besteuerung gegenüber kapital- und arbeitsintensiven Unternehmungen*, hier insbesondere Diskussion über Substanzsteuern, früher auch Lohnsummensteuer
- *Standortneutralität* hinsichtlich der Besteuerung von Unternehmungen an verschiedenen Standorten, im nationalen, insbesondere aber im internationalen Bereich

a2) Innerbetriebliche Entscheidungen

- *Investitionsneutralität* der Besteuerung hinsichtlich der Auswahl von Einzelinvestitionen
- *Finanzierungsneutralität* der Besteuerung hinsichtlich der Auswahl alternativer Finanzierungsformen: Eigen- versus Frendfinanzierung, Innen- versus Außenfinanzierung
- (Produktions-)*Faktorneutralität* der Besteuerung hinsichtlich der Auswahl zwischen alternativen Einsatzfaktoren bei Produktionsentscheidungen

a3) Entscheidungen zwischen betrieblichem/beruflichem Bereich einerseits und privatem Bereich andererseits

- *Neutralität der Besteuerung hinsichtlich der Wahl zwischen „unternehmerischer" und „privater" Kapitalanlage*
- *Neutralität der Besteuerung hinsichtlich der Nutzung von Wirtschaftsgütern für unternehmerische oder private Zwecke*
- *Neutralität der Besteuerung hinsichtlich der Wahl zwischen Arbeitszeit und Freizeit*

b) Neutralitätsbegriffe im Zusammenhang mit der Einkommensverwendung

b1) Einkommensverwendung von Unternehmern

- *Konsumneutralität im weiteren Sinne*: Neutralität der Besteuerung hinsichtlich der Wahl zwischen Konsum und Sparen

- *Konsumneutralität im engeren Sinne*: Neutralität der Besteuerung hinsichtlich der Wahl zwischen verschiedenen Konsumgütern
- *Neutralität der Besteuerung hinsichtlich der Wahl zwischen verschiedenen Spar- und Kapitalanlageformen*

b2) Einkommensverwendung von Unternehmungen

- *Gewinnverwendungsneutralität*: Neutralität der Besteuerung hinsichtlich der Wahl zwischen Gewinnthesaurierung und –ausschüttung bzw. Gewinneinbehaltung und –entnahme
- *Neutralität der Besteuerung hinsichtlich der Wahl zwischen verschiedenen Formen der Gewinnausschüttung*
- *Neutralität der Besteuerung hinsichtlich der Wahl zwischen verschiedenen Formen der Gewinneinbehaltung*: unmittelbare versus mittelbare (Schütt-aus-hol-zurück-)Einbehaltung

Betrachtet man nur die aus den jeweiligen Entscheidungen resultierenden Ein- und Auszahlungen, so lassen sich viele der oben genannten Entscheidungsprobleme und damit auch die zugehörigen Konzepte entscheidungsneutraler Besteuerung auf die Konzepte der Investitions- bzw. Finanzierungsneutralität zurückführen.[1] Es ist deshalb nicht verwunderlich, dass im Schrifttum diesen beiden Konzepten besondere Aufmerksamkeit geschenkt worden ist. In vielen Fällen dürfte es so sein, dass heute eine Auszahlung erfolgt, um damit künftig Einzahlungsüberschüsse zu erzielen. Damit liegt aber die typische Struktur eines Investitionsproblems vor. Wir wollen uns deshalb im weiteren Verlauf dieses Kapitels auf die *Investitionsneutralität* der Besteuerung konzentrieren.

[1] Vgl. dazu auch Abschnitt I.1, S. 4-6.

III.2 Investitionsneutrale Steuersysteme bei sicheren Erwartungen

III.2.1 Investitionsneutrale Besteuerung im Fisher-Hirshleifer-Modell

III.2.1.1 Modellannahmen

Oben haben wir die Entscheidungsneutralität der Besteuerung an der zielgrößenorientierten Bewertung von Handlungsalternativen festgemacht. Wesentliches Ergebnis der Analyse des Fisher-Hirshleifer-Modells im Abschnitt II.1 war, dass unter geeigneten Voraussetzungen die Investitionsentscheidung eines individuellen Investors von seiner Konsumentscheidung separiert werden kann, d.h. dass die Maximierung des Kapitalwertes einer (Real-)Investionsmöglichkeit stets im Sinne der Maximierung des Konsumnutzens ist. Unter den Voraussetzungen des vollkommenen Kapitalmarkts unter Sicherheit behält die Fisher-Separation auch bei Berücksichtigung von Steuern ihre Gültigkeit, sofern die Besteuerung selbst keinen Keil zwischen den nachsteuerlichen Haben- und Sollzinssatz treibt.[1] Unter dieser Voraussetzung wollen wir im Folgenden untersuchen, ob sich im Rahmen des Fisher-Hirshleifer-Modells investitionsneutrale Steuersysteme herleiten lassen. Hierzu gehen wir von folgender Situation aus: Der betrachtete individuelle Investor (Entscheidungsträger) maximiert seinen Konsumnutzen, d.h. seine Zielfunktion ist wiederum gegeben durch

$$\max U(C_0,C_1), \tag{III.4}$$

wobei U die Nutzenfunktion und C_t die Konsumausgaben in Periode t wiedergibt. In t=0 steht erneut ein Anfangsvermögen W_0 zur Verfügung, welches der Entscheidungsträger auf den Konsum C_0, die Ersparnis F_0 (=Anlage auf dem Kapitalmarkt) und eine Realinvestition I_0 aufteilen muss. Der Konsum in t=1 ergibt sich dann aus der Tilgung und den Zinserträgen aus der Kapitalanlage $F_0+i\cdot F_0$ und dem Ertrag aus der Realinvestition $f(I_0)$, abzüglich der resultierenden Steuerzahlung T_1:

---

[1] Dies gilt für den Fall eines einzelnen individuellen Investors und für den Fall mehrerer Investoren mit einheitlichen (Grenz-)Steuersätzen (s.o.).

$$C_0 = W_0 - F_0 - I_0$$
$$C_1 = (1+i) \cdot F_0 + f(I_0) - S_1 \qquad \text{(III.5)}$$

Werden die Erträge $i \cdot F_0$ aus der Kapitalanlage steuerlich mit dem Satz $\tilde{s}$ belastet (bzw. im Fall der Kapitalaufnahme mit diesem Satz entlastet), so verbleibt nach Steuern ein Netto-Ertrag in Höhe von $(1-\tilde{s}) \cdot i \cdot F_0$. Bezeichnen wir mit $i_s=(1-\tilde{s}) \cdot i$ den nachsteuerlichen Netto-Zins, so wird (III.5) zu

$$C_1 = (1+i_S) \cdot F_0 + f(I_0) - S_1, \qquad \text{(III.6)}$$

wobei S_1 die noch verbleibende Steuerzahlung darstellt.

III.2.1.2 Entscheidungsfixe Besteuerung

Hintergrund ist die folgende Überlegung: Fällt die Steuerzahlung in ihrer Höhe unabhängig von der Entscheidung über die Kapitalanlage und die Investition an, so ist die Besteuerung entscheidungsneutral.

Da die Besteuerung unabhängig von der Kapitalanlage sein soll, muss $\tilde{s}=0$ gelten. Weiter nehmen wir an, dass in t=1 eine Steuerzahlung in Höhe von P zu leisten ist. Wir haben somit das folgende Optimierungsproblem zu lösen:

$$\begin{aligned} &\max_{C_0,C_1,I_0,F_0} U[C_0, C_1] \\ &\text{u.d.N. } C_0 = W_0 - F_0 - I_0 \\ &\phantom{\text{u.d.N. }} C_1 = (1+i) \cdot F_0 + f[I_0] - P \end{aligned} \qquad \text{(III.7)}$$

Mittels der Lagrange-Methode ergibt sich hieraus das Optimierungsproblem:

$$\max U(C_0,C_1) + \lambda \cdot [(1+i) \cdot (W_0-C_0-I_0) + f[I_0] - P - C_1] \qquad \text{(III.8)}$$

Wir erhalten als Optimalitätsbedingungen:

$$\frac{\partial U}{\partial C_0} - \lambda(1+i) = 0$$

$$\frac{\partial U}{\partial C_1} - \lambda = 0$$

$$-\lambda \cdot [(1+i) - \frac{df}{dI_0}] = 0, \tag{III.9}$$

woraus wie im Fall ohne Steuern folgt:

$$-\frac{dC_1}{dC_0} = 1 + i \tag{III.10}$$

$$\frac{df}{dI_0} = 1 + i \tag{III.11}$$

Die letzte Bedingung (III.11) erhält man auch, wenn man das Optimalitätsproblem

$$\max -I_0 + \frac{f(I_0)}{1+i}, \tag{III.12}$$

also die Maximierung des Kapitalwertes, betrachtet. Wir sehen, dass die entscheidungsfixe Besteuerung keinen Einfluss auf das (Real-)Investitionsvolumen hat, sie wirkt also in der Tat investitionsneutral.

Im Allgemeinen bezeichnet man eine entscheidunsgfixe Besteuerung als *Pauschalsteuer*. Als spezielle Form einer Pauschalsteuer kennt man die *Kopfsteuer*, bei der das zu erzielende Steueraufkommen gleichmäßig auf die Steuerpflichtigen verteilt wird. Das Problem bei den Pauschalsteuern liegt darin, dass sie dem Grundsatz der Besteuerung nach der Leistungsfähigkeit widersprechen. Insbesondere verstößt eine solche Steuer gegen das Prinzip der vertikalen Gerechtigkeit, nach der Steuerpflichtige mit unterschiedlicher (höherer) Leistungsfähigkeit auch unterschiedlich (höher) besteuert werden sollen. Zwar kann eine Pauschalsteuer grundsätzlich so ausgestaltet werden, dass ein Wirtschaftssubjekt mit höherer Leistungsfähigkeit auch einen höheren Pauschalsteuerbetrag zahlen muss als ein anderes mit niedrigerer Leistungsfähigkeit, ändert sich jedoch die Rangfolge der Leistungsfähigkeit aufgrund bestimmter wirtschaftlicher Handlungen der Wirtschaftssubjekte, so macht dies eine Anpassung der Pauschalsteuerbeträge erforderlich. Dies widerspricht dem Grundgedanken einer von den Handlungen unabhängigen Besteuerung.

Dennoch kommt der Pauschalsteuer im Rahmen der hier angestellten theoretischen Überlegungen eine wichtige Bedeutung zu: bewiesen ist damit, dass es investitionsneutrale Steuersysteme gibt. Wir haben damit quasi ein Referenzsystem für andere, noch herzuleitende Steuersysteme gefunden. Es muss allerdings an dieser Stelle noch einmal darauf hingewiesen werden, dass die Neutralität von Pauschalsteuern nur unter den sehr restriktiven Annahmen des Fisher-Hirshleifer-Modells gewährleistet ist, insbesondere also unter der Annahme sicherer Erwartungen. Es wird noch zu untersuchen sein, ob dies auch unter unsicheren Erwartungen gilt.

III.2.1.3 Zielgrößenbesteuerung

Im Folgenden wollen wir davon ausgehen, dass die aus der Realinvestition resultierenden Erträge $f[I_0]$ mit einem gegebenen Steuersatz s mit $0<s<1$ belastet werden. Die Erträge aus der Kapitalanlage werden mit dem Steuersatz $\tilde{s}$ mit $0\leq\tilde{s}<1$ besteuert, so dass wieder $i_s=(1-\tilde{s})\cdot i$ gilt. Ließe man es bei diesen Regelungen, so hätte man als relevante Nebenbedingung für den Konsum in t=1 letztlich:

$$C_1 = (1+i_S)\cdot F_0 + (1-s)\cdot f[I_0] \tag{III.13}$$

Bei gleicher Vorgehensweise wie oben ergäbe sich daraus die Optimalitätsbedingung:

$$-(1+i_S) + (1-s)\cdot\frac{df}{dI_0} = 0 \tag{III.14}$$

Bei Investitionsneutralität müsste wieder wie im Fall der Pauschalsteuer (bzw. wie im Fall ohne Steuern)

$$\frac{df}{dI_0} = 1+i \tag{III.15}$$

gelten, woraus

$$-(1+i_S) + (1-s)\cdot(1+i) = 0 \tag{III.16}$$

und weiter

$$i_S = (1-s)\cdot i - s \tag{III.17}$$

folgt. Diese Bedingung dürfte allenfalls zufällig erfüllt sein, zumal schon bei moderat niedrigen Steuersätzen s der Ausdruck auf der rechten Seite negativ wird.

Es müssen also steuerliche Korrekturen vorgenommen werden, um Investitionsneutralität herstellen zu können. Diese in t=1 vorzunehmenden Korrekturen wollen wir mit D_1 bezeichnen, d.h. in t=1 erfolgt eine steuerliche Entlastung in Höhe von $s\cdot D_1$. Für die investitionsbezogene Steuerbelastung S_1 folgt somit:

$$S_1 = s\cdot f[I_0] - s\cdot D_1 \tag{III.18}$$

Der Korrekturterm kann grundsätzlich auf zwei Arten gebildet werden: einmal in Abhängigkeit von der Investitionsausgabe, man hätte dann $D_1=D_1(I_0)$, oder in Abhängigkeit vom Ertrag aus der Investition, also $D_1=D_1(f[I_0])$. Wir wollen beide Fälle getrennt betrachten.

<u>Fall 1</u>: $D_1=D_1(I_0)$

Die in die Lagrange-Funktion zu übernehmende Nebenbedingung lautet dann:

$$C_1 = (1+i_S)\cdot(W_0-I_0-C_0) + (1-s)\cdot f[I_0] + s\cdot D_1(I_0), \tag{III.19}$$

woraus als Optimalitätsbedingung folgt:

$$-(1+i_S) + (1-s)\cdot\frac{df}{dI_0} + s\cdot\frac{dD_1}{dI_0} = 0 \tag{III.20}$$

Soll das optimale Investitionsvolumen durch die Besteuerung nicht beeinflusst werden, so muss wieder gelten:

$$\frac{df}{dI_0} = 1+i \tag{III.21}$$

Man erhält:

$$-(1+i_S) + (1-s)\cdot(1+i) + s\cdot\frac{dD_1}{dI_0} = 0$$

$$\Rightarrow \quad s \cdot \frac{dD_1}{dI_0} = (1+i_S) - (1-s)\cdot(1+i) = s + (s-\tilde{s})\cdot i \qquad \text{(III.22)}$$

Hieraus ergibt sich schließlich durch Integration nach I_0 (und unter Vernachlässigung konstanter Ausdrücke, die lediglich zu einer pauschalen Steuerkorrektur führten, über deren Neutralität nicht diskutiert werden muss)

$$s\cdot D_1(I_0) = [s+(s-\tilde{s})\cdot i] \cdot I_0, \qquad \text{(III.23)}$$

woraus weiter folgt:

$$D_1(I_0) = [1+i-\frac{\tilde{s}}{s}\cdot i] \cdot I_0 \qquad \text{(III.24)}$$

Die genaue Gestalt der notwendigen Korrektur wird also durch das Verhältnis der beiden Steuersätze s und $\tilde{s}$ zueinander bestimmt. Wir betrachten im Folgenden die beiden sicher interessantesten Varianten.

a) $\tilde{s}=0$:

In diesem Fall bleiben die Erträge aus der Anlage (bzw. Aufnahme) auf dem Kapitalmarkt zum Marktzins i steuerlich unbeachtlich. Es folgt

$$D_1(I_0) = (1+i) \cdot I_0, \qquad \text{(III.25)}$$

d.h. in t=1 wird die mit dem Marktzinssatz aufgezinste Investitionsausgabe steuerlich entlastet. Äquivalent, weil barwertgleich, dazu ist eine steuerliche Entlastung der Investitionsausgabe in t=0:

$$C_0 = W_0 - F_0 - I_0 + s\cdot I_0$$

$$C_1 = (1+i)\cdot F_0 + (1-s)\cdot f[I_0] \qquad \text{(III.26)}$$

Der nachsteuerliche Kapitalwert der Investition ergibt sich dann mit:

$$K_0^S = -(1-s)\cdot I_0 + \frac{(1-s)\cdot f[I_0]}{1+i}$$
$$= (1-s)\cdot\left(-I_0 + \frac{f[I_0]}{1+i}\right)$$
$$= (1-s)\cdot K_0 \qquad \text{(III.27)}$$

Durch ein solches Steuersystem wird also der Kapitalwert als Zielgröße besteuert und gerade um den Steuersatz s gekürzt. Ein solches System bezeichnet man als Cash-Flow-Steuer und wird im nächsten Abschnitt ausführlich behandelt.

b) $\tilde{s}=s$:

In diesem Fall werden die Zinsen aus der Kapitalmarktanlage (oder –aufnahme) mit demselben Steuersatz belastet (bzw. entlastet) wie die Erträge aus der Realinvestition. Hier wird (III.24) zu

$$D_1(I_0) = I_0, \qquad \text{(III.28)}$$

und für den nachsteuerlichen Kapitalwert der Investition folgt:

$$K_0^S = -I_0 + \frac{(1-s)\cdot f[I_0] + s\cdot I_0}{1+i_S}$$
$$= -I_0\cdot\left(1-\frac{s}{1+i_S}\right) + \frac{f[I_0]}{1+i}\cdot\left(1-\frac{s}{1+i_S}\right)$$
$$= \left(1-\frac{s}{1+i_S}\right)\cdot K_0 \qquad \text{(III.29)}$$

Hier wird also der Kapitalwert um den einmal mit dem nachsteuerlichen Zinssatz abgezinsten Steuersatz gekürzt. Im Gegensatz zu dem System bei $\tilde{s}=0$ lässt sich dieses System nicht ohne weiteres auf den Mehrperiodenfall übertragen.

<u>Fall 2</u>: $D_1=D_1[f(I_0)]$

Die Nebenbedingung für C_1 lautet dann:

$$C_1 = (1+i_S)\cdot(W_0-I_0-C_0) + (1-s)\cdot f[I_0] + s\cdot D_1(f[I_0]), \tag{III.30}$$

woraus die Optimalitätsbedingung

$$-(1+i_S) + (1-s)\cdot\frac{df}{dI_0} + s\cdot\frac{dD_1}{df[I_0]}\cdot\frac{df}{dI_0} = 0 \tag{III.31}$$

folgt. Da im Fall der Neutralität wieder

$$\frac{df}{dI_0} = 1+i \tag{III.32}$$

gelten muss, folgt schließlich:

$$s\cdot(1+i)\cdot\frac{dD_1}{df[I_0]} = (1+i_S) - (1-s)\cdot(1+i) \tag{III.33}$$

und weiter:

$$s\cdot\frac{dD_1}{df[I_0]} = \frac{1+i_S}{1+i} - (1-s) \tag{III.34}$$

Durch Integration nach $f[_0]$erhält man:

$$s\cdot D_1(f[I_0]) = \left(\frac{1+i_S}{1+i} - (1-s)\right)\cdot f[I_0] \tag{III.35}$$

Wir betrachten wieder die besonders interessanten Fälle $\tilde{s}=0$ und $\tilde{s}=s$.

a) $\tilde{s}=0$:

Es ist dann $i_S=i$ und (III.35) wird somit zu:

$$D_1(f[I_0]) = f[I_0] \tag{III.36}$$

Damit hat man aber den simplen Fall der Nichtbesteuerung der Investitionserträge, der hier nicht weiter beachtet werden muss.

b) $\tilde{s}=s$:

Hier gilt $i_S=(1-s)\cdot i$ und Gleichung (III.35) wird zu:

$$\begin{aligned} s\,D_1(f[I_0]) &= \left(\frac{1+i-s\cdot i}{1+i}-(1-s)\right)\cdot f[I_0] \\ &= \left(\frac{1+i-s\cdot i}{1+i}-\frac{(1-s)\cdot(1+i)}{1+i}\right)\cdot f[I_0] \\ &= \frac{s}{1+i}\cdot f[I_0] \end{aligned} \qquad \text{(III.37)}$$

Daraus folgt schließlich:

$$D_1(f[I_0]) = \frac{f[I_0]}{1+i} \qquad \text{(III.38)}$$

In diesem Fall erfolgt also eine steuerliche Entlastung der Investition in Höhe ihres Ertragswertes. Der Kapitalwert nach Steuern wird dann zu:

$$\begin{aligned} K_0^S &= -I_0+\frac{(1-s)\cdot f[I_0]+s\cdot\frac{f[I_0]}{1+i}}{1+i_S} \\ &= -I_0+\frac{f[I_0]}{1+i}\cdot\frac{(1-s)\cdot(1+i)+s}{1+i_S} \\ &= -I_0+\frac{f[I_0]}{1+i} = K_0 \end{aligned} \qquad \text{(III.39)}$$

Der Kapitalwert der Investition bleibt durch diese Art der Besteuerung also unverändert. Im Ergebnis führt dies zu einer Besteuerung des aus der Realinvestition resultierenden ökonomischen Gewinns. Wir werden dies im nächsten Abschnitt zeigen und uns intensiver auch mit diesem Steuersystem beschäftigen.

Wir haben somit Steuersysteme kennen gelernt, welche die Zielgröße „Kapitalwert" als Ersatz für die eigentliche Zielgröße „Konsumnutzen" um einen konstanten Satz kürzen bzw. diese sogar unverändert lassen. Natürlich lassen sich weitere Steuersysteme mit dieser Eigenschaft ableiten, etwa indem man für $\tilde{s}$ Wert zwischen 0 und s einsetzt oder den steuerlichen Korrekturterm gleichzeitig in Abhängigkeit von I_0 und $f(I_0)$ ansetzt. Wir werden an späterer Stelle auf solche

I_0 und $f(I_0)$ ansetzt. Wir werden an späterer Stelle auf solche allgemeinen Strukturen investitionsneutraler Besteuerung zurückkommen. Zunächst soll aber noch einmal deutlich gemacht werden, welche Voraussetzungen erfüllt sein müssen, damit eine Zielgrößenbesteuerung tatsächlich investitionsneutral wirkt:

- Wirtschaftliche Bedingungen:
  - → vollständige Kenntnis der Zahlungsströme (Sicherheit)
  - → Nichtüberwälzbarkeit der Steuern, d.h. es besteht keine Möglichkeit, Steuerzahlungen etwa über Preise auf andere zu überwälzen, so dass die Zielgrößenminderung unter dem Betrag der Steuerzahlung bleibt
- Steuerrechtliche Bedingungen:
  - → sofortige Besteuerung im Zeitpunkt des Zu- oder Abflusses der relevanten Zahlungen
  - → Nichtenteignung, d.h. die betrachteten (Grenz-) Steuersätze sind stets ≤ 1

Es sei noch einmal angemerkt, dass in der hier betrachteten Variante des Fisher-Hirshleifer-Modells das Entscheidungsproblem „Arbeitszeit versus Freizeit" implizit ausgeklammert wurde, d.h. dass das Arbeitsangebot stets als exogen vorgegeben betrachtet wurde. Fließt die Freizeit in die Zielgröße „Konsumnutzen" ein, so ergeben sich zusätzliche Schwierigkeiten, da dann auch der Freizeitnutzen steuerlich erfasst werden müsste. Diese Problematik wird hier ausgeklammert, da sie eher Gegenstand der Finanzwissenschaft ist.

III.2.2 Investitionsneutrale Besteuerung und Kapitalwertkriterium

III.2.2.1 Zielgrößenbesteuerung im Mehrperiodenfall

Im Fisher-Hirshleifer-Modell wurde die Betrachtung investitionsneutraler Steuersysteme auf den Einperiodenfall beschränkt. Wir wollen diese Überlegungen auf den Mehrperiodenfall übertragen und greifen hierzu auf die gewohnte Darstellung von Investitionsobjekten zurück, d.h. diese werden durch die resultierenden Zahlungsströme der Form

$$-I_0, Z_1, Z_2, ..., Z_T \qquad \text{(III.40)}$$

repräsentiert. Es geht jetzt also nicht mehr direkt darum, für ein Objekt das optimale Investitionsvolumen zu ermitteln, sondern es sind verschiedene Objekte auf ihre Vorteilhaftigkeit (isoliert oder im Vergleich zueinander) zu untersuchen. Als Kriterium (=Zielgröße) dient hierzu wiederum der Kapitalwert (vor bzw. nach Steuern).

Man kann die Investitionsneutralität der Zielgrößenbesteuerung dann wie folgt formal konkretisieren: Ein Steuersystem ist investitionsneutral, wenn gilt:

$$K_0^S = f(K_0) \tag{III.41}$$

Dabei bezeichnen K_0 und K_0^S den Kapitalwert einer Investition vor bzw. nach Steuern. f ist eine Funktion mit den Eigenschaften:

1. f ist streng monoton wachsend
2. $f(0) = 0$

Dabei gewährleistet die erste Bedingung, dass beim Vergleich zweier alternativer (Real-)Investitionsobjekte die Rangfolge, gemessen durch den Kapitalwert, durch die Besteuerung nicht beeinflusst wird. Gilt nämlich beispielsweise für zwei Objekte I und II vor Steuern

$$K_0(I)<K_0(II),$$

so folgt wegen der strengen Monotonie von f

$$f[K_0(I)]<f[K_0(II)],$$

also:

$$K_0^S(I) < K_0^S(II)$$

Die zweite Bedingung erweitert diese Eigenschaft auf die Alternativanlage, d.h. gilt etwa für eine Investition $K_0>0$, so folgt $f(K_0)>0$ (wegen $f(0)=0$ und f streng monoton wachsend).

An diesem Punkt stellt sich die Frage, ob für die Funktion f tatsächlich jede Form, die nur den Bedingungen 1. und 2. genügt, von Interesse ist. Wir betrachten hierzu ein Investitionsobjekt IO, das gedanklich in zwei Teilprojekte zerlegt werden kann.

Erfolgt die Transformation des Kapitalwertes vor Steuern in den Kapitalwert nach Steuern nicht homogen linear, so wird dann im Allgemeinen

$$\text{Steuer(IO)} \neq \Sigma\ \text{Steuer(Teilprojekte)} \tag{III.42}$$

sein. Dies ist sicher nicht erwünscht, weil die Höhe der Steuerbelastung von der Abgrenzung der Investitionsobjekte abhängt.

Es ist somit sinnvoll, ausschließlich linear-homogene Transformationen zu betrachten, d.h. wir beschränken uns im Folgenden auf solche Steuersysteme, für die gilt:

$$K_0^S = (1-q) \cdot K_0 \tag{III.43}$$

Dabei muss noch $0 \leq q < 1$ vorausgesetzt werden, um die strenge Monotonie der Transformation zu gewährleisten. Darüber hinaus nehmen wir wiederum an, dass die Erträge (bzw. Aufwendungen) aus der Anlage (bzw. Aufnahme) finanzieller Mittel auf dem Kapitalmarkt mit einem Steuersatz $\tilde{s}$ mit $0 \leq \tilde{s} < 1$ belastet (bzw. entlastet) werden. Wir wollen untersuchen, inwieweit sich die Ergebnisse des letzten Abschnitts auf den Mehrperiodenfall übertragen lassen.

III.2.2.2 Die Investitionsneutralität der Cash-Flow-Steuer

Die Idee der Cash-Flow-Steuer geht auf *Brown* zurück:[1] Um Investitionsneutralität der Besteuerung zu gewährleisten, kann die Zielgröße des Steuerpflichtigen „Kapitalwert" (ersatzweise für seinen Konsumnutzen) mit dem Steuersatz s besteuert werden, d.h. die in (III.43) beschriebe Transformation hat die Form:

$$K_0^S = (1-s) \cdot K_0 \tag{III.44}$$

Schreibt man K_0 aus, so erhält man

$$K_0^S = (1-s) \cdot \left[-I_0 + \sum_{t=1}^{T} (E_t - A_t) \cdot (1+i)^{-t} \right], \tag{III.45}$$

[1] Vgl. Brown, E. C., 1948.

wobei in diesem Fall die Einzahlungsüberschüsse Z_t explizit als Differenz zwischen den aus dem Investitionsobjekt resultierenden Einzahlungen E_t und Auszahlungen A_t in den einzelnen Perioden seiner Nutzungsdauer dargestellt sind. Zieht man (1−s) in den Klammerausdruck ein, so ergibt sich:

$$K_0^S = -(1-s)\cdot I_0 + \sum_{t=1}^{T}(1-s)\cdot(E_t - A_t)\cdot(1+i)^{-t}\,. \qquad \text{(III.46)}$$

Hieraus lässt sich aber eine Struktur für ein Steuersystem ableiten, die hinreichend dafür ist, dass die Beziehung (III.44) erfüllt ist. Mit anderen Worten: aus der Gleichung (III.46) lassen sich alle Eigenschaften für ein investitionsneutrales Steuersystem, welches (III.44) genügt, ableiten. Wir schauen uns hierzu die einzelnen Komponenten der Gleichung (III.46) an:

1. „$-(1-s)\cdot I_0$": In t=0 erfolgt eine Steuerentlastung auf die Investitionsausgabe in Höhe von $s\cdot I_0$. Dies entspricht einer „*Sofortabschreibung*" der Anschaffungsauszahlung im Zeitpunkt der Durchführung der Investition.
2. „$(1-s)\cdot(E_t-A_t)$": *Steuerbemessungsgrundlage* sind die *Einzahlungsüberschüsse* des Investitionsobjekts am jeweiligen Periodenende (deshalb der Begriff „Cash-Flow-Steuer").
3. „$(1-s)\cdot(E_t-A_t)$": Darüber hinaus ist aus diesem Ausdruck die Notwendigkeit eines *sofortigen und vollständigen Verlustausgleichs* abzuleiten; ein negativer Einzahlungsüberschuss ($A_t>E_t$) führt zu einer sofortigen Steuerentlastung in Höhe von $s\cdot(A_t-E_t)$.
4. „$(1+i)^{-t}$": *Zinsen* aus Finanzanlagen (bzw. Kreditaufnahmen) sind *steuerlich unbeachtlich*, d.h. es ist $\tilde{s}=0$. Dadurch entspricht der Kalkulationszinsfuß nach Steuern demjenigen vor Steuern ($i_S=i$).
5. Um in (III.46) jeden Summanden mit dem Faktor (1−s) multiplizieren zu können, darf dieser Faktor nicht von der Höhe der Bemessungsgrundlage und vom Zeitindex t abhängen, d.h. der *Steuersatz* s muss *proportional und im Zeitablauf konstant* sein.

Die Eigenschaft der Cash-Flow-Steuer sei an einem einfachen Zahlenbeispiel veranschaulicht. Betrachtet sei das folgende Investitionsobjekt:

Periode t	t=0	t=1	t=2	t=3
Einzahlungsüberschuss	−100,00	−22,00	+60,50	+106,48

Der Kalkulationszinsfuß betrage i=10%, der Ertragsteuersatz s=50%. Der Kapitalwert vor Steuern ist damit:

$$K_0 = -100 - 22 \cdot 1{,}10^{-1} + 60{,}5 \cdot 1{,}10^{-2} + 106{,}48 \cdot 1{,}10^{-3}$$
$$= \underline{\underline{+10}}$$

Die Zahlungsreihe unter Einbeziehung von Steuern hat die Form:

$$(-100 \cdot (1-s);\ -22 \cdot (1-s);\ +60{,}5 \cdot (1-s);\ +106{,}48 \cdot (1-s))$$
$$= (-100 \cdot (1-0{,}5);\ -22 \cdot (1-0{,}5);\ +60{,}5 \cdot (1-0{,}5);\ +106{,}48 \cdot (1-0{,}5))$$
$$= (-50;\ -11;\ +30{,}25;\ +53{,}24)$$

und für den Kapitalwert nach Steuern folgt mit $i_S = i = 10\%$:

$$K_0^S = -50 - 11 \cdot 1{,}10^{-1} + 30{,}25 \cdot 1{,}10^{-2} + 53{,}24 \cdot 1{,}10^{-3}$$
$$= \underline{\underline{+5}}$$

Der Kapitalwert vor Steuern in Höhe von 10 wird also tatsächlich genau um den Ertragsteuersatz gekürzt.

Einige der oben beschriebenen Bedingungen sind zwar hinreichend, nicht aber notwendig für die Gewährleistung der Investitionsneutralität im Sinne *Browns*. So ist eine Sofortabschreibung der Anschaffungsauszahlung in t=0 nicht zwingend erforderlich. Vielmehr muss lediglich der Barwert der steuerlichen Abschreibungen über den Planungshorizont genau der Anschaffungsauszahlung entsprechen, es muss also gelten:

$$\sum_{t=0}^{T} AfA_t \cdot (1+i)^{-t} = I_0 \qquad \text{(III.47)}$$

Im obigen Zahlenbeispiel könnten etwa in den Perioden der Nutzungsdauer des Investitionsobjekts (also t=1 bis t=3) gleichmäßige, d.h. in ihrer Höhe konstante Abschreibungen vorgenommen werden. Mit AfA_t=AfA müsste lediglich gelten:

$$\sum_{t=0}^{3} AfA \cdot 1{,}10^{-t} = 100$$

$$\Rightarrow \quad AfA \cdot \sum_{t=0}^{3} 1{,}10^{-t} = 100$$

$$\Rightarrow \quad AfA = \frac{100}{\sum_{t=0}^{3} 1{,}10^{-t}} = 40{,}21$$

Die daraus resultierende Zahlungsreihe ergibt sich dann mit:

$$I_0 = \underline{\underline{100}}$$

$$Z_1 = -22 - 0{,}50 \cdot (-22 - 40{,}21) = \underline{\underline{+9{,}105}}$$

$$Z_2 = +60{,}5 - 0{,}50 \cdot (60{,}5 - 40{,}21) = \underline{\underline{+50{,}355}}$$

$$Z_3 = +106{,}48 - 0{,}50 \cdot (106{,}48 - 40{,}21) = \underline{\underline{+73{,}345}}$$

Für den Kapitalwert nach Steuern folgt:

$$K_0^S = -100 + 9{,}105 \cdot 1{,}10^{-1} + 50{,}355 \cdot 1{,}10^{-2} + 73{,}345 \cdot 1{,}10^{-3}$$

$$= \underline{\underline{+5}}$$

Auch ein sofortiger und vollständiger Verlustausgleich ist nicht zwingend geboten. Übersteigen in einer Periode die investitionsbedingten Auszahlungen die Einzahlungen und liegen auch anderweitig keine steuerlichen Gewinne vor, mit denen dieser Auszahlungsüberschuss verrechnet werden könnte, so kann der somit vorliegende Verlust auch in eine spätere Abrechnungsperiode vorgetragen und dort mit einem positiven Einzahlungsüberschuss verrechnet werden. Er ist dann allerdings entsprechend oft mit dem Kalkulationszinsfuß aufzuzinsen. Zur Veranschaulichung greifen wir wieder auf das obige Beispiel zurück: In t=1 entsteht ein steuerlicher Verlust in Höhe von 22. Dieser kann mit i=10% einmal aufgezinst und somit in Höhe von 24,2 in die Periode t=2 vorgetragen werden. Der daraus resultierende Zahlungsstrom nach Steuern sieht wie folgt aus:

$$
\begin{aligned}
&(-100\cdot(1-s);\ -22;\ +60{,}5-s\cdot(60{,}5-24{,}2);\ +106{,}48\cdot(1-s))\\
&= (-100\cdot(1-0{,}5);\ -22;\ +60{,}5-0{,}5\cdot 36{,}3;\ +106{,}48\cdot(1-0{,}5))\\
&= (-50;\ -22;\ +42{,}35;\ +53{,}24)
\end{aligned}
$$

Der Kapitalwert nach Steuern beträgt erneut:

$$K_0^S = -50 - 22\cdot 1{,}10^{-1} + 42{,}35\cdot 1{,}10^{-2} + 53{,}24\cdot 1{,}10^{-3} = \underline{\underline{+5}}$$

Bezeichnet man mit EW_t und EW_t^S den (Rest-)Ertragswert einer Investition vor bzw. nach Steuern in der Periode t, d.h. den jeweils verbleibenden Ertragswert nach Entnahme des Brutto- bzw. Nettoeinzahlungsüberschusses, so gilt mit

$$EW_t = \sum_{j=t+1}^{T} Z_j \cdot (1+i)^{-(j-t)} \qquad \text{(III.48)}$$

und

$$EW_t^S = \sum_{j=t+1}^{T} (Z_j - S_j)\cdot(1+i_S)^{-(j-t)} \qquad \text{(III.49)}$$

für die Cash-Flow-Steuer in ihrer reinen Form die Beziehung

$$
\begin{aligned}
EW_t^S &= \sum_{j=t+1}^{T} (1-s)\cdot Z_j \cdot (1+i)^{-(j-t)}\\
&= (1-s) \sum_{j=t+1}^{T} Z_j \cdot (1+i)^{-(j-t)}\\
&= (1-s)\cdot EW_t \qquad \text{(III.50)}
\end{aligned}
$$

Der in einer Periode t noch verbleibende Ertragswert vor Steuern einer Investition wird durch die Cash-Flow-Steuer also proportional um den Steuersatz s gekürzt. Diese Aussage gilt aber nicht mehr für die oben vorgestellten Modifikationen der Cash-Flow-Steuer (periodenweise Abschreibungen, Verlustvortrag), wie der Leser selbst leicht nachprüfen kann.

Eine barwertgleiche Verschiebung von Abschreibungen und/oder steuerlichen Verlusten scheint aus theoretischer Sicht zunächst völlig unproblematisch. Es sei jedoch folgende Überlegung angestellt: In jedem Zeitpunkt t ist der Investor (vor Steuern) indifferent zwischen der Fortführung der Investition und der Veräußerung des Investitionsobjekts zum Restertragswert EW_t. Bei der reinen Form der Cash-Flow-Steuer bleibt diese Indifferenz erhalten, bei einer modifizierten Form im Allgemeinen jedoch nicht. Somit hat die reine Form der Cash-Flow-Steuer den Vorteil, dass sie keine eigene steuerliche Behandlung von Veräußerungsvorgängen erfordert.

Im Folgenden soll noch untersucht werden, welchen Einfluss die Cash-Flow-Steuer (in ihrer reinen Form) auf die Baldwin-Rendite einer Investition hat. Für das Endvermögen nach Steuern gilt

$$EV_T^S = EW_0^S \cdot (1+i)^T = (1-s) \cdot EW_0 \cdot (1+i)^T, \tag{III.51}$$

und somit folgt für die Baldwin-Rendite nach Steuern r_S:

$$\begin{aligned} r_S &= \sqrt[T]{\frac{\text{Endvermögen n.St.}}{\text{Anfangsvermögen n.St.}}} - 1 \\ &= \sqrt[T]{\frac{(1-s)\cdot EW_0 \cdot (1+i)^T}{(1-s)\cdot I_0.}} - 1 \\ &= \sqrt[T]{\frac{EW_0 \cdot (1+i)^T}{I_0}} - 1 \\ &= r \end{aligned} \tag{III.52}$$

Die Baldwin-Rendite bleibt bei Anwendung der Cash-Flow-Steuer also unverändert.

An dieser Stelle scheint es geboten, einem im Zusammenhang mit der Cash-Flow-Steuer häufig anzutreffenden Missverständnis entgegenzutreten. Die in t=0 vorzunehmende Sofortabschreibung erhöht keineswegs die zur Verfügung stehenden Mittel des Investors – sonst müsste dies bei der Berechnung der Baldwin-Rendite Berücksichtigung finden; die Beziehung r_S=r würde dann nur für Grenzinvestitionen gelten. Vielmehr nimmt die Sofortabschreibung eine schon entstandene Steuerbelastung auf die vorhandenen Mittel in Höhe von I_0 wieder zurück, so dass gerade ein Bruttobetrag von I_0 ausreicht, um die Investition durchführen zu können. Am leichtesten sieht man dies, wenn die Investition aus einbehaltenem Gewinn finanziert werden soll. Vor Steuern wäre hierzu ein Betrag in Höhe von I_0 notwendig. Im System der Cash-Flow-Steuer wäre dieser Betrag aber mit dem Steuersatz s zu belasten, so dass nur noch Mittel in Höhe von $(1-s)\cdot I_0$ zur Verfügung ständen. Wegen der Sofortabschreibung reicht dies aber auch gerade aus, um die neue Investition durchführen zu können. Ähnlich lässt sich bei Außenfinanzierung argumentieren. Vor Steuern haben die Kapitalgeber einen Betrag von I_0 zugeführt. Unterliegt dieser Betrag auf der Ebene der Kapitalgeber der Besteuerung (ebenfalls mit dem Steuersatz s), so kann nur noch $(1-s)\cdot I_0$ dem Unternehmen zugeführt werden. In diesem Fall hat die Sofortabschreibung der Investitionsausgabe denselben Effekt wie im Fall der Innenfinanzierung. Ist dagegen die Kapitalzuführung auf der Ebene der Kapitalgeber steuerfrei, so ist der Betrag I_0 auf der Ebene der Unternehmung als zahlungswirksamer Zufluss zu betrachten und dort zu versteuern. Auch hier nimmt die Sofortabschreibung diese Besteuerung wieder zurück, so dass in der Tat keine Liquiditätseinflüsse erfolgen.

Abschließend wollen wir hinterfragen, wo und in welchem Maße das geltende deutsche Steuerrecht von den Regelungen der Cash-Flow-Steuer abweicht:

- Die ertragsteuerlichen Bemessungsgrundlagen sind nicht auf der Zahlungsmittelebene definiert, ergeben sich also nicht aus den reinen Einzahlungsüberschüssen, sondern werden vielmehr als „Gewinn" ermittelt, der sich in den beiden Fällen der Gewinnermittlung mittels Steuerbilanz (§ 4 Abs. 1 EStG, § 5 Abs. 1 EStG) auf der Reinvermögensebene aus der Gegenüberstellung von Erträgen und Aufwendungen ergibt. Die Gewinnermittlungsmethode der (Einnahmen-)Überschussrechnung gemäß § 4 Abs. 3 EStG stellt zwar im Ansatz eine Cash-Flow-Rechnung dar, diese ist jedoch durch Elemente der Reinvermögensrechnung, insbesondere in Form von Abschreibungen, durchbrochen.
- Der Steuersatz bzw. –tarif ist weder proportional noch im Zeitablauf konstant.
- Es existiert allgemein kein sofortiger und vollständiger Verlustausgleich: stehen zur Verrechnung mit anfallenden Verlusten keine ausreichenden Gewinne in der aktuellen oder der Vorperiode zur Verfügung oder wird der für den Verlustrücktrag zulässige Höchstbetrag überschritten, so müssen die verbleibenden Verluste vorgetragen werden, ohne dass dabei eine entsprechende Aufzinsung erfolgt.

- In der Regel gibt es keine Sofortabschreibung, vielmehr erfolgt eine Abschreibung der Investitionsauszahlung über die (betriebsgewöhnliche) Nutzungsdauer, d.h. die Abschreibungsbeträge summieren sich nur nominal zur Anschaffungsauszahlung.
- Kapitalmarktzinsen sind grundsätzlich ertragsteuerlich relevant, d.h. Zinserträge unterliegen der Besteuerung, (betriebliche) Zinsaufwendungen mindern die ertragsteuerlichen Bemessungsgrundlagen ganz oder teilweise.

III.2.2.3 Die Investitionsneutralität der Besteuerung des ökonomischen Gewinns

Die Idee der Besteuerung des ökonomischen Gewinns (*Schneider* spricht vom kapitaltheoretischen Gewinn) geht auf *Preinreich* zurück.[1] Dabei liegen die folgenden Voraussetzungen zugrunde:

- Im Gegensatz zur Cash-Flow-Steuer werden nicht nur die Zahlungsströme des Investitionsobjekts, sondern auch die zinstragende Alternativanlage auf dem (weiterhin vollkommenen) Kapitalmarkt bzw. die aus einer Kreditaufnahme resultierenden Zinszahlungen in die Bemessungsgrundlage einbezogen. Daraus folgt für den anzuwendenden Kalkulationszinsfuß nach Steuern:

$$i_S = (1-s)\cdot i \qquad \text{(III.53)}$$

- Es wird ein sehr enges Neutralitätsverständnis zugrunde gelegt, indem gefordert wird, dass die Zielgröße – weiterhin der Kapitalwert – durch die Besteuerung unverändert bleibt (*Schneider* spricht in diesem Zusammenhang von Niveauinvarianz der Besteuerung). Es soll also gelten:

$$K_0^S = K_0 \qquad \text{(III.54)}$$

Diese zweite Forderung scheint nur auf den ersten Blick „paradox" zu sein. Die Verminderung der Zahlungsüberschüsse der Investition durch die Steuerzahlungen wird durch eine Verringerung des Kalkulationszinsfusses, hervorgerufen durch die

[1] Vgl. Preinreich, G. A. D., 1951.

Besteuerung der Zinserträge, exakt kompensiert, d.h. in den einzelnen Summanden der Kapitalwertformel

$$\frac{Z_t}{(1+i)^t} \tag{III.55}$$

mindert die Besteuerung sowohl den Zähler (Z_t geht über in $(1-s)\cdot Z_t$) als auch den Nenner ($(1+i)^t$ geht über in $(1+(1-s)\cdot i)^t$). Im Allgemeinen ist hieraus die Richtung des Gesamteffektes auf die Summe der Komponenten (III.55) nicht ablesbar (der Ertragswert kann steigen oder fallen oder gleich bleiben). Die Idee des hier vorgestellten Steuersystems ist, für jede denkbare Investition diese Effekte gerade auszugleichen.

Folgende Überlegung führt zu einer hinreichenden (aber nicht notwendigen) Bedingung für die Gültigkeit von (III.54): bleibt die Investitionsausgabe in $t=0$ steuerlich unbeachtlich und führt die Besteuerung dazu, dass die (Rest-)Ertragswerte vor bzw. nach Steuern in jeder Periode übereinstimmen, so ist Investitionsneutralität im obigen Sinne erreicht. Gilt nämlich die Beziehung

$$EW_t^S = EW_t \tag{III.56}$$

für alle $t=0,1,...,T$, so gilt sie insbesondere für $t=0$:

$$EW_0^S = EW_0 \tag{III.57}$$

Dann folgt aber

$$-I_0 + EW_0^S = -I_0 + EW_0 \tag{III.58}$$

und somit (III.54).

Wir schreiben zunächst noch einmal die Ausdrücke für die periodischen Ertragswerte vor bzw. nach Steuern auf. Für EW_t gilt:

$$EW_t = \sum_{j=t+1}^{T} Z_j \cdot (1+i)^{-(j-t)} \tag{III.59}$$

Für die Ertragswerte zweier aufeinanderfolgender Perioden gilt die Beziehung:

$$
\begin{aligned}
EW_t &= \sum_{j=t+1}^{T} Z_j \cdot (1+i)^{-(j-t)} \\
&= (1+i) \cdot \sum_{j=t+1}^{T} Z_j \cdot (1+i)^{-(j-t+1)} + Z_t - Z_t \\
&= (1+i) \cdot \sum_{j=t}^{T} Z_j \cdot (1+i)^{-(j-(t-1))} - Z_t \\
&= (1+i) \cdot EW_{t-1} - Z_t
\end{aligned}
\qquad \text{(III.60)}
$$

Der nachsteuerliche Ertragswert ist:

$$
EW_t^S = \sum_{j=t+1}^{T} [Z_j - s \cdot (Z_j - AfA_j)] \cdot (1+i_S)^{-(j-t)} \qquad \text{(III.61)}
$$

Wir wollen die periodischen Abschreibungen so konstruieren, dass die Bedingung (III.56) für alle t=0,1,...,T erfüllt ist. Zunächst ist

$$
EW_T^S = EW_T = 0, \qquad \text{(III.62)}
$$

womit ein t gefunden ist, für das die gewünschte Beziehung gilt. Durch Rekursion (im Sinne einer Rückwärts-Induktion) ermitteln wir nun die gesuchten Abschreibungsbeträge AfA_t. Wir setzen dazu voraus, dass (III.56) für *ein* t gilt. Wie muss AfA_t aussehen, damit (III.56) dann auch für t−1 gilt? Es ist

$$
\begin{aligned}
EW_{t-1}^S &= \sum_{j=t}^{T} [(1-s) \cdot Z_j + s \cdot AfA_j](1+i_S)^{-(j-t+1)} \\
&= [(1-s) \cdot Z_t + s \cdot AfA_t] \cdot (1+i_S)^{-1} \\
&\quad + (1+i_S)^{-1} \cdot \sum_{j=t+1}^{T} [Z_j - s \cdot (Z_j - AfA_j)] \cdot (1+i_S)^{-(j-t)} \\
&= [(1-s) \cdot Z_t + s \cdot AfA_t] \cdot (1+i_S)^{-1} + EW_t^S \cdot (1+i_S)^{-1} \\
&= [(1-s) \cdot Z_t + s \cdot AfA_t] \cdot (1+i_S)^{-1} + EW_t \cdot (1+i_S)^{-1}
\end{aligned}
\qquad \text{(III.63)}
$$

Nun gilt:

$$
EW_{t-1}^S = EW_{t-1}
$$

$$\Leftrightarrow$$

$$[(1-s)\cdot Z_t + s\cdot AfA_t]\cdot(1+i_S)^{-1} + EW_t\cdot(1+i_S)^{-1} = EW_{t-1}$$

$$\Leftrightarrow$$

$$(1-s)\cdot Z_t + s\cdot AfA_t = (1+i_S)\cdot EW_{t-1} - EW_t$$

$$\Leftrightarrow$$

$$\begin{aligned} s\cdot AfA_t &= (1+i)\cdot EW_{t-1} - Z_t - s\cdot i\cdot EW_{t-1} + s\cdot Z_t - EW_t \\ &= EW_t + s\cdot(Z_t - i\cdot EW_{t-1}) - EW_t \end{aligned}$$

$$\Leftrightarrow$$

$$AfA_t = Z_t - i\cdot EW_{t-1} \qquad \text{(III.64)}$$

Als periodische Abschreibung ist also der jeweilige Einzahlungsüberschuss abzüglich der Zinsen auf den Ertragswert der Vorperiode anzusetzen. Als alternative Darstellung für AfA_t lässt sich hieraus ableiten:

$$\begin{aligned} AfA_t &= Z_t - i\cdot EW_{t-1} \\ &= Z_t - EW_{t-1} + EW_{t-1} - i\cdot EW_{t-1} \\ &= Z_t - (1+i)\cdot EW_{t-1} + EW_{t-1} \\ &= EW_{t-1} - EW_t \end{aligned} \qquad \text{(III.65)}$$

Gemäß (III.65) ergibt sich die periodische Abschreibung also als Differenz zweier aufeinanderfolgender Ertragswerte.

Aus (III.64) lässt sich die steuerliche Bemessungsgrundlage mit

$$BG_t = Z_t - AfA_t = i\cdot EW_{t-1} \qquad \text{(III.66)}$$

ableiten. Besteuert wird also in der Periode t letztlich die Verzinsung des Ertragswerts der Vorperiode. Der Nettoeinzahlungsüberschuss Z_t^S ergibt sich somit als:

$$Z_t^S = Z_t - s\cdot i\cdot EW_{t-1} \qquad \text{(III.67)}$$

Bevor wir uns weiter mit den Eigenschaften dieses Steuersystems beschäftigen, wollen wir seine Wirkungsweise zunächst wieder anhand eines Beispiels betrachten.

Ein Investitionsobjekt sei gegeben durch die Zahlungsreihe:

Periode t	t=0	t=1	t=2	t=3
Einzahlungsüberschuss	−100	+22	+48,4	+79,86

Der Kalkulationszinsfuß betrage i=10%, der Ertragsteuersatz s=50%. Damit gilt zunächst $i_S=(1-0,50)\cdot 0,10=0,05$. Der Kapitalwert vor Steuern ist dann:

$$K_0 = -100 + 22\cdot 1,10^{-1} + 48,4\cdot 1,10^{-2} + 79,86\cdot 1,10^{-3} = \underline{\underline{+20}}$$

Für die periodischen Ertragswerte gilt:

$$EW_0 = 22\cdot 1,10^{-1} + 48,4\cdot 1,10^{-2} + 79,86\cdot 1,10^{-3} = 120$$
$$EW_1 = 48,4\cdot 1,10^{-1} + 79,86\cdot 1,10^{-2} = 110$$
$$EW_2 = 79,86\cdot 1,10^{-1} = 72,6$$
$$EW_3 = 0$$

Daraus folgt für die Ertragswertabschreibungen

$$AfA_1 = EW_0 - EW_1 = 120-110 = 10$$
$$AfA_2 = EW_1 - EW_2 = 110-72,6 = 37,4$$
$$AfA_3 = EW_2 - EW_3 = 72,6-0 = 72,6$$

und hieraus für die Steuerzahlungen:

$$S_1 = 0,50\cdot(22-10) = +6,00$$
$$S_2 = 0,50\cdot(48,4-37,4) = +5,50$$
$$S_3 = 0,50\cdot(79,86-72,6) = +3,63$$

Der nachsteuerliche Zahlungsstrom ergibt sich somit mit:

$$(-100;\ 22-6;\ 48,4-5,5;\ 79,86-3,63)$$
$$= (-100;\ +16;\ +42,9;\ +76,23)$$

Damit erhält man einen Kapitalwert nach Steuern in Höhe von:

$$K_0^S = -100 + 16 \cdot 1{,}05^{-1} + 42{,}9 \cdot 1{,}05^{-2} + 76{,}23 \cdot 1{,}05^{-3} = \underline{\underline{+20}}$$

Der Kapitalwert der Investition wird also in der Tat durch die Besteuerung nicht beeinflusst. Die relative Vorteilhaftigkeit der Investition (relativ im Vergleich zur Alternativanlage), gemessen am Kapitalwert, hat sich durch die Besteuerung also nicht geändert. Dies heißt jedoch natürlich nicht, dass die Vermögensposition des Investors ebenfalls unverändert ist. Im obigen Beispiel hat der Investor am Ende des Planungshorizonts T=3 vor Steuern ein Endvermögen von

$$EV_3 = 22 \cdot 1{,}10^2 + 48{,}4 \cdot 1{,}10 + 79{,}86 = +159{,}72$$

und damit ein um

$$20 \cdot 1{,}10^3 = 26{,}62$$

Geldeinheiten höheres Vermögen als bei der Alternativanlage. Unter Berücksichtigung der Besteuerung in der oben beschriebenen Weise reduziert sich das Endvermögen auf

$$EV_3^S = 16 \cdot 1{,}05^2 + 42{,}9 \cdot 1{,}05 + 76{,}23 = 138{,}915$$

und damit der Vermögensvorteil auf

$$20 \cdot 1{,}05^3 = 23{,}1525$$

Geldeinheiten. Die Besteuerung bewirkt also sehr wohl einen Einkommenseffekt, verursacht jedoch dagegen *keinen Substitutionseffekt* hinsichtlich der Investitionsentscheidung.

Wir wollen im Folgenden weitere Eigenschaften dieses Steuersystems untersuchen. Aufgrund von (III.65) gilt:

$$\begin{aligned}\sum_{t=1}^{T} AfA_t &= \sum_{t=1}^{T} (EW_{t-1} - EW_t) \\ &= (EW_0 - EW_1) + (EW_1 - EW_2) + (EW_2 - EW_3) + \ldots + (EW_{T-1} - EW_T) \\ &= EW_0 - EW_T = EW_0 \end{aligned} \qquad \text{(III.68)}$$

Die Summe der Abschreibungsbeträge entspricht also gerade dem Ertragswert der Investition in t=0. Hieraus folgt wegen

$$K_0 = -I_0 + EW_0 \tag{III.69}$$

weiter:

$$\sum_{t=1}^{T} AfA_t = K_0 + I_0 \tag{III.70}$$

Damit gilt:

$$\text{Ist} \quad K_0 \begin{cases} > 0 \\ = 0, \\ < 0 \end{cases} \quad \text{so folgt} \quad \sum_{t=1}^{T} AfA_t \begin{cases} > I_0 \\ = I_0 \\ < I_0 \end{cases} \tag{III.71}$$

Nur im Falle einer Grenzinvestition (K_0=0) entspricht die Summe der Abschreibungsbeträge also der Anschaffungsauszahlung.

Wenden wir uns nun der Frage zu, warum dieses System „Besteuerung des ökonomischen Gewinns" genannt wird. Der *ökonomische Gewinn* einer Investition ist definiert als die durch sie generierte unendliche Entnahmemöglichkeit. Gesucht ist also eine unendliche Rente R, so dass der Barwert dieser unendlichen Rente gerade dem Ertragswert der Investition entspricht, d.h. es soll gelten:

$$\sum_{t=1}^{\infty} R \cdot (1+i)^{-t} = EW_0 \tag{III.72}$$

Wegen

$$\sum_{t=1}^{\infty} R \cdot (1+i)^{-t} = \frac{R}{i} \tag{III.73}$$

folgt für R:

$$R = i \cdot EW_0 \tag{III.74}$$

Entsprechend lässt sich der ökonomische Gewinn nach Steuern R^S herleiten:

$$R^S = i_S \cdot EW_0^S \tag{III.75}$$

Da im oben beschriebenen Steuersystem $i_s=(1-s)\cdot i$ gilt und der Ertragswert der Investition unverändert bleibt, folgt weiter:

$$R^S = (1-s)\cdot i\cdot EW_0 = (1-s)\cdot R \qquad \text{(III.76)}$$

Durch das von uns konstruierte Steuersystem wird der durch eine Investition generierte ökonomische Gewinn also gerade um den Steuersatz s gekürzt. Wir wollen diese Wirkungsweise anhand des obigen Zahlenbeispiels verdeutlichen. Wir gehen also wieder von einem Zahlungsstrom

(–100; +22; +48,4; +79,86)

aus. Im zugehörigen Finanzplan lässt sich der oben beschriebene Sachverhalt sehr anschaulich darstellen:

Periode t	0	1	2	3	4	5	...
Z_t	–100,00	+22,00	+48,40	+79,86			
Entnahme		–12,00	–12,00	–12,00	–12,00	–12,00	...
Geldanlage		–10,00	–47,40	–120,00	–120,00	–120,00	...
Zinsen/Tilgung			+11,00	+52,14	+132,00	+132,00	...
Summe		0	0	0	0	0	...

Wir erweitern diesen Finanzplan um die entsprechenden Steuerzahlungen:

Periode t	0	1	2	3	4	5	...
Z_t	–100,00	+22,00	+48,40	+79,86			
Steuern IO		–6,00	–5,50	–3,63			
Entnahme		–6,00	–6,00	–6,00	–6,00	–6,00	...
Geldanlage		–10,00	–47,40	–120,00	–120,00	–120,00	...
Zinsen/Tilgung			+11,00	+52,14	+132,00	+132,00	...
Steuern Zinsen			–0,50	–2,37	–6,00	–6,00	
Summe		0	0	0	0	0	...

Im Gegensatz zur Cash-Flow-Steuer muss im System der Besteuerung des ökonomischen Gewinns der Steuersatz nicht über dem Planungshorizont konstant sein. Dies sei an obigem Zahlenbeispiel – Einzelinvestitionsobjekt mit dem Zahlungsstrom (–100; +22; +48,4; +79,86), Kalkulationszinsfuß i=10% – demonstriert. Die Steuersätze der Perioden t=1 bis t=3 seien aber nun wie folgt gegeben:

$$s_1=50\%;\ s_2=40\%;\ s_3=30\%$$

Die Abschreibungsbeträge hatten wir oben schon mit

$$AfA_1=10;\ AfA_2=37{,}4;\ AfA_3=72{,}6$$

ermittelt. Daraus ergeben sich als Steuerzahlungen

$$S_1 = 0{,}50\cdot(22-10) = 6$$
$$S_2 = 0{,}40\cdot(48{,}4-37{,}4) = 4{,}4$$
$$S_3 = 0{,}30\cdot(79{,}86-72{,}6) = 2{,}18$$

sowie der folgende Nettozahlungsstrom:

$$(-100;\ +16;\ +44;\ +77{,}68)$$

Zur Ermittlung der relevanten Kalkulationszinsfüße ist der Bruttozinssatz, hier i=10%, in jeder Periode um den jeweils geltenden Steuersatz zu kürzen, d.h. es gilt:

$$i_{S,1} = (1-s_1)\cdot i = (1-0{,}50)\cdot 0{,}10 = 0{,}05$$
$$i_{S,2} = (1-s_2)\cdot i = (1-0{,}40)\cdot 0{,}10 = 0{,}06$$
$$i_{S,3} = (1-s_3)\cdot i = (1-0{,}30)\cdot 0{,}10 = 0{,}07$$

Damit ergibt sich für den Kapitalwert nach Steuern:

$$\begin{aligned} K_0^S &= -100 + 16\cdot 1{,}05^{-1} + 44\cdot 1{,}06^{-1}\cdot 1{,}05^{-1} + \\ &\quad + 77{,}68\cdot 1{,}07^{-1}\cdot 1{,}06^{-1}\cdot 1{,}05^{-1} \\ &= \underline{\underline{+20}} \end{aligned}$$

Die Eigenschaft des Systems der Besteuerung des ökonomischen Gewinns, nämlich den Kapitalwert einer Investition unverändert zu lassen, bleibt ebenso erhalten, wenn man die Abschreibungsbeträge barwertgleich verschiebt. Zur Demonstration sei wieder auf das obige Beispiel zurückgegriffen. Angenommen, wir verschieben alle Abschreibungen in die dritte Periode. Dazu müssen die Abschreibungsbeträge der Perioden t=1 und t=2 entsprechend oft mit dem Kalkulationszinsfuß nach Steuern aufgezinst und zum Abschreibungsbetrag in t=3 hinzuaddiert werden. Man erhält:

$$AfA_1 = AfA_2 = 0$$

$$AfA_3 = 10 \cdot 1{,}05^2 + 37{,}4 \cdot 1{,}05 + 72{,}6 = 122{,}895$$

Daraus ergeben sich die folgenden Steuerzahlungen:

$$S_1 = 0{,}50 \cdot 22 = 11$$

$$S_2 = 0{,}50 \cdot 48{,}4 = 24{,}2$$

$$S_3 = 0{,}50 \cdot (79{,}86 - 122{,}895) = -21{,}5175$$

Der Kapitalwert nach Steuern beträgt:

$$K_0^S = -100 + 11 \cdot 1{,}05^{-1} + 24{,}2 \cdot 1{,}05^{-2} + (79{,}86 + 21{,}5175) \cdot 1{,}05^{-3}$$

$$= \underline{\underline{20}}$$

Auch ist ein sofortiger und vollständiger Verlustausgleich nicht zwingend erforderlich. Stattdessen kann etwa ein Verlustvortrag in spätere Perioden zur Verrechnung mit dann vorliegenden steuerlichen Gewinnen vorgenommen werden, indem der steuerliche Verlust entsprechend oft mit dem Kalkulationszinsfuß nach Steuern i_S aufgezinst wird.

Die Eigenschaft (III.56), dass also in jeder Periode die Ertragswerte vor und nach Steuern übereinstimmen, geht aber sowohl bei einer barwertgleichen Verschiebung der Abschreibungen als auch bei einer intertemporalen Verlustverrechnung verloren. Ähnlich wie bei der Cash-Flow-Steuer macht dies eine eigenständige Regelung der Besteuerung von Veräußerungsvorgängen nötig, während die reine Form der Besteuerung des ökonomischen Gewinns eine solche nicht erfordert.

Ein Steuersystem, das den Kapitalwert einer Investition unverändert lässt, kann auch auf andere Weise hergeleitet werden: Die Bedingung

$$-I_0 + \sum_{t=1}^{T}[(1-s)\cdot Z_t + s\cdot AfA_t]\cdot(1+i_S)^{-t} = -I_0 + \sum_{t=1}^{T} Z_t\cdot(1+i)^{-t} \qquad \text{(III.77)}$$

ist sicher auch dann erfüllt, wenn die Summanden vor und nach Steuern in jeder einzelnen Periode t übereinstimmen, d.h. wenn für jedes t gilt:

$$[(1-s)\cdot Z_t + s\cdot AfA_t]\cdot(1+i_S)^{-t} = Z_t\cdot(1+i)^{-t} \qquad \text{(III.78)}$$

In jeder Periode t ist also der nachsteuerliche Barwert der Einzahlungsüberschüsse nach Steuern gleich dem vorsteuerlichen Barwert der Einzahlungsüberschüsse vor Steuern. Hieraus folgt für AfA_t:

$$AfA_t = \frac{1}{s}\cdot Z_t\cdot\left[\left(\frac{1+i_S}{1+i}\right)^t - (1-s)\right] \qquad \text{(III.79)}$$

Für die Bemessungsgrundlage ergibt sich damit:

$$BG_t = \frac{1}{s}\cdot Z_t\cdot\left[1-\left(\frac{1+i_S}{1+i}\right)^t\right] \qquad \text{(III.80)}$$

Aus dieser Bemessungsgrundlage wiederum resultiert die periodische Steuerzahlung

$$S_t = Z_t\cdot\left[1-\left(\frac{1+i_S}{1+i}\right)^t\right] \qquad \text{(III.81)}$$

und weitergehend der Einzahlungsüberschuss nach Steuern:

$$Z_t^S = Z_t\cdot\left(\frac{1+i_S}{1+i}\right)^t \qquad \text{(III.82)}$$

Wir wollen auch dieses System auf die obige Beispielsinvestition anwenden. Für die Abschreibungen ergibt sich

$$AfA_1 = \frac{1}{0{,}50} \cdot 22 \cdot \left[\left(\frac{1{,}05}{1{,}10}\right)^1 - 0{,}50\right] = 20$$

$$AfA_2 = \frac{1}{0{,}50} \cdot 48{,}4 \cdot \left[\left(\frac{1{,}05}{1{,}10}\right)^2 - 0{,}50\right] = 39{,}8$$

$$AfA_3 = \frac{1}{0{,}50} \cdot 79{,}86 \cdot \left[\left(\frac{1{,}05}{1{,}10}\right)^3 - 0{,}50\right] = 59{,}055$$

und damit für die Steuerzahlungen und Einzahlungsüberschüsse nach Steuern:

$$S_1 = 0{,}50 \cdot (22-20) = 1 \qquad \Rightarrow \quad Z_1^S = 21$$

$$S_2 = 0{,}50 \cdot (48{,}4-39{,}8) = 4{,}3 \qquad \Rightarrow \quad Z_2^S = 44{,}1$$

$$S_3 = 0{,}50 \cdot (79{,}86-59{,}055) = 10{,}4025 \qquad \Rightarrow \quad Z_3^S = 69{,}4575$$

Der Kapitalwert nach Steuern ist dann:

$$K_0^S = -100 + 21 \cdot 1{,}05^{-1} + 44{,}1 \cdot 1{,}05^{-2} + 69{,}4575 \cdot 1{,}05^{-3} = 20$$

Ein solches System greift zur Ermittlung der Steuerzahlung der Periode t nur auf die Zahlungsüberschüsse dieser Periode zurück. Ein Vorgriff auf künftige Zahlungsüberschüsse ist, wie bei der reinen Form der Besteuerung des ökonomischen Gewinns, nicht erforderlich. Dass auch dieses System den ökonomischen Gewinn der Investition besteuert, zeigt der folgende Finanzplan:

Periode t	0	1	2	3	4	5	.....
Z_t	−100,00	+22,00	+48,40	+79,86			
Steuern IO		−1,00	−4,30	−10,40			
Entnahme		−6,00	−6,00	−6,00	−6,00	−6,00	.....
Geldanlage		−15,00	−53,85	−120,00	−120,00	−120,00	.....
Zinsen/Tilgung			+16,50	+59,23	+132,00	+132,00	.....
Steuern Zinsen			−0,75	−2,69	−6,00	−6,00	
Summe		0	0	0	0	0	.....

Für die (Rest-) Ertragswerte vor bzw. nach Steuern einer Periode t gilt folgende Beziehung:

$$
\begin{aligned}
EW_t^S &= \sum_{j=t+1}^{T} Z_j^S \cdot (1+i_S)^{-(j-t)} \\
&= \sum_{j=t+1}^{T} Z_j \cdot \left(\frac{1+i_S}{1+i}\right)^j \cdot (1+i_S)^{-(j-t)} \\
&= (1+i_S)^t \cdot \sum_{j=t+1}^{T} Z_j \cdot (1+i)^{-j} \\
&= \left(\frac{1+i_S}{1+i}\right)^t \cdot EW_t
\end{aligned}
\qquad \text{(III.83)}
$$

Nur in t=0 stimmen also die Ertragswerte vor und nach Steuern überein. Dies wirft dasselbe Problem bei Veräußerung des Investitionsobjekts auf wie bei den anderen dargestellten modifizierten neutralen Steuersystemen. Letztlich ist dieses System natürlich nichts anderes als eine modifizierte Besteuerung des ökonomischen Gewinns. In jeder Periode t werden die durch Z_t verursachten Ertragswertabschreibungen der aktuellen und der Vorperioden, die bisher noch nicht berücksichtigt waren, nachgeholt, und zwar mit allen Zins- und Zinseszinseffekten.

Oben wurde schon angesprochen, dass dieses System – im Hinblick auf eine eventuell ins Auge gefasste Implementierung in der Praxis – den „Vorteil" hat, dass hierfür die Kenntnis künftiger Einzahlungsüberschüsse zur Durchführung der Besteuerung in einer Periode t nicht notwendig ist. Andererseits ist die Steuerbelastung in t aber von t selbst abhängig, und zwar durch den Zinsfaktor:

$$
\left(\frac{1+i_S}{1+i}\right)^t \qquad \text{(III.84)}
$$

Es muss also der zeitliche Abstand von der Durchführung der Investition bis zum Anfall eines Einzahlungsüberschusses bekannt sein. Da ja die Rangfolgeneutralität für alle Investitionen gelten muss, also auch für solche, die in unterschiedlichen Zeitpunkten durchgeführt werden, erfordert dies aber einen Referenzzeitpunkt, auf den sich dann die Besteuerung aller möglichen Einzahlungsüberschüsse aus diesen

Investitionsobjekten bezieht. Bezeichnen wir diesen Referenzzeitpunkt mit θ, so gilt also für jede zu einem Zeitpunkt $t_0>\theta$ durchgeführte Investition:

$$S_t = Z_t \cdot \left[1-\left(\frac{1+i_S}{1+i}\right)^{t-\theta}\right], \quad t\geq t_0 \tag{III.85}$$

Nur damit ist die Vergleichbarkeit von Investitionen mit unterschiedlichen Durchführungszeitpunkten gewährleistet. Es ist dann

$$K_\theta^S = K_\theta, \tag{III.86}$$

im Zeitpunkt der Durchführung der Investition gilt jedoch:

$$K_{t_0}^S = \left(\frac{1+i_S}{1+i}\right)^{t_0-\theta} \cdot K_{t_0}. \tag{III.87}$$

Die Niveauinvarianz ist somit nur noch bezogen auf den Referenzzeitpunkt θ gegeben, nicht aber mehr für t_0, den Zeitpunkt der Durchführung der Investition.

III.2.2.4 Investitionsneutralität der Besteuerung und ökonomischer Gewinn

Wir haben im letzten Abschnitt ein Steuersystem kennen gelernt, welches den ökonomischen Gewinn aus einer Investition besteuert. Dies wirft die Frage auf, ob diese Eigenschaft geeignet ist, dieses Steuersystem aus der Menge aller denkbaren investitionsneutralen Steuersysteme, die der Bedingung

$$K_0^S = (1-q) \cdot K_0 \tag{III.88}$$

genügen, hervorzuheben. Es ist also zu untersuchen, wie sich andere investitionsneutrale Steuersysteme auf den ökonomischen Gewinn auswirken. Dazu ist zunächst zu klären, ob der ökonomische Gewinn, der aus einer Investition resultiert, überhaupt der Beurteilung der Vorteilhaftigkeit einer Investition dienlich ist. Hierbei ist Folgendes zu bedenken: Der ökonomische Gewinn ist definiert als die unendliche Rente, die aus dem Ertragswert der Investition gespeist werden kann. Erst wenn diese größer ist als der ökonomische Verlust, der durch die Investition verursacht wird, in Form der unendlichen Verzinsung der Anschaffungsauszahlung mit dem Kapitalmarktzins i, lohnt sich die Durchführung der Investition. Es muss also gelten:

$$i \cdot EW_0 > i \cdot I_0 \qquad \text{(III.89)}$$

Dies ist äquivalent zu:

$$i \cdot (EW_0 - I_0) > 0, \qquad \text{(III.90)}$$

was wiederum (für positives i, was hier grundsätzlich angenommen wird) genau dann gilt, wenn $K_0>0$ ist. Erst der Vergleich zwischen dem ökonomischen Gewinn und dem ökonomischen Verlust aus einer Investition liefert ein dem Kapitalwertkriterium entsprechendes und damit unter den hier getroffenen Modellannahmen sinnvolles Kriterium zur Beurteilung der Vorteilhaftigkeit von Investitionen.

Übertragen wir diese Überlegungen auf den Fall unter Berücksichtigung von Steuern. Gehen wir hierfür von einem rangfolgeneutralen Steuersystem aus, welches den Bedingungen

$$I_0^S = (1-q) \cdot I_0 \ ; \ EW_0^S = (1-q) \cdot EW_0 \ ; \ i_S = (1-\tilde{s}) \cdot i \qquad \text{(III.91)}$$

genügt. Dabei soll die Entlastung in t=0 mit $q \cdot I_0$ eine anderweitig entstandene Belastung in dieser Höhe ausgleichen, damit hinreichend Mittel für die Durchführung der Investition zur Verfügung stehen.

Der ökonomische Gewinn nach Steuern ist dann:

$$\begin{aligned} R^S &= i_S \cdot EW_0^S = (1-\tilde{s}) \cdot i \cdot (1-q) \cdot EW_0 \\ &= (1-\tilde{s}) \cdot (1-q) \cdot R \end{aligned} \qquad \text{(III.92)}$$

Diesem ökonomischen Gewinn ist der ökonomische Verlust in Höhe von

$$\begin{aligned} V^S &= i_S \cdot I_0^S = (1-\tilde{s}) \cdot i \cdot (1-q) \cdot I_0 \\ &= (1-\tilde{s}) \cdot (1-q) \cdot i \cdot I_0 \end{aligned} \qquad \text{(III.93)}$$

gegenüberzustellen. Die Investition ist vorteilhaft, wenn der ökonomische Gewinn den Verlust übersteigt, wenn also $R^S > V^S$ gilt, was äquivalent ist zu $R > i \cdot I_0$.

Jedes investitionsneutrale Steuersystem, welches den Bedingungen (III.91) genügt, belastet also den ökonomischen Gewinn und den ökonomischen Verlust einer Investition proportional mit dem Faktor $(1-\tilde{s})\cdot(1-q)$. Das heißt, die Belastung des ökonomischen Systems eignet sich nicht, um ein bestimmtes Steuersystem aus der Menge der neutralen Steuersysteme herauszuheben, diese Eigenschaft folgt vielmehr direkt aus der Investitionsneutralität.

Soll der ökonomische Gewinn mit dem gleichen Steuersatz s belastet werden wie die Erträge aus der Investition, so muss

$$(1-\tilde{s})\cdot(1-q) = 1 - s \qquad \text{(III.94)}$$

gelten. Daraus folgt für den Faktor q:

$$q = \frac{s-\tilde{s}}{1-\tilde{s}} \qquad \text{(III.95)}$$

Sollen Zinserträge etwa nicht besteuert werden, so folgt $\tilde{s}=0$ und somit $q=s$. Man erhält das System der Cash-Flow-Steuer. Die Cash-Flow-Steuer besteuert also genauso den ökonomischen Gewinn wie das System der Besteuerung des ökonomischen Gewinns in seiner reinen Form. Dies sei wieder durch einen entsprechenden Finanzplan für das obige Beispiel demonstriert:

Periode t	0	1	2	3	4	5	...
Z_t	−100,00	+22,00	+48,40	+79,86			
Steuern IO	(+50,00)	−11,00	−24,20	−39,93			
Entnahme		−6,00	−6,00	−6,00	−6,00	−6,00	...
Geldanlage		−5,00	−23,70	−60,00	−60,00	−60,00	...
Zinsen/Tilgung		–	+5,50	+26,07	+66,00	+66,00	...
Steuern Zinsen		–	0,00	0,00	0,00	0,00	
Summe		0	0	0	0	0	...

Es sei an dieser Stelle noch einmal betont, dass die 50 Geldeinheiten, die in t=0 als Steuerentlastung aus der Sofortabschreibung entstehen, nicht für die Anlage auf dem Kapitalmarkt zur Verfügung stehen, sondern lediglich eine anderweitig entstandene Steuerbelastung auf die 100 Geldeinheiten zurücknehmen, so dass letztlich genau diese 100 Geldeinheiten wieder für die Durchführung der Investition zur Verfügung stehen.[1]

Wir wollen im Folgenden untersuchen, ob sich allgemein Steuersysteme finden lassen, die den Bedingungen (III.91) und (III.94) genügen. Dazu gehen wir analog zum letzten Abschnitt von folgender Überlegung aus: Wenn in jeder Periode t die Bedingung

$$EW_t^S = (1-q) \cdot EW_t \qquad \text{(III.96)}$$

erfüllt ist, so gilt dies auch für t=0. Für t=T ist (III.96) auf jeden Fall erfüllt, da $EW_T^S = EW_T = 0$ gilt. Wir unterstellen wieder, dass (III.96) für ein t mit $1 \leq t \leq T$ gilt und ermitteln auf diesem Weg die Abschreibungen AfA_t, so dass (III.96) auch für t–1 erfüllt ist. Aus den schon oben gezeigten Beziehungen (s. (III.60))

$$EW_{t-1} = Z_t + (1+i)^{-1} \cdot EW_t \qquad \text{(III.97)}$$

und

$$EW_{t-1}^S = Z_t^S + (1+i_S)^{-1} \cdot EW_t^S \qquad \text{(III.98)}$$

und der Forderung, dass (III.96) für t–1 gelten soll, folgt:

$$Z_t^S + (1+i_S)^{-1} \cdot EW_t^S = (1-q) \cdot [Z_t + (1+i)^{-1} \cdot EW_t] \qquad \text{(III.99)}$$

Wegen

$$1-q = \frac{1-s}{1-\widetilde{s}} \qquad \text{(III.100)}$$

wird (III.99) zu:

[1] Vgl. hierzu auch die Ausführungen im Abschnitt III.2.2.2.

$$Z_t^S + (1+i_S)^{-1} EW_t^S = \frac{1-s}{1-\tilde{s}} \cdot [Z_t + (1+i)^{-1} \cdot EW_t] \qquad \text{(III.101)}$$

Annahmegemäß gilt für die Periode t

$$EW_t^S = \frac{1-s}{1-\tilde{s}} \cdot EW_t, \qquad \text{(III.102)}$$

und wegen

$$Z_t^S = (1-s) \cdot Z_t + s \cdot AfA_t \qquad \text{(III.103)}$$

folgt weiter

$$s \cdot AfA_t = [\left(\frac{1-s}{1-\tilde{s}} - (1-s)\right) \cdot Z_t + \frac{1-s}{1-\tilde{s}} \cdot [(1+i)^{-1} \cdot EW_t - (1+i_S)^{-1} \cdot EW_t] \qquad \text{(III.104)}$$

Hieraus folgt schließlich

$$\begin{aligned} AfA_t &= \frac{1-s}{1-\tilde{s}} \cdot \frac{\tilde{s}}{s} \cdot (Z_t - i \cdot EW_t) \\ &= \frac{1-s}{1-\tilde{s}} \cdot \frac{\tilde{s}}{s} \cdot (EW_{t-1} - EW_t) \end{aligned} \qquad \text{(III.105)}$$

Zusätzlich muss in t=0 eine steuerliche Korrektur in Höhe von

$$S_0 = -\frac{s-\tilde{s}}{1-\tilde{s}} \cdot I_0 \qquad \text{(III.106)}$$

erfolgen, damit (III.91) vollständig erfüllt ist, wobei dies, wie oben schon erwähnt, nur eine Rücknahme anderweitig erfolgter Steuerbelastung bedeutet. Mit anderen Worten: die Investition erfolgt aus dem mit dem Steuersatz q besteuerten Einkommen. Dies macht Folgendes deutlich: man kann nicht über investitionsneutrale Steuersysteme sprechen, wenn man nur die Investitionsebene isoliert betrachtet. Man betrachte etwa wieder die Spezialfälle $\tilde{s}=0$ und $\tilde{s}=s$. Für $\tilde{s}=0$ wird

$$S_0 = -s \cdot I_0 \qquad \text{(III.107)}$$

und:

$$AfA_t = 0 \tag{III.108}$$

Die Investition erfolgt aus Einkommen, das mit dem Steuersatz s belastet ist. Die Steuererstattung in t=0 nimmt diese Steuerbelastung wieder zurück, so dass das verbliebene Einkommen gerade ausreicht, um die Investition durchführen zu können. Man erhält wieder das System der Cash-Flow-Steuer.
Im Falle $\tilde{s}$=s wird dagegen

$$S_0 = 0 \tag{III.109}$$

und

$$AfA_t = EW_{t-1} - EW_t, \tag{III.110}$$

man hat also das System der Besteuerung des ökonomischen Gewinns in seiner reinen Form. In diesem Fall aber muss die Investition aus mit dem Steuersatz q=0 belastetem, sprich aus unversteuertem Einkommen erfolgen, um Investitionsneutralität gewährleisten zu können.

Wir wollen wieder an dem schon bekannten Beispiel die Wirkungsweise der oben beschriebenen allgemeinen investitionsneutralen Steuersysteme aufzeigen. Wir gehen also wieder von dem Zahlungsstrom

$$(-100; +22; +48{,}4; +79{,}86)$$

und einem Kalkulationszinsfuß vor Steuern von i=10% aus. Es sei s=50% und $\tilde{s}$=20%. Damit ist i_S=8%. Für q folgt:

$$q = 0{,}375, \quad 1-q = 0{,}625$$

Die periodischen Abschreibungsbeträge berechnen sich dann mit:

$$AfA_1 = 0{,}625 \cdot 0{,}4 \cdot 10 = 2{,}5$$
$$AfA_2 = 0{,}625 \cdot 0{,}4 \cdot 37{,}4 = 9{,}35$$
$$AfA_3 = 0{,}625 \cdot 0{,}4 \cdot 72{,}6 = 18{,}15$$

Daraus resultieren die Steuerzahlungen und Einzahlungsüberschüsse nach Steuern in Höhe von:

$$S_1 = 0{,}50\cdot(22-2{,}5) = 9{,}75 \quad \Rightarrow \quad Z_1^S = 12{,}25;$$

$$S_2 = 0{,}50\cdot(48{,}4-9{,}35) = 19{,}525 \quad \Rightarrow \quad Z_2^S = 28{,}875$$

$$S_3 = 0{,}50\cdot(79{,}86-18{,}15) = 30{,}855 \quad \Rightarrow \quad Z_3^S = 49{,}005$$

In t=0 muss noch eine Steuererstattung in Höhe von

$$-S_0 = \frac{s-\tilde{s}}{1-\tilde{s}}\cdot I_0 = 0{,}375\cdot 100 = 37{,}5$$

erfolgen. Wir erhalten für den Kapitalwert nach Steuern:

$$\begin{aligned} K_0^S &= -(100-37{,}5) + 12{,}25\cdot 1{,}08^{-1} + 28{,}875\cdot 1{,}08^{-2} + 49{,}005\cdot 1{,}08^{-3} \\ &= 12{,}5 = 0{,}625\cdot 20 \\ &= (1-q)\cdot K_0 \end{aligned}$$

Das so konstruierte Steuersystem leistet also tatsächlich das Gewünschte, soweit die Investition aus dem mit dem Steuersatz q=0,375 belasteten Einkommen erfolgt, da durch die Steuerentlastung in t=0 in Höhe von $-S_0$ diese erfolgte Belastung gerade wieder zurückgenommen wird.

Die Auswirkungen auf den ökonomischen Gewinn zeigen sich wieder im folgenden Finanzplan:

t	0	1	2	3	4	5	...
Z_t	−100,00	+22,00	+48,40	+79,86			
Steuern IO	(+37,50)	−9,75	−19,53	−30,86			
Entnahme		−6,00	−6,00	−6,00	−6,00	−6,00	...
Geldanlage		−6,25	−29,63	−75,00	−75,00	−75,00	...
Zinsen/Tilgung		–	+6,88	+32,59	+82,50	+82,50	...
Steuern Zinsen		–	−0,13	−0,59	−1,50	−1,50	
Summe		0	0	0	0	0	...

Der ökonomische Gewinn wird also tatsächlich mit demselben Steuersatz belastet wie die Investitionserträge.

An diesem Beispiel sollen auch noch einmal die Wirkungen barwertgleicher Verschiebungen der Abschreibungsbeträge demonstriert werden. Nehmen wir an, dass das gesamte Abschreibungspotenzial in die Periode t=0 verlagert werden soll. Hierfür sind die periodischen Abschreibungsbeträge entsprechend oft mit dem Kalkulationszinsfuß nach Steuern i_S=0,08 auf t=0 abzuzinsen. Der so berechnete Barwert der Abschreibungsbeträge A ergibt sich dann mit:

$$A = 2{,}5 \cdot 1{,}08^{-1} + 9{,}35 \cdot 1{,}08^{-2} + 18{,}15 \cdot 1{,}08^{-3} = 24{,}74$$

Daraus resultiert in t=0 eine Steuerentlastung in Höhe von:

$$-S_0 = 12{,}37$$

Dass dies zum selben Kapitalwert nach Steuern führt wie oben, braucht hier nicht mehr gezeigt zu werden. Wie aber wirkt sich diese Verlagerung von Abschreibungsbeträgen auf den ökonomischen Gewinn aus? Im Gegensatz zu den Steuerentlastungen in t=0, die bisher betrachtet wurden, steht diese Steuerentlastung nun tatsächlich für Anlagezwecke zur Verfügung. Im Finanzplan wirkt sich dies wie folgt aus:

t	0	1	2	3	4	5	...
Z_t	−100,00	+22,00	+48,40	+79,86			
Steuern IO	+12,37	−11,00	−24,20	−39,93			
Entnahme		−6,00	−6,00	−6,00	−6,00	−6,00	...
Geldanlage	−12,37	−18,36	−38,03	−75,00	−75,00	−75,00	...
Zinsen/Tilgung		+13,61	+20,20	+41,83	+82,50	+82,50	...
Steuern Zinsen		−0,25	−0,37	−0,76	−1,50	−1,50	
Summe		0	0	0	0	0	...

Die barwertgleiche Verschiebung der Abschreibungsbeträge hat also keinen Einfluss auf die Belastung des ökonomischen Gewinns, der aus der Investition resultiert. Auch hier wird dieser um den Steuersatz s, mit dem die Investitionserträge besteuert werden, gekürzt.

Es sei abschließend erwähnt, dass sich selbstverständlich auf die gleiche Art und Weise Steuersysteme herleiten lassen, die den ökonomischen Gewinn um einen beliebigen vorgegebenen Faktor kürzen. Man muss hierzu ab Schritt (III.99) nur mit beliebigem q weiterrechnen.

IV Besteuerung und Finanzierung

IV.1 Grundlagen

IV.1.1 Die Finanzierungsalternativen

Bisher wurde fast regelmäßig unterstellt, dass eine betrachtete Investition unter der Annahme vollständiger Eigenfinanzierung auf ihre Vorteilhaftigkeit untersucht wurde. Im Folgenden soll von dieser Annahme abgewichen und hinterfragt werden, wie sich unterschiedliche Finanzierungswege auf die Vorteilhaftigkeit eines Investitionsobjekts auswirken und welche Einflüsse dabei von der Besteuerung ausgehen.

Es wird davon ausgegangen, dass die Investition in einer Kapitalgesellschaft (Abschn. IV.2) bzw. in einer Personengesellschaft (Abschn. IV.3) durchgeführt wird. Als Finanzierungsalternativen werden betrachtet:

- die Selbstfinanzierung (F1)
- die Beteiligungsfinanzierung durch Alt-Gesellschafter (F2)
- die Beteiligungsfinanzierung durch Neu-Gesellschafter (F3)
- die Fremdfinanzierung durch (Alt-)Gesellschafter (F4)
- die Fremdfinanzierung durch fremde Dritte (F5)

IV.1.2 Entwicklung des Modells

Im Zeitpunkt $t=0$ wird eine Unternehmung gegründet, hierzu wird eine Einlage E_0 getätigt. In jedem Zeitpunkt $t>0$ resultiert ein Einzahlungsüberschuss in Höhe von Z_t. Im Zeitpunkt τ bietet sich eine zusätzliche (Real-)Investitionsmöglichkeit, die eine Investitionsausgabe I_0 und in jedem Zeitpunkt $\tau+j$ mit $0<j\leq T$ einen Einzahlungsüberschuss Y_j verursacht. Wir befinden uns im Zeitpunkt τ und müssen eine Entscheidung darüber treffen, ob die Investition durchgeführt und wie sie finanziert werden soll. Dabei gibt T den für die Entscheidungsfindung relevanten Planungshorizont an. Die zeitliche Struktur lässt sich wie folgt darstellen:

t=0	t=1	...	t=τ	t=τ+1	...	$t=\tau+T$
$-E_0$	Z_1	...	Z_τ	$Z_{\tau+1}$	...	$Z_{\tau+T}$
			$-I_0$	Y_1	...	Y_T

Die ab τ aus den Alt-Investitionen anfallenden Einzahlungsüberschüsse Z_t und die ab τ+1 aus der zusätzlichen Real-Investition resultierenden Einzahlungsüberschüsse Y_j werden bis zum Zeitpunkt t=τ+T thesauriert bzw. einbehalten und dann an die Gesellschafter ausgeschüttet bzw. von ihnen entnommen. Vereinfachend soll angenommen werden, dass die vor t=τ angefallenen Gewinne aus den Alt-Investitionen bis zum Zeitpunkt t=τ an die (Alt-) Gesellschafter ausgeschüttet bzw. von diesen entnommen werden, d.h. das Eigenkapital der Unternehmung beläuft sich am Ende von t=τ−1 gerade auf E_0. Im Falle der Kapitalgesellschaft gibt es somit im Zeitpunkt t=τ keine Rücklagen aus den Vor-Perioden, im Falle der Personengesellschaft beschränken sich die Kapitalkonten der Gesellschafter in Summe auf E_0. Die Einzahlungsüberschüsse Z_t, $0<t\leq\tau-1$, sind also nicht entscheidungsrelevant und können vernachlässigt werden.

Es bezeichnen i den Haben-Zinssatz und p den Soll-Zinssatz. Dabei wird unterstellt, dass die Anlage zum Haben-Zins festverzinslich ist. Die relevanten Steuersätze seien mit

s^{GE} : (effektiver) Steuersatz der Gewerbeertragsteuer
s^{KSt} : Steuersatz der Körperschaftsteuer,
$s^{E,A}$: (einheitlicher) Einkommensteuer-Grenzsteuersatz der Alt-Gesellschafter,
$s^{E,N}$: (einheitlicher) Einkommensteuer-Grenzsteuersatz der Neu-Gesellschafter

bezeichnet.[1] Es sei angenommen, dass im Zeitpunkt t=τ alle auf der Basis der Einlage E_0 getätigten Alt-Investitionen schon fertig abgeschrieben sind, so dass ab diesem

[1] Im Folgenden wird ein von der Rechtsform(gruppe) unabhängiger effektiver Steuersatz der Gewerbeertragsteuer s^{GE} verwendet. Dies impliziert im Fall der Personengesellschaft eine Grenzbetrachtung unter der Annahme, dass die beiden gewerbesteuerlichen Vergünstigungen für Personenunternehmen – Freibetrag und Staffeltarif – durch das bestehende

Zeitpunkt die Z_t auch gleichzeitig die daraus resultierenden steuerlichen Bemessungsgrundlagen darstellen. Weiter bezeichnen

$$s^{EK} := s^{KSt} + s^{GE} - s^{KSt} \cdot s^{GE},$$
$$s^{EP} := s^{E} + s^{GE} - s^{E} \cdot s^{GE} - 1{,}8 \cdot s^{GE}/h^{GE} \qquad \text{(IV.1)}$$

den für den Fall der Kapitalgesellschaft bzw. der Personengesellschaft relevanten kombinierten Ertragsteuersatz (mit h^{GE}=Hebesatz der GewSt) und

$$s_F^{EK} := s^{KSt} + ½ \cdot s^{GE} - ½ \cdot s^{KSt} \cdot s^{GE},$$
$$s_F^{EP} := s^{E} + ½ \cdot s^{GE} - ½ \cdot s^{E} \cdot s^{GE} - 1{,}8 \cdot ½ \cdot s^{GE}/h^{GE} \qquad \text{(IV.2)}$$

den jeweiligen kombinierten Ertragsteuersatz bei Fremdfinanzierung, der die hälftige Hinzurechnung der Dauerschuldzinsen bei der Ermittlung des Gewerbeertrags berücksichtigt. In den Größen s^{EP} und s_F^{EP} schlägt sich zudem die pauschalierte Anrechnung der Gewerbesteuer für Einzelunternehmen und Personengesellschaften nieder.

Zur Vereinfachung der Darstellung werden abkürzend die folgenden Terme verwendet:

$$q_0(t) := (1+i)^t \qquad \text{(IV.3)}$$

$$q(s,t) := [1+(1-s) \cdot i]^t \qquad \text{(IV.4)}$$

$$\boldsymbol{Z} := \sum_{j=0}^{T} Z_{\tau+j} \cdot q_0(T-j) \qquad \text{(IV.5)}$$

$$\boldsymbol{Z}_{XS} := \sum_{j=0}^{T} (Z_{\tau+j} - S_X) \cdot q(s^{EX}, T-j),\ X=K,P \qquad \text{(IV.6)}$$

$$\boldsymbol{Y} := \sum_{j=1}^{T} Y_j \cdot q_0(T-j) \qquad \text{(IV.7)}$$

$$\boldsymbol{Y}_{XS} := \sum_{j=1}^{T} [(1-s^{EX}) \cdot Y_j + s^{EX} \cdot AfA_j] \cdot q(s^{EX}, T-j),\ X=K,P \qquad \text{(IV.8)}$$

Investitionsprogramm bereits ausgeschöpft sind (s. S. 66 ff.). Weiterhin wird zur Vereinfachung der Solidaritätszuschlag vernachlässigt.

Die Verwendung des Indexes X soll hier die Differenzierung zwischen Kapital- und Personengesellschaften anzeigen. q_0 und q bezeichnen die Diskontierungsfaktoren vor bzw. nach Steuern. $\boldsymbol{Z}$ und $\boldsymbol{Z}_{XS}$ sind die aus den noch verbleibenden Einzahlungsüberschüssen vor bzw. nach Steuern der Alt-Investitionen resultierenden Endvermögen. Entsprechend stellen $\boldsymbol{Y}$ und $\boldsymbol{Y}_{XS}$ die Endvermögen dar, die sich aus den Einzahlungsüberschüssen vor bzw. nach Steuern der Neu-Investition, über deren Durchführung und deren Finanzierung in $t=\tau$ entschieden werden soll, ergeben.

Im Folgenden werden zunächst die Endvermögen (vor bzw. nach Steuern) der Unterlassungsalternative berechnet. Dann werden für jede Finanzierungsalternative die Endvermögen vor bzw. nach Steuern ermittelt, die sich ergeben, wenn die Investition durchgeführt wird und dabei eben die jeweils betrachtete Finanzierungsart zur Anwendung kommt. Auf dieser Basis wird dann untersucht, ob sich die Durchführung der Investition unter Anwendung der betrachteten Finanzierungsalternative lohnt, d.h. ob das Endvermögen größer ist als das der Unterlassungsalternative. Ebenfalls wird bei jeder Finanzierungsalternative ein Vergleich des nachsteuerlichen Endvermögens mit denen der vorher untersuchten Finanzierungsalternativen durchgeführt. Etwas formaler lässt sich diese Vorgehensweise wie folgt beschreiben:

1) Berechne das Endvermögen vor und nach Steuern der Unterlassungsalternative.
2) Für jede Finanzierungsalternative (Fn), n=1,..,5:
   2a) Berechne das Endvermögen vor und nach Steuern der Investition unter Anwendung der Finanzierungsalternative (Fn);
   2b) Vergleiche das so ermittelte Endvermögen der Investition mit dem Endvermögen der Unterlassungsalternative;
   2c) Vergleiche das Endvermögen nach Steuern der Investition unter Anwendung von (Fn) mit den Endvermögen nach Steuern der Investition unter Anwendung der Finanzierungsalternativen (F1) bis (Fn-1).

Insgesamt lassen sich damit die steuerlichen Wirkungen auf die Vorteilhaftigkeit einer Investition isoliert betrachtet untersuchen, wenn eine bestimmte Art der Finanzierung gewählt wird (Schritte 1) bis 2b)). Darüber hinaus wird ermittelt, welche Finanzierungsalternative den anderen – unter der Annahme der Durchführung der

Investition – überlegen ist, d.h. es werden steuerliche Wirkungen auf die Finanzierungsentscheidungen untersucht (Schritt 2c)).

Um die Vergleichbarkeit der Finanzierungsalternativen gewährleisten zu können, muss davon ausgegangen werden, dass den Alt-Gesellschaftern jede Finanzierungsalternative möglich ist, dass also insbesondere in $t=\tau$ der Betrag I_0 sowohl intern (in der Unternehmung) als auch extern (im Privatvermögen) zur Verfügung steht. Bei der Beteiligungsfinanzierung wird aus Gründen der Vergleichbarkeit angenommen, dass im Falle der Kapitalgesellschaft in T die Rückzahlung von I_0 an die Kapitalgeber (etwa durch eine Kapitalherabsetzung), im Falle der Personengesellschaft die Entnahme von I_0 durch die Kapitalgeber erfolgt.

IV.2 Der Einfluss der Besteuerung auf die Vorteilhaftigkeit von Investitionen in Kapitalgesellschaften unter Berücksichtigung der Finanzierung

IV.2.1 Das Endvermögen der Unterlassungsalternative

Wird die Investition nicht durchgeführt, so werden die intern vorhandenen Mittel in der Unternehmung und die extern vorhandenen Mittel im Privatvermögen angelegt. Sie verzinsen sich jeweils mit demselben Habenzinssatz i, die Verzinsung wird aber intern und extern steuerlich unterschiedlich belastet. Bei der internen Anlage ist der Betrag I_0 Bestandteil des in $t=\tau$ erzielten Einzahlungsüberschusses, die Verzinsung fließt damit automatisch in das Endvermögen $\boldsymbol{Z}$ bzw. $\boldsymbol{Z}_{XS}$ ein und muss nicht explizit ausgewiesen werden. Daraus folgen die beiden im Folgenden dargestellten Endvermögen der Unterlassungsalternative vor bzw. nach Steuern.

Fall a: Vor Steuern

In diesem Fall ergibt sich ein Endvermögen in Höhe von:

$$EV_{K,U} = \boldsymbol{Z} + I_0 \cdot q_0(T) \qquad \text{(IV.9)}$$

Der zweite Term resultiert gerade aus der externen Anlage der im Privatvermögen vorhandenen Mittel I_0. Das intern entstandene Endvermögen $\boldsymbol{Z}$ kann in voller Höhe ausgeschüttet werden, da keine Abschreibungen mehr anfallen.

Fall b: Nach Steuern

Das Endvermögen resultiert aus der internen Anlage der Einzahlungsüberschüsse nach Steuern $(1\text{-}s^{EK})\cdot Z_t$, $t=\tau,\ldots,\tau+T$, sowie der externen Anlage des im Privatvermögen vorhandenen Betrags I_0. Das intern entstandene Endvermögen $\boldsymbol{Z}_{KS}$ wird in $t=\tau+T$ an die Gesellschafter ausgeschüttet und unterliegt dort dem Halbeinkünfteverfahren, d.h. die Ausschüttung ist noch mit dem halben Steuersatz $½\cdot s^{E,A}$ zu belasten. Die externe Anlage erfolgt auf der Basis des um den Steuersatz $s^{E,A}$ gekürzten Marktzinses. Daraus folgt:

$$EV^{S}_{K,U} = (1-½\cdot s^{E,A})\cdot \boldsymbol{Z}_{KS} + I_0\cdot q(s^{E,A},T) \qquad \text{(IV.10)}$$

Die Einzahlungsüberschüsse Z_t, $t=\tau,\ldots,\tau+T$, sind genau genommen Ausfluss der in der Unternehmung aufgelaufenen stillen Reserven, da die Buchwerte der im Rahmen der Alt-Investitionen angeschafften Wirtschaftsgüter sämtlich gleich Null sind. In der steuerlichen Belastung dieser Einzahlungsüberschüsse mit dem Steuersatz s^{EK} schlägt sich somit auch die Nachholung der Besteuerung dieser stillen Reserven nieder.

IV.2.2 Die Selbstfinanzierung (F1)

Die Investition wird in $t=\tau$ aus dem Einzahlungsüberschuss Z_τ (im Fall vor Steuern) bzw. aus $(1-s^{EK})\cdot Z_\tau$ (im Fall nach Steuern) finanziert. Es muss also vorausgesetzt werden, dass dieser Einzahlungsüberschuss größer ist als I_0. Die extern vorhandenen Mittel in Höhe von I_0 werden nicht benötigt und außerhalb der Gesellschaft bis zum Ende von $\tau+T$ zum Zinssatz i angelegt.

Fall 1a: Vor Steuern

Die Finanzierung der Investitionsausgabe erfolgt aus dem Einzahlungsüberschuss Z_τ. Den Gesellschaftern entgeht somit die interne Verzinsung des Betrags I_0 mit dem Zinssatz i, das Endvermögen ist um den Betrag $I_0 \cdot q_0(T)$ zu kürzen. Im Gegenzug erhalten sie dafür das aus der Investition resultierende Endvermögen $\boldsymbol{Y}$.

Man muss sich an dieser Stelle klar machen, dass der aus der Investition resultierende ausschüttungsfähige Gewinn im Zeitpunkt $t=\tau+T$

$$\boldsymbol{Y} - \sum_{j=1}^{T} \mathrm{AfA}_j = \boldsymbol{Y} - I_0 \tag{IV.11}$$

beträgt, da die Abschreibungen die einzigen nicht zahlungswirksamen Aufwendungen darstellen. Auf der anderen Seite ist in $t=\tau$ aber der Betrag I_0 (als Bestandteil von Z_τ) in die Rücklagen eingestellt worden, so dass in $t=\tau+T$ insgesamt genau $\boldsymbol{Y}$ ausgeschüttet werden kann. Somit ergibt sich unter Einbeziehung der externen Anlage als Endvermögen:

$$EV_{K,1} = [\boldsymbol{Z} + \boldsymbol{Y} - I_0 \cdot q_0(T)] + I_0 \cdot q_0(T) = \boldsymbol{Z} + \boldsymbol{Y} \tag{IV.12}$$

Der Ausdruck in den eckigen Klammern gibt das auf der Ebene der Unternehmung entstehende Endvermögen wieder. Die Durchführung der Investition lohnt sich, wenn das hieraus insgesamt anfallende Endvermögen, welches sich aus dem Endvermögen der Alt-Investitionen (ab $t=\tau$) und dem der Neu-Investition zusammensetzt, größer ist als das Endvermögen bei Unterlassung der Investition, wenn also gilt:

$$EV_{K,1} > EV_{K,U}$$

$$\Leftrightarrow$$

$$[\boldsymbol{Z} + \boldsymbol{Y} - I_0 \cdot q_0(T)] + I_0 \cdot q_0(T) > \boldsymbol{Z} + I_0 \cdot q_0(T)$$

$$\Leftrightarrow$$

$$\boldsymbol{Z} + \boldsymbol{Y} - I_0 \cdot q_0(T) > \boldsymbol{Z} \tag{IV.13}$$

Dies ist äquivalent zu:

$$-I_0 \cdot q_0(T) + \boldsymbol{Y} > 0 \qquad \text{(IV.14)}$$

Bei Multiplikation beider Seiten mit $q_0(-T)$ erhält man das klassische Kapitalwertkriterium, d.h. in diesem Falle ist (IV.14) äquivalent zu:

$$-I_0 + \boldsymbol{Y} \cdot q_0(-T) > 0$$

$$\Leftrightarrow$$

$$-I_0 + [\sum_{j=1}^{T} Y_j \cdot q_0(T-j)] \cdot q_0(-T) > 0$$

$$\Leftrightarrow$$

$$-I_0 + \sum_{j=1}^{T} Y_j \cdot q_0(-j) > 0 \qquad \text{(IV.15)}$$

Die Durchführung der Investition ist genau dann der Unterlassung überlegen, wenn das dadurch zusätzlich erlangte Endvermögen $\boldsymbol{Y}$ größer ist als das aufgrund der Investition des Betrages I_0 entgangene Endvermögen. Selbstverständlich hat im vorliegenden Fall die externe Anlage des im Privatvermögen vorhandenen Betrags I_0 keinen Einfluss auf die Vorteilhaftigkeit, weil das daraus resultierende Endvermögen unabhängig davon anfällt, ob die Investition durchgeführt wird oder nicht.

Fall 1b: Nach Steuern

Den Gesellschaftern entgeht die interne Verzinsung nach Steuern des Betrags I_0, jetzt als Bestandteil von $(1-s^{EK}) \cdot Z_\tau$, der demgemäß auch nicht ausgeschüttet werden kann. Das Endvermögen ist somit um $I_0 \cdot q(s^{EK},T)$ zu kürzen. Der ausschüttungsfähige Gewinn aus der Investition ist – mit der gleichen Begründung wie oben:

$$\boldsymbol{Y}_{KS} - \sum_{j=1}^{T} AfA_j = \boldsymbol{Y}_{KS} - I_0 \qquad \text{(IV.16)}$$

Da in $t=\tau$ der Betrag I_0 in die Rücklagen eingestellt wurde, kann insgesamt $\boldsymbol{Y}_{KS}$ ausgeschüttet werden. Unter Beachtung der externen Anlage des im Privatvermögen befindlichen Betrags I_0 folgt:

$$EV_{K,I}^{S} = (1-\tfrac{1}{2}\cdot s^{E,A})\cdot[(\boldsymbol{Z}_{KS} + \boldsymbol{Y}_{KS} - I_0\cdot q(s^{EK},T)] + I_0\cdot q(s^{E,A},T) \qquad \text{(IV.17)}$$

Die Vorteilhaftigkeit der Durchführung der Investition ist gegeben, wenn das daraus resultierende nachsteuerliche Endvermögen größer ist als das bei Unterlassung der Investition, d.h. wenn gilt:

$$EV_{K,I}^{S} > EV_{K,U}^{S}$$

$$\Leftrightarrow$$

$$(1-\tfrac{1}{2}\cdot s^{E,A})\cdot[(\boldsymbol{Z}_{KS} + \boldsymbol{Y}_{KS} - I_0\cdot q(s^{EK},T)] + I_0\cdot q(s^{E,A},T)$$
$$> (1-\tfrac{1}{2}\cdot s^{E,A})\cdot\boldsymbol{Z}_{KS} + I_0\cdot q(s^{E,A},T)$$

$$\Leftrightarrow$$

$$(1-\tfrac{1}{2}\cdot s^{E,A})\cdot[\boldsymbol{Y}_{KS} - I_0\cdot q(s^{EK},T)] > 0$$

$$\Leftrightarrow$$

$$-\, I_0\cdot q(s^{EK},T) + \boldsymbol{Y}_{KS} > 0 \qquad \text{(IV.18)}$$

Bei Multiplikation mit $q(s^{EK},-T)$ ergibt sich also wieder das klassische Kapitalwertkriterium nach Steuern, sofern ausschließlich die Ebene der Unternehmung betrachtet wird.

Auch hier hat die externe Anlage keinen Einfluss auf die Vorteilhaftigkeit, da sie sowohl bei Unterlassung als auch bei Durchführung der Investition erfolgt. Ebenfalls ohne Bedeutung für die Vorteilhaftigkeit ist die zusätzliche Belastung der Ausschüttung mit dem halben individuellen Grenzsteuersatz der Gesellschafter durch die Anwendung des Halbeinkünfte-Verfahrens, da eine solche Belastung auch bei der Unterlassung der Investition, dann auf die intern angelegten Mittel, greift.

IV.2.3 Die Beteiligungsfinanzierung durch Alt-Gesellschafter (F2)

Es wird unterstellt, dass die Alt-Gesellschafter im Zeitpunkt $t=\tau$ den im Privatvermögen vorhandenen Betrag I_0 in die Gesellschaft einlegen und damit die Investition durchgeführt wird. Den Gesellschaftern entgeht damit die externe Anlage des Betrages I_0 im Privatvermögen.

IV.2.3.1 Das Endvermögen vor bzw. nach Steuern

<u>Fall 2a</u>: Vor Steuern

Aus der in der Unternehmung durchgeführten Investition resultiert ein Endvermögen in Höhe von $\boldsymbol{Y}$. Ausgeschüttet werden kann aber nur der Betrag:

$$\boldsymbol{Y} - \sum_{j=1}^{T} \mathrm{AfA}_j = \boldsymbol{Y} - I_0 \tag{IV.19}$$

Damit ergibt sich:

$$EV_{K,2} = (\boldsymbol{Z} + \boldsymbol{Y} - I_0) + I_0 = \boldsymbol{Z} + \boldsymbol{Y}, \tag{IV.20}$$

da ja annahmegemäß den Gesellschaftern das in $t=\tau$ gegebene Kapital in Höhe von I_0 in $t=\tau+T$ zurückgezahlt wird (etwa in Form einer Kapitalherabsetzung). Im Vorsteuerfall erweist sich die Investition somit (genau wie im Fall der Selbstfinanzierung) als vorteilhaft, wenn:

$$EV_{K,2} > EV_{K,U}$$

$$\Leftrightarrow$$

$$\boldsymbol{Z} + \boldsymbol{Y} > \boldsymbol{Z} + I_0 \cdot q_0(T)$$

$$\Leftrightarrow$$

$$- I_0 \cdot q_0(T) + \boldsymbol{Y} > 0 \tag{IV.21}$$

Alles andere wäre natürlich auch überraschend gewesen, da ja im Falle vor Steuern kein Unterschied zwischen der internen und externen Anlage besteht. Somit besteht im Fall vor Steuern auch kein Unterschied zwischen der Selbstfinanzierung und der Beteiligungsfinanzierung durch die (Alt-)Gesellschafter. Dennoch besteht in der ökonomischen Interpretation ein Unterschied zum Fall 1a: Das Endvermögen, das aus der zusätzlichen Investition entsteht, muss jetzt größer sein als das, was die

Gesellschafter durch die externe Anlage des Betrags I_0 im Privatvermögen erzielen könnten.

Fall 2b: Nach Steuern

Der durch die Investition bedingte ausschüttungsfähige Gewinn beläuft sich wieder auf:

$$\boldsymbol{Y}_{KS} - \sum_{j=1}^{T} AfA_j = \boldsymbol{Y}_{KS} - I_0 \tag{IV.22}$$

Damit ergibt sich unter Beachtung der Rückzahlung des gegebenen Kapitals I_0 an die Gesellschafter in $t=\tau+T$ als Endvermögen:

$$EV_{K,2}^{S} = (1-\tfrac{1}{2}\cdot s^{E,A})\cdot(\boldsymbol{Z}_{KS} + \boldsymbol{Y}_{KS} - I_0) + I_0 \tag{IV.23}$$

Die Durchführung der Investition lohnt sich, wenn gilt:

$$EV_{K,2}^{S} > EV_{K,U}^{S}$$

$$\Leftrightarrow$$

$$(1-\tfrac{1}{2}\cdot s^{E,A})\cdot(\boldsymbol{Z}_{KS} + \boldsymbol{Y}_{KS} - I_0) + I_0 > (1-\tfrac{1}{2}\cdot s^{E,A})\boldsymbol{Z}_{KS} + I_0\cdot q(s^{E,A},T)$$

$$\Leftrightarrow$$

$$(1-\tfrac{1}{2}\cdot s^{E,A})\cdot(\boldsymbol{Y}_{KS} - I_0) + I_0 > I_0\cdot q(s^{E,A},T) \tag{IV.24}$$

Auch hier muss das durch die Investition zusätzlich generierte Endvermögen, jetzt nach Steuern, größer sein als das nachsteuerliche Endvermögen, welches sich aus der Anlage des Betrags I_0 im Privatvermögen ergäbe.

Bezeichnen wir mit r_S die durchschnittliche Vermögensrentabilität der Investition[1], so ist (IV.24) äquivalent zu:

$$\sqrt[T]{\frac{(1-\tfrac{1}{2}\cdot s^{E,A})\cdot(\mathbf{Y}_{K,S} - I_0) + I_0}{I_0}} - 1 > \sqrt[T]{\frac{I_0\cdot q(s^{E,A},T)}{I_0}} - 1$$

[1] Vgl. Abschnitt II.2.3.1.

$$\Leftrightarrow$$

$$r_S > (1-s^{E,A})\cdot i \qquad \text{(IV.25)}$$

Die Vorteilhaftigkeit der Neu-Investition ist also genau dann gegeben, wenn ihre durchschnittliche Vermögensrentabilität – isoliert betrachtet – größer ist als der Netto-Kapitalmarktzins, der durch die Anlage von Privatvermögen erzielt werden kann.

IV.2.3.2 Vergleich mit der Selbstfinanzierung

Im nächsten Schritt wollen wir die Finanzierungsalternative (F2), also die Beteiligungsfinanzierung durch die (Alt-)Gesellschafter, mit der Finanzierungsalternative (F1), der Selbstfinanzierung, vergleichen, d.h. wir fragen, wann die Finanzierung der Investition durch eine Einlage günstiger ist als der Rückgriff auf einbehaltene Gewinne. Wir gehen also davon aus, dass die Investition durchgeführt wird und stellen die jeweils generierten Endvermögen gegenüber.

Im Vor-Steuer-Fall sind beide Alternativen gleich zu bewerten, da die Endvermögen übereinstimmen. Im Nach-Steuer-Fall ist die Beteiligungsfinanzierung der Selbstfinanzierung überlegen, wenn gilt:

$$EV_{K,2}^{S} > EV_{K,1}^{S}$$

$$\Leftrightarrow$$

$$(1-\tfrac{1}{2}\cdot s^{E,A})\cdot(\boldsymbol{Z}_{KS} + \boldsymbol{Y}_{KS} - I_0) + I_0$$
$$> (1-\tfrac{1}{2}\cdot s^{E,A})\cdot[\boldsymbol{Z}_{KS} + \boldsymbol{Y}_{KS} - I_0\cdot q(s^{EK},T)] + I_0\cdot q(s^{E,A},T)$$

$$\Leftrightarrow$$

$$-(1-\tfrac{1}{2}\cdot s^{E,A})\cdot I_0 + I_0 > -(1-\tfrac{1}{2}\cdot s^{E,A})\cdot I_0\cdot q(s^{EK},T) + I_0\cdot q(s^{E,A},T)$$

$$\Leftrightarrow$$

$$\tfrac{1}{2}\cdot s^{E,A}\cdot I_0 > \tfrac{1}{2}\cdot s^{E,A}\cdot I_0\cdot q(s^{EK},T) - I_0\cdot[q(s^{EK},T) - q(s^{E,A},T)]$$

$$\Leftrightarrow$$

$$I_0\cdot[q(s^{EK},T) - q(s^{E,A},T)] > \tfrac{1}{2}\cdot s^{E,A}\cdot I_0\cdot[q(s^{EK},T) - 1]$$

$$\Leftrightarrow$$

$$q(s^{EK},T) - q(s^{E,A},T) > \tfrac{1}{2}\cdot s^{E,A}\cdot[q(s^{EK},T) - 1] \qquad \text{(IV.26)}$$

Die Vorteilhaftigkeit der Beteiligungsfinanzierung wird determiniert durch das Verhältnis von $s^{E,A}$ zu s^{EK}, wobei aber eine analytische Lösung aus (IV.26) unmittelbar nicht abgeleitet werden kann. Würden die ausgeschütteten Gewinne nicht zusätzlich durch das Halbeinkünfteverfahren belastet, so erhielte man in (IV.26) als Bedingung für den kritischen Grenzsteuersatz der Gesellschafter:

$$q(s^{EK},T) - q(s^{E,A},T) > 0$$

$$\Leftrightarrow$$

$$q(s^{EK},T) > q(s^{E,A},T)$$

$$\Leftrightarrow$$

$$s^{EK} < s^{E,A} \qquad \text{(IV.27)}$$

Die Umkehrung des Ungleichheitszeichens folgt dabei aus der Tatsache, dass

$$\frac{dq(s,t)}{ds} = \frac{d[1+(1-s)i]^t}{ds} = -i \cdot t \cdot q(s,t-1) < 0 \qquad \text{(IV.28)}$$

gilt. Da aber im Halbeinkünfteverfahren eine zusätzliche Belastung der ausgeschütteten Gewinne erfolgt, muss, damit (IV.26) erfüllt ist, der kritische Grenzsteuersatz, ab dem die Vorteilhaftigkeit der Beteiligungsfinanzierung gegeben ist, über dem kombinierten Ertragsteuersatz s^{EK} liegen.

Die beiden folgenden Tabellen geben die kritischen Grenzsteuersätze für bestimmte Datenkonstellationen wieder. Dabei wird für einen Hebesatz der Gewerbesteuer von h^{GE}=400% im ersten Fall der Markt- bzw. Kalkulationszinsfuß i festgehalten und der Planungshorizont T variiert, im zweiten Fall der Planungshorizont T festgehalten und der Marktzinssatz i variiert.

	Kalkulationszinsfuß i=10%					
T	4	6	8	10	12	14
$s^{E,A}$	53,0%	52,0%	51,2%	50,3%	49,6%	48,9%

	Planungshorizont T=10 Jahre				
i	4%	6%	8%	10%	12%
$s^{E,A}$	52,7%	51,8%	51,1%	50,3%	49,7%

Wie man sieht, liegen die kritischen Grenzsteuersätze, ab denen die Beteiligungsfinanzierung gegenüber der Selbstfinanzierung vorteilhaft wird, in allen Fällen relativ hoch. Unter dem derzeit geltenden Tarif (Spitzen-Grenzsteuersatz=45%) können solche Grenzsteuersätze nur bei zusätzlicher Belastung mit Solidaritäts-Zuschlag und Kirchensteuer erreicht werden. Ebenso erkennt man, dass die kritischen Grenzsteuersätze sowohl mit steigendem Planungshorizont als auch mit steigendem Kalkulationszinsfuß (=Marktzins) abnehmen.

In der Regel dürfte sich die Selbstfinanzierung der Beteiligungsfinanzierung durch die (Alt-)Gesellschafter als überlegen erweisen. Der Grund liegt gerade in der zusätzlichen Belastung der Gewinnausschüttungen durch das Halbeinkünfteverfahren.

IV.2.4 Die Beteiligungsfinanzierung durch Neu-Gesellschafter (F3)

IV.2.4.1 Allgemeine Bemerkungen

Im Zeitpunkt $t=\tau$ wird von neu aufgenommenen Gesellschaftern, die bisher nicht an der Unternehmung beteiligt waren, aus deren Privatvermögen der Betrag I_0 in die Gesellschaft eingelegt und damit die Investition durchgeführt. Die Alt-Gesellschafter legen den in ihrem Privatvermögen vorhandenen Betrag I_0 auf dem Kapitalmarkt an. An den Einzahlungsüberschüssen, die ab dem Zeitpunkt $t=\tau+1$ anfallen, sind die Neu-Gesellschafter mit ihrem Anteil

$$\alpha := \frac{I_0}{E_0 + I_0} \qquad \text{(IV.29)}$$

und die Alt-Gesellschafter mit ihrem Anteil

$$1-\alpha := \frac{E_0}{E_0 + I_0} \qquad \text{(IV.30)}$$

beteiligt. Sie sind somit nicht am Einzahlungsüberschuss Z_τ beteiligt, wohl aber an den Zinserträgen, die aus der internen Anlage dieses Einzahlungsüberschusses resultieren. Im Zeitpunkt $t=\tau+T$ wird den Neu-Gesellschaftern das gegebene Kapital I_0 zurückgezahlt, damit endet ihr Engagement in der betrachteten Unternehmung. Im Folgenden ist eine differenzierte Betrachtung notwendig. Zwar erfolgen die Überlegungen zur Vorteilhaftigkeit der Investition und der Vergleich der Finanzierungsalternativen stets aus der Sicht der Alt-Gesellschafter, dennoch müssen im vorliegenden Fall zusätzliche Überlegungen angestellt werden, unter welchen Voraussetzungen die Neu-Gesellschafter überhaupt zu einem Engagement in der Unternehmung bereit sind.

IV.2.4.2 Das Endvermögen vor bzw. nach Steuern

Fall 3a: Vor Steuern

Das Endvermögen der Alt-Gesellschafter setzt sich aus ihrem Anteil an dem in der Unternehmung erwirtschafteten und ausschüttungsfähigen Endvermögen und dem aus der Kapitalanlage resultierenden Endvermögen zusammen:

$$\begin{aligned} EV_{K,3} &= (1-\alpha)\cdot[(\boldsymbol{Z} - Z_\tau) + \boldsymbol{Y} - I_0] + Z_\tau + I_0\cdot q_0(T) \\ &= (1-\alpha)\cdot(\boldsymbol{Z} + \boldsymbol{Y} - I_0) + \alpha\cdot Z_\tau + I_0\cdot q_0(T) \end{aligned}$$

Die Durchführung der Investition lohnt sich für die Alt-Gesellschafter, wenn gilt:

$$EV_{K,3} > EV_{K,U}$$

$$\Leftrightarrow$$

$$(1-\alpha)\cdot(\boldsymbol{Z} + \boldsymbol{Y} - I_0) + \alpha\cdot Z_\tau + I_0\cdot q_0(T) > \boldsymbol{Z} + I_0\cdot q_0(T)$$

$$\Leftrightarrow$$

$$(1-\alpha)\cdot(\boldsymbol{Z} + \boldsymbol{Y} - I_0) > \boldsymbol{Z} + \alpha\cdot Z_\tau$$

$$\Leftrightarrow$$

$$(1-\alpha)\cdot(\boldsymbol{Y} - I_0) > \alpha\cdot\boldsymbol{Z} - \alpha\cdot Z_\tau$$

$$\Leftrightarrow$$

$$(1-\alpha)\cdot(\boldsymbol{Y} - I_0) > \alpha\cdot(\boldsymbol{Z} - Z_\tau) \qquad \text{(IV.32)}$$

Die Vorteilhaftigkeit der Investition ist dann gegeben, wenn der Zuwachs an Endvermögen, den die Alt-Gesellschafter durch die Investition zusätzlich bekommen, größer ist als der Teil des aus den Alt-Investitionen generierten Endvermögens, den sie an die Neu-Gesellschafter abgeben müssen.

Für die Neu-Gesellschafter lohnt sich die Beteiligung nur dann, wenn ihr Zuwachs an Endvermögen, den sie aus dieser Beteiligung gewinnen, größer ist als das aus der externen Anlage der vorhandenen Mittel am Kapitalmarkt erzielbare Endvermögen, wenn also gilt:

$$\alpha\cdot[(\boldsymbol{Z} - Z_\tau) + \boldsymbol{Y} - I_0] + I_0 > I_0\cdot q_0(T) \qquad \text{(IV.33)}$$

(IV.33) ist aber äquivalent zu:

$$\alpha\cdot(\boldsymbol{Z} - Z_\tau) > I_0\cdot q_0(T) - I_0 - \alpha\cdot(\boldsymbol{Y} - I_0) \qquad \text{(IV.34)}$$

Vergleicht man (IV.32) mit (IV.34), so erkennt man, dass, damit beide Parteien aus der Investition profitieren, notwendigerweise erfüllt sein muss:

$$(1-\alpha)\cdot(\boldsymbol{Y} - I_0) > I_0\cdot q_0(T) - I_0 - \alpha\cdot(\boldsymbol{Y} - I_0)$$

$$\Leftrightarrow$$

$$-I_0\cdot q_0(T) + \boldsymbol{Y} > 0 \qquad \text{(IV.35)}$$

Grundsätzlich ist also jede Investition mit positivem Kapitalwert vor Steuern geeignet, auf diese Weise finanziert zu werden. Wann ist aber aus der Sicht der Alt-Gesellschafter dieser Weg der Finanzierung besser als die Selbstfinanzierung (F1) oder die Beteiligungsfinanzierung durch die Alt-Gesellschafter (F2), die im Vorsteuer-Fall ja äquivalent sind? Hierzu muss – exemplarisch für die Selbstfinanzierung – gelten:

$$EV_{K,3} > EV_{K,1}$$

$$\Leftrightarrow$$

$$(1-\alpha)\cdot(\boldsymbol{Z} + \boldsymbol{Y} - I_0) + \alpha\cdot Z_\tau + I_0\cdot q_0(T) > \boldsymbol{Z} + \boldsymbol{Y}$$

$$\Leftrightarrow$$

$$(1-\alpha)\cdot(\boldsymbol{Z} + \boldsymbol{Y} - I_0) + \alpha\cdot Z_\tau + I_0\cdot q_0(T) > \boldsymbol{Z} + \boldsymbol{Y} - I_0 + I_0$$

$$\Leftrightarrow$$

$$I_0\cdot q_0(T) > \alpha\cdot(\boldsymbol{Z} + \boldsymbol{Y} - I_0) - \alpha\cdot Z_\tau + I_0$$

$$\Leftrightarrow$$

$$I_0 \cdot q_0(T) > \alpha \cdot (\boldsymbol{Z} - Z_\tau + \boldsymbol{Y} - I_0) + I_0 \quad \text{(IV.36)}$$

Dies ist aber gerade die Bedingung (IV.33) mit umgekehrten Ungleichheitszeichen, d.h. die Beteiligungsfinanzierung durch Neu-Gesellschafter ist für die Alt-Gesellschafter nur dann gegenüber der Selbstfinanzierung (und der Beteiligungsfinanzierung durch sie selbst) vorteilhaft, wenn die Beteiligung für die Neu-Gesellschafter im Vergleich zur Alternativanlage zu einem schlechteren Ergebnis führt. Unter diesen Voraussetzungen werden die Neu-Gesellschafter aber gar nicht erst zu einem Engagement bereit sein.

Fall 3b: Nach Steuern

Gemäß den Ausführungen zum Unterfall 3a resultiert für die Alt-Gesellschafter ein Endvermögen nach Steuern in Höhe von

$$EV_{K,3}^{S} = (1 - \tfrac{1}{2} \cdot s^{E,A}) \cdot [(1-\alpha) \cdot (\boldsymbol{Z}_{KS} + \boldsymbol{Y}_{KS} - I_0) + \alpha \cdot (1 - s^{EK}) \cdot Z_\tau] + I_0 \cdot q(s^{E,A}, T) \quad \text{(IV.37)}$$

Es setzt sich wie folgt zusammen: Die Alt-Gesellschafter bekommen den ihnen zustehenden Anteil in Höhe von $(1-\alpha)$ an dem aus den Alt-Investitionen und aus der Neu-Investition resultierenden Endvermögen. Dabei ist zu beachten, dass den Neu-Gesellschaftern kein Anteil an dem Einzahlungsüberschuss (nach Steuern) der Periode $t=\tau$ zusteht, deshalb ist eine Korrektur um $\alpha \cdot (1-s^{EK}) \cdot Z_\tau$ vorzunehmen. Außerdem werden die Alt-Gesellschafter nur an dem Endvermögen aus der Neu-Investition beteiligt, soweit es den investierten Betrag I_0 übersteigt, da dieser am Ende des Planungshorizonts an die neuen Gesellschafter zurückgezahlt werden muss. Das sich daraus in Summe ergebende Endvermögen wird ausgeschüttet und ist in Folge noch mit dem halben Grenzsteuersatz der Alt-Gesellschafter zu belasten. Dem danach verbleibenden Betrag ist noch das Endvermögen hinzuzufügen, dass sich aus der externen Anlage des im Privatvermögen vorhandenen Betrags I_0 ergibt, wobei die Anlage zum um den Grenzsteuersatz gekürzten Marktzinssatz erfolgt.

Für die Alt-Gesellschafter lohnt sich somit die Durchführung der Investition, wenn gilt:

$$EV_{K,3}^{S} > EV_{K,U}^{S}$$

$$\Leftrightarrow$$

$$(1-\tfrac{1}{2}\cdot s^{E,A})\cdot[(1-\alpha)\cdot(\boldsymbol{Z}_{KS} + \boldsymbol{Y}_{KS} - I_0) + \alpha\cdot(1-s^{EK})\cdot Z_\tau] + I_0\cdot q(s^{E,A},T)$$
$$> (1-\tfrac{1}{2}\cdot s^{E,A})\cdot\boldsymbol{Z}_{KS} + I_0\cdot q(s^{E,A},T)$$

$$\Leftrightarrow$$

$$(1-\alpha)\cdot(\boldsymbol{Z}_{KS} + \boldsymbol{Y}_{KS} - I_0) + \alpha\cdot(1-s^{EK})\cdot Z_\tau > \boldsymbol{Z}_{KS}$$

$$\Leftrightarrow$$

$$(1-\alpha)\cdot(-I_0 + \boldsymbol{Y}_{KS}) > \alpha\cdot[\boldsymbol{Z}_{KS} - (1-s^{EK})\cdot Z_\tau], \tag{IV.38}$$

wenn also der den Alt-Gesellschaftern aus der Neu-Investition anteilig zustehende Endvermögenszuwachs größer ist als der Teil des Endvermögens aus den Alt-Investitionen, den sie an die Neu-Gesellschafter abgeben müssen. (IV.38) ist wiederum äquivalent zu:

$$-I_0 + \boldsymbol{Y}_{KS} > \alpha\cdot[(\boldsymbol{Z}_{KS} - (1-s^{EK})\cdot Z_\tau) + \boldsymbol{Y}_{KS} - I_0] \tag{IV.38a}$$

Für die Neu-Gesellschafter lohnt sich das Engagement in der Kapitalgesellschaft nur dann, wenn

$$(1-\tfrac{1}{2}\cdot s^{E,N})\cdot\alpha\cdot[\boldsymbol{Z}_{KS} - (1-s^{EK})\cdot Z_\tau + \boldsymbol{Y}_{KS} - I_0] + I_0 > I_0\cdot q(s^{E,N},T)$$

$$\Leftrightarrow$$

$$(1-\tfrac{1}{2}\cdot s^{E,N})\cdot\alpha\cdot[\boldsymbol{Z}_{KS} - (1-s^{EK})\cdot Z_\tau + \boldsymbol{Y}_{KS} - I_0] > I_0\cdot[q(s^{E,N},T) - 1], \tag{IV.39}$$

wenn sie also auf Grund ihrer Beteiligung ein höheres Endvermögen erhalten, als sie durch die Anlage von I_0 auf dem Kapitalmarkt erzielen könnten. (IV.39) kann umgeformt werden zu:

$$\alpha\cdot[\boldsymbol{Z}_{KS} - (1-s^{EK})\cdot Z_\tau + \boldsymbol{Y}_{KS} - I_0] > \frac{I_0\cdot[q(s^{E,N},T)-1]}{1-\tfrac{1}{2}\cdot s^{E,N}} \tag{IV.39a}$$

Vergleicht man (IV.38a) mit (IV.39a), so erkennt man: Damit die Durchführung der Investition für beide Seiten lohnt, muss notwendigerweise erfüllt sein:

$$-\mathrm{I}_0 + \boldsymbol{Y}_{KS} > \frac{\mathrm{I}_0 \cdot [q(s^{E,N}, T) - 1]}{1 - \frac{1}{2} \cdot s^{E,N}}. \qquad \text{(IV.39b)}$$

Durch Umformung ergibt sich hieraus

$$(1-\tfrac{1}{2}\cdot s^{E,N})\cdot(\boldsymbol{Y}_{K,S} - \mathrm{I}_0) - \mathrm{I}_0 > \mathrm{I}_0\cdot q(s^{E,N},T) \qquad \text{(IV.39c)}$$

Dies entspricht aber gerade dem Ausdruck (IV.24) im Abschnitt zur Beteiligungsfinanzierung durch die Alt-Gesellschafter. Berechnet man wie dort die durchschnittliche Vermögensrentabilität nach Steuern, so erhält man schließlich folgendes Ergebnis: Damit die Durchführung der Investition unter Finanzierung durch die Beteiligung neuer Gesellschafter überhaupt für beide Seiten lohnend sein kann, muss mindestens die Bedingung

$$r_S > (1-s^{E,N})\cdot i \qquad \text{(IV.39d)}$$

erfüllt sein, d.h. die durchschnittliche Vermögensrentabilität nach Steuern der Neu-Investition, isoliert aus Sicht der Neu-Gesellschafter betrachtet, muss größer sein als der um den Grenzsteuersatz gekürzte Marktzins. Es ist jedoch zu beachten, dass es sich – im Gegensatz zu (IV.25) bei der Beteiligungsfinanzierung durch die Alt-Gesellschafter – nur um eine notwendige, aber nicht um eine hinreichende Bedingung handelt.

IV.2.4.3 Alternativenvergleich

IV.2.4.3.1 Vergleich mit der Selbstfinanzierung

Im Vergleich zur Selbstfinanzierung (F1) ist die Beteiligungsfinanzierung durch neue Gesellschafter (F3) aus Sicht der Alt-Gesellschafter dann vorteilhaft, wenn gilt:

$$\mathrm{EV}^S_{K,3} > \mathrm{EV}^S_{K,1}$$

$$\Leftrightarrow$$

$$(1-\tfrac{1}{2}\cdot s^{E,A})\cdot[(1-\alpha)\cdot(\boldsymbol{Z}_{KS} + \boldsymbol{Y}_{KS} - \mathrm{I}_0) + \alpha\cdot(1-s^{EK})\cdot Z_\tau] + \mathrm{I}_0\cdot q(s^{E,A},T)$$
$$> (1-\tfrac{1}{2}\cdot s^{E,A})\cdot[(\boldsymbol{Z}_{KS} + \boldsymbol{Y}_{KS} - \mathrm{I}_0\cdot q(s^{EK},T)] + \mathrm{I}_0\cdot q(s^{E,A},T)$$

$$\Leftrightarrow$$

$$(1-\alpha)\cdot(\boldsymbol{Z}_{KS} + \boldsymbol{Y}_{KS} - I_0) + \alpha\cdot(1-s^{EK})\cdot Z_\tau > \boldsymbol{Z}_{KS} + \boldsymbol{Y}_{KS} - I_0\cdot q(s^{EK},T)$$

$$\Leftrightarrow$$

$$(1-\alpha)\cdot(\boldsymbol{Z}_{KS} + \boldsymbol{Y}_{KS} - I_0) + \alpha\cdot(1-s^{EK})\cdot Z_\tau$$
$$> (\boldsymbol{Z}_{KS} + \boldsymbol{Y}_{KS} - I_0) + I_0 - I_0\cdot q(s^{EK},T)$$

$$\Leftrightarrow$$

$$I_0\cdot[q(s^{EK},T) - 1] > \alpha\cdot[\boldsymbol{Z}_{KS} - (1-s^{EK})\cdot Z_\tau + \boldsymbol{Y}_{KS} - I_0] \qquad \text{(IV.40)}$$

Dies ist äquivalent zu:

$$I_0\cdot q(s^{EK},T) > \alpha\cdot[\boldsymbol{Z}_{KS} - (1-s^{EK})\cdot Z_\tau + \boldsymbol{Y}_{KS} - I_0] + I_0 \qquad \text{(IV.41)}$$

Auf der linken Seite der Gleichung (IV.41) stehen die entgangenen Erträge im Falle der Selbstfinanzierung. Sind diese höher als der auf der rechten Seite stehende Anteil am gesamten Endvermögen, der im Falle der Beteiligungsfinanzierung durch neue Gesellschafter diesen zusteht, so lohnt sich – aus der Sicht der Alt-Gesellschafter – die Beteiligungsfinanzierung.

Multipliziert man beide Seiten von (IV.40) mit $(1-\frac{1}{2}\cdot s^{E,N})$, so erhält man:

$$(1-\tfrac{1}{2}\cdot s^{E,N})\cdot I_0\cdot[q(s^{EK},T) - 1] > (1-\tfrac{1}{2}\cdot s^{E,N})\cdot\alpha\cdot[\boldsymbol{Z}_{KS} - (1-s^{EK})\cdot Z_\tau + \boldsymbol{Y}_{KS} - I_0] \qquad \text{(IV.42)}$$

Stellt man (IV.39) und (IV.42) gegenüber, so zeigt sich, dass für die Vorteilhaftigkeit von (F3) gegenüber (F1) als notwendige (aber nicht hinreichende) Bedingung

$$(1-\tfrac{1}{2}\cdot s^{E,N})\cdot I_0\cdot[q(s^{EK},T) - 1] > I_0\cdot[q(s^{E,N},T) - 1] \qquad \text{(IV.43)}$$

erfüllt sein muss. (IV.43) ist äquivalent zu:

$$(1-\tfrac{1}{2}\cdot s^{E,N})\cdot[q(s^{EK},T) - 1] > q(s^{E,N},T) - 1$$

$$\Leftrightarrow$$

$$\tfrac{1}{2}\cdot s^{E,N}\cdot[q(s^{EK},T) - 1] < q(s^{EK},T) - q(s^{E,N},T) \qquad \text{(IV.44)}$$

Diese Bedingung entspricht aber der Bedingung (IV.26), also der notwendigen und hinreichenden Bedingung für die Vorteilhaftigkeit der Investition bei Beteiligungsfinanzierung durch die Alt-Gesellschafter. An die Stelle des individuellen Grenzsteuersatzes der Alt-Gesellschafter tritt hier der Grenzsteuersatz der Neu-Gesellschafter. Allenfalls bei Vorliegen des Spitzen-Grenzsteuersatzes und unter Berücksichtigung von Solidaritäts-Zuschlag und Kirchensteuer dürfte derzeit die notwendige Bedingung für die Vorteilhaftigkeit der Beteiligungsfinanzierung durch Neu-Gesellschafter gegenüber der Selbstfinanzierung gegeben sein.

IV.2.4.3.2 Vergleich mit der Beteiligungsfinanzierung durch Alt-Gesellschafter

Vergleicht man die Beteiligungsfinanzierung durch Neu-Gesellschafter mit der durch Alt-Gesellschafter, so ist die Vorteilhaftigkeit dann gegeben, wenn

$$EV^{S}_{K,3} > EV^{S}_{K,2} \qquad \text{(IV.45)}$$

gilt. Dies ist äquivalent zu:

$$(1-\tfrac{1}{2}\cdot s^{E,A})\cdot[(1-\alpha)\cdot(\boldsymbol{Z}_{KS} + \boldsymbol{Y}_{KS} - I_0) + \alpha\cdot(1-s^{EK})\cdot Z_\tau] + I_0\cdot q(s^{E,A},T)$$
$$> (1-\tfrac{1}{2}\cdot s^{E,A})\cdot(\boldsymbol{Z}_{KS} + \boldsymbol{Y}_{KS} - I_0) + I_0$$
$$\Leftrightarrow$$
$$I_0\cdot[q(s^{E,A},T) - 1] > (1-\tfrac{1}{2}\cdot s^{E,A})\cdot\alpha\cdot[\boldsymbol{Z}_{KS} - (1-s^{EK})\cdot Z_\tau + \boldsymbol{Y}_{KS} - I_0]$$
$$\Leftrightarrow$$
$$\frac{I_0\cdot[q(s^{E,A},T)-1]}{1-\tfrac{1}{2}\cdot s^{E,A}} > \alpha\cdot[\boldsymbol{Z}_{KS} - (1-s^{EK})\cdot Z_\tau + \boldsymbol{Y}_{KS} - I_0] \qquad \text{(IV.46)}$$

Andererseits ist die für die Vorteilhaftigkeit der Beteiligung für die Neu-Gesellschafter hergeleitete notwendige und hinreichende Bedingung (IV.39), wie bereits gezeigt, äquivalent zu:

$$\frac{I_0\cdot[q(s^{E,N},T)-1]}{1-\tfrac{1}{2}\cdot s^{E,N}} < \alpha\cdot[\boldsymbol{Z}_{KS} - (1-s^{EK})\cdot Z_\tau + \boldsymbol{Y}_{KS} - I_0] \qquad \text{(IV.47)}$$

Damit aus Sicht der Alt-Gesellschafter die Beteiligungsfinanzierung durch neue Gesellschafter günstiger ist als durch sie selbst, muss notwendigerweise

$$\frac{q(s^{E,N},T)-1}{1-\frac{1}{2}\cdot s^{E,N}} < \frac{q(s^{E,A},T)-1}{1-\frac{1}{2}\cdot s^{E,A}} \tag{IV.48}$$

erfüllt sein. In jeder der beiden Varianten der Beteiligungsfinanzierung wird sowohl die interne als auch die externe Anlage durch die Grenzsteuersätze der Einkommensteuer belastet, so dass per se nicht erkennbar ist, welche Bedingung für diese Grenzsteuersätze gelten muss, damit (IV.48) erfüllt ist. Man kann jedoch zeigen, dass die Funktion

$$f(s) = \frac{q(s,T)-1}{1-\frac{1}{2}\cdot s} \tag{IV.49}$$

streng monoton fallend in s ist, sofern $0 \leq s \leq 1$ gilt. Hierzu bildet man die erste Ableitung:

$$\frac{df}{ds} = \frac{-i\cdot T\cdot q(s,T-1)\cdot(1-\frac{1}{2}\cdot s)+\frac{1}{2}\cdot[q(s,T)-1]}{(1-\frac{1}{2}\cdot s)^2} \tag{IV.50}$$

Diese erste Ableitung ist in dem Wertebereich $s \in [0,1]$ genau dann negativ, wenn

$$\tfrac{1}{2}\cdot[q(s,T) - 1] < (1-\tfrac{1}{2}\cdot s)\cdot i\cdot T\cdot q(s,T-1) \tag{IV.51}$$

erfüllt ist. Dass dies stets der Fall ist, lässt sich etwa durch vollständige Induktion über T zeigen. Für T=1 gilt:

$$\tfrac{1}{2}\cdot[(1+i_S)^1 - 1] = \tfrac{1}{2}\cdot i_S = \tfrac{1}{2}\cdot(1-s)\cdot i < (1-\tfrac{1}{2}\cdot s)\cdot i \tag{IV.52}$$

Die Induktionsvoraussetzung ist also erfüllt. Als Induktionsannahme unterstellen wir, dass (IV.51) für ein T erfüllt ist. Es folgt der Induktionsschluss auf T+1:

$$\begin{aligned} & (1-\tfrac{1}{2}\cdot s)\cdot i\cdot(T+1)\cdot q(s,T) \\ = \; & (1-\tfrac{1}{2}\cdot s)\cdot i\cdot T\cdot q(s,T) + (1-\tfrac{1}{2}\cdot s)\cdot i\cdot q(s,T) \\ = \; & (1-\tfrac{1}{2}\cdot s)\cdot i\cdot T\cdot q(s,T-1)\cdot(1+i_S) + (1-\tfrac{1}{2}\cdot s)\cdot i\cdot q(s,T) \\ > \; & \tfrac{1}{2}\cdot[q(s,T) - 1]\cdot(1+i_S) + (1-\tfrac{1}{2}\cdot s)\cdot i\cdot q(s,T) \\ = \; & \tfrac{1}{2}\cdot q(s,T+1) - [\tfrac{1}{2}\cdot(1+i_S) - (1-\tfrac{1}{2}\cdot s)\cdot i\cdot q(s,T)] \end{aligned} \tag{IV.53}$$

Nun gilt:

$$\tfrac{1}{2}\cdot q(s,T+1) - [\tfrac{1}{2}\cdot(1+i_S) - (1-\tfrac{1}{2}\cdot s)\cdot i\cdot q(s,T)] > \tfrac{1}{2}\cdot q(s,T+1) - \tfrac{1}{2}$$

$$\Leftrightarrow$$

$$\tfrac{1}{2}\cdot(1+i_S) - (1-\tfrac{1}{2}\cdot s)\cdot i\cdot q(s,T) < \tfrac{1}{2}$$

$$\Leftrightarrow$$

$$\tfrac{1}{2}\cdot i_S - (1-\tfrac{1}{2}\cdot s)\cdot i\cdot q(s,T) < 0$$

$$\Leftrightarrow$$

$$\tfrac{1}{2}\cdot(1-s) - (1-\tfrac{1}{2}\cdot s)\cdot q(s,T) < 0$$

$$\Leftrightarrow$$

$$\tfrac{1}{2}\cdot(1-s) < (1-\tfrac{1}{2}\cdot s)\cdot q(s,T) \qquad \text{(IV.54)}$$

Wegen $s>\tfrac{1}{2}\cdot s$ und $q(s,T)>1$ für $0\leq s\leq 1$ ist (IV.54) aber stets erfüllt. Somit folgt:

$$\tfrac{1}{2}\cdot[q(s,T+1) - 1] < (1-\tfrac{1}{2}\cdot s)\cdot i\cdot(T+1)\cdot q(s,T) \qquad \text{(IV.55)}$$

Für die Alt-Gesellschafter kann die Beteiligungsfinanzierung durch neue Gesellschafter der Beteiligungsfinanzierung durch sie selbst höchstens dann überlegen sein, wenn

$$s^{E,A} < s^{E,N} \qquad \text{(IV.56)}$$

gilt. Anders ausgedrückt: liegt das Steuerbelastungsniveau der Alt-Gesellschafter über dem der (potenziellen) Neu-Gesellschafter, so ist es immer günstiger, wenn die Alt-Gesellschafter das für die Investition benötigte Kapital selbst einbringen.

IV.2.5 Die Fremdfinanzierung durch Alt-Gesellschafter (F4)

IV.2.5.1 Allgemeine Bemerkungen

Im Falle der Gesellschafter-Fremdfinanzierung geben die Alt-Gesellschafter das benötigte Kapital als Fremdkapital. Sie empfangen dafür in jeder Periode $\tau+j$ Zinszahlungen ZI_j und Tilgungszahlungen TIL_j der Form:

$$ZI_j = p \cdot FK_{j-1}$$

$$TIL_j = FK_{j-1} - FK_j \qquad \text{(IV.57)}$$

Dabei gibt p den Fremdkapitalzinssatz und FK_j den Darlehensstand im Zeitpunkt $t=\tau+j$ an mit:

$$FK_0 = I_0,\ FK_T = 0,\ \sum_{j=1}^{T}(FK_{j-1} - FK_j) = I_0 \qquad \text{(IV.58)}$$

IV.2.5.2 Das Endvermögen vor bzw. nach Steuern

Fall 4a: Vor Steuern

In der Unternehmung wird ein Endvermögen in Höhe von

$$\boldsymbol{Z} + \boldsymbol{Y} - \sum_{j=1}^{T}[p \cdot FK_{j-1} + (FK_{j-1} - FK_j)] \cdot q(T-j) \qquad \text{(IV.59)}$$

generiert. Da die Summe der Tilgungszahlungen gerade I_0, also der Summe der Abschreibungen entspricht, kann dieses Endvermögen in $t=\tau+T$ ausgeschüttet werden. Die (Alt-) Gesellschafter erhalten als Fremdkapitalgeber die Zins- und Tilgungszahlungen, d.h. dass im Privatvermögen zusätzlich ein Endvermögen in Höhe von

$$\sum_{j=1}^{T}[p \cdot FK_{j-1} + (FK_{j-1} - FK_j)] \cdot q(T-j) \qquad \text{(IV.60)}$$

entsteht. Insgesamt ergibt sich somit:

$$EV_{K,4} = \boldsymbol{Z} + \boldsymbol{Y} \qquad \text{(IV.61)}$$

Dieses Ergebnis ist insofern nicht erstaunlich, als es sich hier um eine reine Verschiebung der entsprechenden Zins- und Tilgungszahlungen von der Ebene der Gesellschaft auf die Ebene der Gesellschafter handelt. Solange interne und externe Verzinsung identisch sind, kann dies keinen Einfluss auf das Endvermögen der Gesellschafter haben.

Die Durchführung der Investition lohnt sich, wenn

$$\boldsymbol{Z} + \boldsymbol{Y} > \boldsymbol{Z} + I_0 \cdot q_0(T)$$

$$\Leftrightarrow$$

$$-\, I_0 \cdot q_0(T) + \boldsymbol{Y} > 0 \qquad \text{(IV.62)}$$

gilt, was nicht anders zu erwarten war.

Fall 4b: Nach Steuern

In der Unternehmung bildet sich nach Steuern das folgende Endvermögen:

$$\boldsymbol{Z}_{KS} + \boldsymbol{Y}_{KS} - \sum_{j=1}^{T} [p \cdot FK_{j-1} \cdot (1 - s_F^{EK}) + (FK_{j-1} - FK_j)] \cdot q(s^{EK}, T - j)$$

$$= \boldsymbol{Z}_{KS} + \boldsymbol{Y}_{KS} - \boldsymbol{F}_{KS}, \qquad \text{(IV.63)}$$

wobei $\boldsymbol{F}_{KS}$ als Abkürzung für das entgangene Endvermögen nach Steuern durch die auf Unternehmensebene anfallenden Zins- und Tilgungszahlungen steht.

Genau dieses Endvermögen kann an die Gesellschafter ausgeschüttet werden, wobei die Ausschüttung in $t = \tau + T$ noch zur Hälfte in das zu versteuernde Einkommen der Gesellschafter fließt, im Ergebnis also mit dem halben Grenzsteuersatz zu belasten ist. Im Privatvermögen der Gesellschafter bildet sich durch die Zins- und Tilgungszahlungen folgendes Endvermögen:

$$\sum_{j=1}^{T} [p \cdot FK_{j-1} \cdot (1 - s^{E,A}) + (FK_{j-1} - FK_j)] \cdot q(s^{E,A}, T - j) = \boldsymbol{F}_{GS} \qquad \text{(IV.64)}$$

$\boldsymbol{F}_{GS}$ gibt das auf Gesellschafterebene generierte Endvermögen aus der Anlage der empfangenen Zins- und Tilgungszahlungen an. In Summe ergibt sich somit:

$$\begin{aligned} EV_{K,4}^{S} &= (1 - \tfrac{1}{2} \cdot s^{E,A}) \cdot (\boldsymbol{Z}_{KS} + \boldsymbol{Y}_{KS} - \boldsymbol{F}_{KS}) + \boldsymbol{F}_{GS} \\ &= (1 - \tfrac{1}{2} \cdot s^{E,A}) \cdot (\boldsymbol{Z}_{KS} + \boldsymbol{Y}_{KS}) + \boldsymbol{F}_{GS} - (1 - \tfrac{1}{2} \cdot s^{E,A}) \cdot \boldsymbol{F}_{KS} \\ &= (1 - \tfrac{1}{2} \cdot s^{E,A}) \cdot (\boldsymbol{Z}_{KS} + \boldsymbol{Y}_{KS}) + \boldsymbol{F}_{S}, \end{aligned} \qquad \text{(IV.65)}$$

wobei $\boldsymbol{F}_S = \boldsymbol{F}_{GS} - (1-\frac{1}{2}\cdot s^{E,A})\cdot\boldsymbol{F}_{KS}$ den kombinierten Effekt der Zins- und Tilgungszahlungen angibt. Im Allgemeinen wird $\boldsymbol{F}_S$ nicht verschwinden. Dies resultiert aus der unterschiedlichen steuerlichen Behandlung der Zinszahlungen auf Gesellschafts- und Gesellschafterebene sowie aus der unterschiedlichen nachsteuerlichen Verzinsung der intern bzw. extern angelegten Zins- und Tilgungszahlungen. Die Größe $\boldsymbol{F}_S$ kann auch noch anders zerlegt werden:

$$\begin{aligned}\boldsymbol{F}_S &= \sum_j pFK_{j-1}[(1-s^{E,A})q(s^{E,A},T-j)-(1-\tfrac{1}{2}s^{E,A})(1-s_F^{EK})q(s^{EK},T-j)]\\ &\quad+\sum_j (FK_{j-1}-FK_j)\cdot[q(s^{E,A},T-j)-(1-\tfrac{1}{2}\cdot s^{E,A})\cdot q(s^{EK},T-j)]\\ &= \boldsymbol{F}_{ZS}+\boldsymbol{F}_{TS},\end{aligned} \tag{IV.66}$$

wobei $\boldsymbol{F}_{ZS}$ und $\boldsymbol{F}_{TS}$ nachsteuerliche Endvermögenseffekte der Zins- bzw. der Tilgungszahlungen angeben und diese Effekte als steuerlich bedingte Differenzen anzusehen sind.

Die Durchführung der Investition lohnt sich, wenn:

$$EV_{K,4}^S > EV_{K,U}^S$$

$$\Leftrightarrow$$

$$(1-\tfrac{1}{2}\cdot s^{E,A})\cdot(\boldsymbol{Z}_{KS}+\boldsymbol{Y}_{KS}-\boldsymbol{F}_{KS})+\boldsymbol{F}_{GS} > (1-\tfrac{1}{2}\cdot s^{E,A})\cdot\boldsymbol{Z}_{KS}+I_0\cdot q(s^{E,A},T)$$

$$\Leftrightarrow$$

$$(1-\tfrac{1}{2}\cdot s^{E,A})\cdot(\boldsymbol{Y}_{KS}-\boldsymbol{F}_{KS})+\boldsymbol{F}_{GS} > I_0\cdot q(s^{E,A},T)$$

$$\Leftrightarrow$$

$$-I_0\cdot q(s^{E,A},T)+(1-\tfrac{1}{2}\cdot s^{E,A})\cdot\boldsymbol{Y}_{KS} > (1-\tfrac{1}{2}\cdot s^{E,A})\cdot\boldsymbol{F}_{KS}-\boldsymbol{F}_{GS} \tag{IV.67}$$

Auf der linken Seite der Gleichung steht die Differenz zwischen dem aus den Investitionserträgen resultierenden Endvermögen (ohne Beachtung der Finanzierung) und dem durch die Kapitalüberlassung entgangenen Endvermögen. Auf der rechten Seite steht eine steuerlich bedingte Differenz aus den auf der Unternehmensebene durch die Kreditaufnahme resultierenden Auszahlungen und den auf der Gesellschafterebene durch die Kreditvergabe resultierenden Einzahlungen. Der Ausdruck auf der rechten Seite der Gleichung lässt sich zerlegen:

$$(1-\tfrac{1}{2}\cdot s^{E,A})\cdot \boldsymbol{F}_{KS} - \boldsymbol{F}_{GS}$$

$$= \sum_j p\cdot FK_{j-1}[(1-\tfrac{1}{2}s^{E,A})(1-s_F^{EK})q(s^{EK},T-j)-(1-s^{E,A})q(s^{E,A},T-j)]$$

$$+ \sum_j (FK_{j-1}-FK_j)\cdot[(1-\tfrac{1}{2}\cdot s^{E,A})\cdot q(s^{EK},T-j)-q(s^{E,A},T-j)], \qquad \text{(IV.68)}$$

er zerfällt also in einen Zins- und in einen Tilgungseffekt. Die Frage, ob $(1-\frac{1}{2}\cdot s^{E,A})\cdot \boldsymbol{F}_{KS}-\boldsymbol{F}_{GS}$ größer, kleiner oder gleich null ist, lässt sich natürlich nicht so ohne weiteres beantworten. Da die Zins- und Tilgungszahlungen jedoch nichtnegativ sind, kann man durch Betrachtung einzelner Komponenten einige grundsätzliche Aussagen gewinnen. Wir betrachten zunächst die in der ersten Summe auftretenden Faktoren:

$$(1-\tfrac{1}{2}\cdot s^{E,A})\cdot(1-s_F^{EK})\cdot q(s^{EK},t) - (1-s^{E,A})\cdot q(s^{E,A},t) \qquad \text{(IV.69)}$$

Die folgende Tabelle gibt den Wert dieser Differenz für einen Zinssatz von i=10%, eine gewerbesteuerlichen Hebesatz von h^{GE}=400% und für alternative Steuersätze $s^{E,A}$ und für verschiedene t wieder:

$s^{E,A}$	t=2	t=6	t=12	t=20	t=30
20%	–0,23	–0,38	–0,73	–1,65	–4,24
40%	–0,05	–0,06	–0,07	–0,08	–0,06
45%	–0,01	+0,01	+0,06	+0,19	+0,54
50%	+0,03	+0,07	+0,17	+0,41	+1,02

Es zeigt sich, dass erst bei Grenzsteuersätzen von über 40% positive Differenzen auftreten, wobei diese mit steigendem t wachsen. Die in der zweiten Summe auftretenden Faktoren sind:

$$(1-\tfrac{1}{2}\cdot s^{E,A})\cdot q(s^{EK},t) - q(s^{E,A},t) \qquad \text{(IV.70)}$$

Hierfür ergeben sich wieder für einen Zinssatz von i=10% die folgenden exemplarischen Werte:

$s^{E,A}$	t=2	t=6	t=12	t=20	t=30
20%	–0,15	–0,29	–0,66	–1,64	–4,51
40%	–0,22	–0,27	–0,36	–0,52	–0,81
50%	–0,26	–0,26	–0,24	–0,13	+0,30
60%	–0,29	–0,26	–0,15	+0,16	+1,07

Hier treten positive Differenzen in der Regel erst für Grenzsteuersätze oberhalb von 50% auf. Nur für große t können sich solche auch schon für Grenzsteuersätze knapp unterhalb von 50% ergeben. Je geringer der Grenzsteuersatz und je geringer der Planungshorizont, desto eher dürfte die Vorteilhaftigkeit der Investition unter Anwendung der Gesellschafter-Fremdfinanzierung gegeben sein.

IV.2.5.3 Das Endvermögen nach Steuern für die gängigsten Darlehensformen

Im Folgenden sollen die gängigsten Formen für Darlehen etwas intensiver untersucht werden. Wir betrachten dabei im Einzelnen:

- Fälligkeitsdarlehen (IV.2.5.3.1)
- Darlehen mit gleichen Tilgungsraten (IV.2.5.3.2)
- Annuitätendarlehen (IV.2.5.3.3)

IV.2.5.3.1 Fälligkeitsdarlehen

Die Tilgung des Darlehens erfolgt am Ende der Laufzeit, die annahmegemäß mit dem Planungshorizont τ+T identisch ist. Daraus resultieren konstante Zinszahlungen. Im Einzelnen gilt:

$$\begin{aligned} ZI_j &= p \cdot FK_{j-1} = p \cdot I_0,\ j=1,\ldots,T \\ TIL_j &= FK_{j-1} - FK_j = \begin{cases} 0 & \text{für } j = 1,\ldots,T-1 \\ I_0 & \text{für } j = T \end{cases} \end{aligned} \qquad \text{(IV.71)}$$

Das Endvermögen beträgt somit:

$$EV^{S}_{K,4} = (1-½·s^{E,A})·(\boldsymbol{Z}_{KS} + \boldsymbol{Y}_{KS})$$
$$- (1-½·s^{E,A})·[(1-s^{EK}_{F})·p·I_0·\sum_j q(s^{EK}, T-j) + I_0]$$
$$+ (1-s^{E,A})·p·I_0·\sum_j q(s^{E,A}, T-j) + I_0 \qquad \text{(IV.72)}$$

Durch geeignete Umformungen folgt hieraus:

$$EV^{S}_{K,4} = (1-½·s^{E,A})·(\boldsymbol{Z}_{KS} + \boldsymbol{Y}_{KS}) + ½·s^{E,A}·I_0$$
$$-\frac{p}{i}\cdot I_0\cdot\left\{\frac{(1-½\cdot s^{E,A})(1-s^{EK}_{F})}{1-s^{EK}}\cdot[q(s^{EK},T)-1]-[q(s^{E,A},T)-1]\right\} \qquad \text{(IV.73)}$$

Die Vorteilhaftigkeit ist somit dann gegeben, wenn gilt:

$$(1-½·s^{E,A})·(\boldsymbol{Y}_{KS}-I_0)$$
$$-\frac{p}{i}\cdot I_0\cdot\left\{\frac{(1-½\cdot s^{E,A})\cdot(1-s^{EK}_{F})}{1-s^{EK}}\cdot[q(s^{EK},T)-1]-[q(s^{E,A},T)-1]\right\}$$
$$> I_0·[q(s^{E,A},T)-1] \qquad \text{(IV.74)}$$

IV.2.5.3.2 Darlehen mit gleichen Tilgungsraten

In diesem Falle sind die Tilgungsraten konstant, sie ergeben sich mit:

$$TIL_j = \frac{1}{T}\cdot I_0,\ j=1,...,T \qquad \text{(IV.75)}$$

Daraus resultieren ein Darlehensbestand FK_j am Ende der Periode j in Höhe von

$$FK_j = I_0 - \frac{j}{T}\cdot I_0 = \frac{T-j}{T}\cdot I_0,\ j=1,...,T \qquad \text{(IV.76)}$$

und schließlich Zinszahlungen ZI_j mit:

$$ZI_j = p·FK_{j-1} = p\cdot\frac{T-j+1}{T}\cdot I_0,\ j=1,...,T \qquad \text{(IV.77)}$$

Es ergibt sich ein Endvermögen von:

$$EV^{S}_{K,4} = (1-\tfrac{1}{2}\cdot s^{E,A})\cdot(\boldsymbol{Z}_{KS} + \boldsymbol{Y}_{KS})$$

$$-(1-\tfrac{1}{2}\cdot s^{E,A})\cdot\left[(1-s_F^{EK})pI_0\sum_j \frac{T-j+1}{T}q(s^{EK},T-j) + \frac{I_0}{T}\sum_j q(s^{EK},T-j)\right]$$

$$+(1-s^{E,A})\cdot p\cdot I_0\cdot\sum_j \frac{T-j+1}{T}\cdot q(s^{E,A},T-j) + \frac{I_0}{T}\cdot\sum_j q(s^{E,A},T-j) \quad \text{(IV.78)}$$

Wiederum durch geeignete Umformungen erhält man:

$$EV^{S}_{K,4} = (1-\tfrac{1}{2}\cdot s^{E,A})\cdot(\boldsymbol{Z}_{KS} + \boldsymbol{Y}_{KS})$$

$$+\frac{I_0}{T}\cdot\left[\frac{q(s^{E,A},T)-1}{(1-s^{E,A})\cdot i} - (1-\tfrac{1}{2}\cdot s^{E,A})\cdot\frac{q(s^{EK},T)-1}{(1-s^{EK})\cdot i}\right]$$

$$+\frac{p}{i}\cdot I_0\cdot\left[q(s^{E,A},T) - \frac{(1-\tfrac{1}{2}\cdot s^{E,A})\cdot(1-s_F^{EK})}{1-s^{EK}}\cdot q(s^{EK},T)\right]$$

$$-\frac{p}{i}\cdot\frac{I_0}{T}\cdot\left[\frac{q(s^{E,A},T)-1}{(1-s^{E,A})\cdot i} - \frac{(1-\tfrac{1}{2}\cdot s^{E,A})\cdot(1-s_F^{EK})}{1-s^{EK}}\cdot\frac{q(s^{EK},T)-1}{(1-s^{EK})\cdot i}\right] \quad \text{(IV.79)}$$

Auf eine weitergehende Analyse dieses Ausdrucks soll an dieser Stelle verzichtet werden.

IV.2.5.3.3 Annuitätendarlehen

Die Annuität a berechnet sich mit:

$$a = \frac{p\cdot(1+p)^T}{(1+p)^T-1}\cdot I_0 \quad \text{(IV.80)}$$

Die daraus resultierenden Zins- und Tilgungszahlungen betragen

$$ZI_j = \frac{(1+p)^T-(1+p)^{j-1}}{(1+p)^T-1}\cdot p\cdot I_0,\ j=1,\dots,T \quad \text{(IV.81)}$$

und:

$$TIL_j = \frac{(1+p)^{j-1}}{(1+p)^T - 1} \cdot p \cdot I_0 ,\ j=1,...,T \tag{IV.82}$$

Das Endvermögen ist somit bestimmt durch:

$$\begin{aligned} EV^S_{K,4} = {} & (1-\tfrac{1}{2}\cdot s^{E,A})\cdot(\boldsymbol{Z}_{KS} + \boldsymbol{Y}_{KS}) \\ & - (1-\tfrac{1}{2}\cdot s^{E,A})\cdot(1-s_F^{EK})\cdot p\cdot I_0\cdot \sum_j \frac{(1+p)^T - (1+p)^{j-1}}{(1+p)^T - 1} \cdot q(s^{EK}, T-j) \\ & - (1-\tfrac{1}{2}\cdot s^{E,A})\cdot p\cdot I_0\cdot \sum_j \frac{(1+p)^{j-1}}{(1+p)^T - 1} \cdot q(s^{EK}, T-j)\,] \\ & + (1-s^{E,A})\cdot p\cdot I_0\cdot \sum_j \frac{(1+p)^T - (1+p)^{j-1}}{(1+p)^T - 1} \cdot q(s^{E,A}, T-j) \\ & + p\cdot I_0\cdot \sum_j \frac{(1+p)^{j-1}}{(1+p)^T - 1} \cdot q(s^{E,A}, T-j) \end{aligned} \tag{IV.83}$$

Durch geeignete Umformungen erhält man:

$$\begin{aligned} EV^S_{K,4} = {} & (1-\tfrac{1}{2}\cdot s^{E,A})\cdot(\boldsymbol{Z}_{KS} + \boldsymbol{Y}_{KS}) \\ & + \frac{a}{i} \cdot \left\{ [q(s^{E,A}, T) - 1] - \frac{(1-\tfrac{1}{2}\cdot s^{E,A})\cdot(1-s_F^{EK})}{1-s^{EK}} \cdot [q(s^{EK}, T) - 1] \right\} \\ & + \frac{a}{(1+p)^T} \cdot \left\{ s^{E,A} \cdot \frac{(1+p)^T - q(s^{E,A}, T)}{p - (1-s^{E,A})\cdot i} - s_F^{EK}(1-\tfrac{1}{2}s^{E,A}) \cdot \frac{(1+p)^T - q(s^{EK}, T)}{p - (1-s^{EK})\cdot i} \right\} \end{aligned} \tag{IV.84}$$

Auch hier wird auf eine weitergehende Analyse dieses Ausdrucks verzichtet.

IV.2.5.4 Alternativenvergleich

IV.2.5.4.1 Vergleich mit der Selbstfinanzierung

Die Gesellschafter-Fremdfinanzierung (F4) ist besser als die Selbstfinanzierung (F1), wenn

$$EV^S_{K,4} > EV^S_{K,1} \tag{IV.85}$$

gilt, was äquivalent ist zu:

$$(1-\tfrac{1}{2}\cdot s^{E,A})\cdot(\boldsymbol{Z}_{KS} + \boldsymbol{Y}_{KS}) + \boldsymbol{F}_S$$
$$> (1-\tfrac{1}{2}\cdot s^{E,A})\cdot(\boldsymbol{Z}_{KS} + \boldsymbol{Y}_{KS} - I_0\cdot q(s^{EK},T)) + I_0\cdot q(s^{E,A},T)$$
$$\Leftrightarrow$$
$$\boldsymbol{F}_S > I_0\cdot[q(s^{E,A},T) - (1-\tfrac{1}{2}\cdot s^{E,A})\cdot q(s^{EK},T)] \qquad \text{(IV.86)}$$

Die Größe $\boldsymbol{F}_S=\boldsymbol{F}_{GS}-(1-\tfrac{1}{2}\cdot s^{E,A})\cdot\boldsymbol{F}_{KS}$ gibt gerade den Vor- bzw. Nachteil an, der aus der unterschiedlichen steuerlichen Behandlung der Zins- und Tilgungszahlungen auf der Ebene der Unternehmung und der Ebene der Gesellschafter resultiert. Entsprechend misst die Größe auf der rechten Seite von (IV.86) den Vor- bzw. Nachteil, der sich aus der internen bzw. externen Anlage des Betrages I_0 ergibt und der letztlich als Schwellenwert für die Vorteilhaftigkeit der Investition bei Selbstfinanzierung dient. Würden die ausgeschütteten Gewinne nicht zusätzlich auf der Ebene der Gesellschafter belastet und stimmten die intern und extern relevanten Steuersätze überein ($s^{E,A}=s^{EK}$), so würden beide Ausdrücke verschwinden und es herrschte Indifferenz zwischen den beiden Finanzierungsformen.

IV.2.5.4.2 Vergleich mit der Beteiligungsfinanzierung durch Alt-Gesellschafter

Die Gesellschafter-Fremdfinanzierung (F4) ist besser als die Beteiligungsfinanzierung durch die Alt-Gesellschafter (F2), wenn gilt:

$$EV^S_{K,4} > EV^S_{K,2}$$
$$\Leftrightarrow$$
$$(1-\tfrac{1}{2}\cdot s^{E,A})\cdot(\boldsymbol{Z}_{KS} + \boldsymbol{Y}_{KS}) + \boldsymbol{F}_S > (1-\tfrac{1}{2}\cdot s^{E,A})\cdot(\boldsymbol{Z}_{KS} + \boldsymbol{Y}_{KS} - I_0) + I_0$$
$$\Leftrightarrow$$
$$(1-\tfrac{1}{2}\cdot s^{E,A})\cdot I_0 + \boldsymbol{F}_S > I_0$$
$$\Leftrightarrow$$
$$\boldsymbol{F}_S > \tfrac{1}{2}\cdot s^{E,A}\cdot I_0 \qquad \text{(IV.87)}$$

Beispielhaft soll dieser Vergleich für ein Fälligkeitsdarlehen durchgeführt werden, da hier im Hinblick auf die „Rückzahlung“ des Kapitals die gleiche Struktur vorliegt. In diesem Falle ist:

$$F_S = \frac{1}{2} \cdot s^{E,A} \cdot I_0$$

$$-\frac{p}{i} \cdot I_0 \cdot \left\{ \frac{(1-\frac{1}{2} \cdot s^{E,A}) \cdot (1-s_F^{EK})}{1-s^{EK}} \cdot [q(s^{EK},T)-1] - [q(s^{E,A},T)-1] \right\} \qquad \text{(IV.88)}$$

Somit ist (IV.87) äquivalent zu:

$$[q(s^{E,A},T)-1] - \frac{(1-\frac{1}{2} \cdot s^{E,A}) \cdot (1-s_F^{EK})}{1-s^{EK}} \cdot [q(s^{EK},T)-1] > 0 \qquad \text{(IV.89)}$$

Die beiden folgenden Tabellen geben die kritischen Grenzsteuersätze für bestimmte Datenkonstellationen wieder. Im ersten Fall wird der Markt- bzw. Kalkulationszinsfuß i festgehalten und der Planungshorizont T variiert, im zweiten Fall der Planungshorizont T festgehalten und der Marktzinssatz i variiert:

	Kalkulationszinsfuß i=10%					
T	4	6	8	10	12	14
$s^{E,A}$	46,5%	45,9%	45,3%	44,8%	44,3%	43,8%

	Planungshorizont T=10 Jahre				
i	4%	6%	8%	10%	12%
$s^{E,A}$	46,3%	45,8%	45,3%	44,8%	44,4%

Die Gesellschafter-Fremdfinanzierung per Fälligkeitsdarlehen ist dann vorteilhaft, wenn der individuelle Grenzsteuersatz der Gesellschafter den hier angegebenen Schwellenwert unterschreitet. Zu beachten ist jedoch bei diesem Vergleich, dass durch die Zinszahlungen quasi eine vorzeitige Ausschüttung von Investitionserträgen an die Gesellschafter erfolgt, die dann im Privatvermögen angelegt werden, während im Falle der Beteiligungsfinanzierung dieselben Erträge bis zum Ende des Planungshorizonts in der Unternehmung angelegt werden.

IV.2.5.4.3 Vergleich mit der Beteiligungsfinanzierung durch Neu-Gesellschafter

Im Vergleich zur Beteiligungsfinanzierung durch Neu-Gesellschafter (F3) ist die Gesellschafter-Fremdfinanzierung (F4) überlegen, wenn gilt:

$$EV_{K,4}^{S} > EV_{K,3}^{S}$$

$$\Leftrightarrow$$

$$(1-½\cdot s^{E,A})\cdot(\boldsymbol{Z}_{KS} + \boldsymbol{Y}_{KS}) + \boldsymbol{F}_{S}$$
$$> (1-½\cdot s^{E,A})\cdot[(1-\alpha)\cdot(\boldsymbol{Z}_{KS} + \boldsymbol{Y}_{KS} - I_0) + \alpha\cdot(1-s^{EK})\cdot Z_\tau] + I_0\cdot q(s^{E,A},T)$$

$$\Leftrightarrow$$

$$\boldsymbol{F}_{S} > ½\cdot s^{E,A}\cdot I_0 + I_0\cdot[q(s^{E,A},T)-1] - \alpha\cdot(1-½\cdot s^{E,A})\cdot[\boldsymbol{Z}_{KS}-(1-s^{EK})\cdot Z_\tau+\boldsymbol{Y}_{KS}-I_0] \quad \text{(IV.90)}$$

IV.2.5.5 Das Endvermögen nach Steuern bei Umqualifizierung der Zinszahlungen in verdeckte Gewinnausschüttungen

Im Folgenden sei noch analysiert, welche Auswirkungen eine Umqualifizierung der Zinszahlungen an die Gesellschafter in eine verdeckte Gewinnausschüttung hat, wie sie im aktuellen Steuerrecht unter bestimmten Voraussetzungen nach § 8a KStG erfolgt. In diesem Falle wird die Entlastung der Zinszahlungen auf der Ebene der Gesellschaft durch Körperschaft- und Gewerbesteuer versagt. Beim Gesellschafter unterliegen die Zinseinkünfte dem Halbeinkünfteverfahren. Damit ergibt sich ein Endvermögen in Höhe von:

$$\begin{aligned} EV_{K,4}^{S*} = &\ (1-½\cdot s^{E,A})\,(\boldsymbol{Z}_{KS} + \boldsymbol{Y}_{KS}) \\ &-(1-½\cdot s^{E,A})\cdot \sum_{j=1}^{T}[p\cdot FK_{j-1} + (FK_{j-1} - FK_j)]\cdot q(s^{EK},T-j) \\ &+\sum_{j=1}^{T}[(1-½\cdot s^{E,A})\cdot p\cdot FK_{j-1} + (FK_{j-1} - FK_j)]\cdot q(s^{E,A},T-j) \end{aligned} \quad \text{(IV.91)}$$

Der Nachteil, der durch die Umqualifizierung entsteht, beträgt:

$$\begin{aligned} &EV_{K,4}^{S} - EV_{K,4}^{S*} \\ &= (1-½\cdot s^{E,A})\cdot s_F^{EK}\sum_j pFK_{j-1}q(s^{EK},T-j) - ½ s^{E,A}\sum_j pFK_{j-1}q(s^{E,A},T-j) \\ &= \sum_j p\cdot FK_{j-1}\cdot[(1-½\cdot s^{E,A})\cdot s_F^{EK}\cdot q(s^{EK},T-j) - ½\cdot s^{E,A}\cdot q(s^{E,A},T-j)] \end{aligned} \quad \text{(IV.92)}$$

Beispielsweise ist bei einem Fälligkeitsdarlehen dieser Ausdruck für Grenzsteuersätze bis 45% regelmäßig positiv. Erst bei entsprechend höheren Grenzsteuersätzen der Gesellschafter kann sich der Nachteil in einen Vorteil umwandeln, was auf der nur hälftigen Besteuerung der Zinseinkünfte auf der Gesellschafterebene beruht.

Von besonderem Interesse dürfte hier ein Vergleich mit der Beteiligungsfinanzierung durch die (Alt-)Gesellschafter (F2) sein. Es gilt:

$$EV_{K,4}^{S*} > EV_{K,2}^{S}$$

$$\Leftrightarrow$$

$$\frac{q(s^{EK},T)-1}{1-s^{EK}} > \frac{q(s^{E,A},T)-1}{1-s^{E,A}} \qquad \text{(IV.93)}$$

Bei Grenzsteuersätzen unterhalb von 37,5% ist die Gesellschafter-Fremdfinanzierung auch bei Umqualifizierung der Zinseinkünfte in verdeckte Gewinnausschüttungen gegenüber der Beteiligungsfinanzierung vorteilhaft.

IV.2.6 Die Fremdfinanzierung durch Dritte (F5)

Die relevanten Formeln für das Endvermögen vor bzw. nach Steuern lassen sich für diesen Fall leicht aus den entsprechenden Ausdrücken für die Gesellschafter-Fremdfinanzierung ableiten. Man muss nur die durch die Zinsen und Tilgungen verursachten Zahlungsströme, die jetzt an die fremden Kapitalgeber fließen, ersetzen durch das Endvermögen, welches durch die Anlage von I_0 im Privatvermögen entsteht.

IV.2.6.1 Das Endvermögen vor bzw. nach Steuern

Fall 5a: Vor Steuern

Es resultiert ein Endvermögen in Höhe von:

$$EV_{K,5} = \boldsymbol{Z} + \boldsymbol{Y} - \sum_{j=1}^{T}[p \cdot FK_{j-1} + (FK_{j-1} - FK_j)] \cdot q(T-j) + I_0 \cdot q_0(T) \qquad \text{(IV.94)}$$

Die Durchführung der Investition lohnt sich, wenn gilt:

$$EV_{K,5} > \boldsymbol{Z} + I_0 \cdot q_0(T)$$

$$\Leftrightarrow$$

$$\boldsymbol{Y} > \sum_{j=1}^{T}[p \cdot FK_{j-1} + (FK_{j-1} - FK_j)] \cdot q(T-j), \tag{IV.95}$$

wenn also das durch die Investition verursachte Endvermögen größer ist als die an die Fremdkapitalgeber unter Berücksichtigung der entgangenen Verzinsung abzuführenden Zins- und Tilgungszahlungen.

Fall 5b: Nach Steuern

Analog lässt sich in diesem Fall folgendes Endvermögen herleiten:

$$EV_{K,5}^{S} = (1-\tfrac{1}{2}\cdot s^{E,A})\cdot(\boldsymbol{Z}_{KS} + \boldsymbol{Y}_{KS} - \boldsymbol{F}_{KS}) + I_0\cdot q(s^{E,A},T) \tag{IV.96}$$

Die Durchführung der Investition lohnt sich, wenn gilt:

$$EV_{K,5}^{S} > EV_{K,U}^{S}$$

$$\Leftrightarrow$$

$$(1-\tfrac{1}{2}\cdot s^{E,A})\cdot(\boldsymbol{Z}_{KS} + \boldsymbol{Y}_{KS} - \boldsymbol{F}_{KS}) + I_0\cdot q(s^{E,A},T)$$
$$> (1-\tfrac{1}{2}\cdot s^{E,A})\cdot \boldsymbol{Z}_{KS} + I_0\cdot q(s^{E,A},T)$$

$$\Leftrightarrow$$

$$\boldsymbol{Y}_{KS} > \boldsymbol{F}_{KS} \tag{IV.97}$$

Man erhält also ein dem Vorsteuerfall (IV.95) entsprechendes Ergebnis.

IV.2.6.2 Das Endvermögen nach Steuern für die gängigsten Darlehensformen

IV.2.6.2.1 Fälligkeitsdarlehen

Das Endvermögen beträgt:

$$EV_{K,5}^{S} = (1-\tfrac{1}{2}\cdot s^{E,A})\cdot(\boldsymbol{Z}_{KS} + \boldsymbol{Y}_{KS})$$
$$- (1-\tfrac{1}{2}\cdot s^{E,A})\cdot[(1-s_F^{EK})\cdot p\cdot I_0\cdot \sum_j q(s^{EK}, T-j) + I_0] + I_0\cdot q(s^{E,A},T) \tag{IV.98}$$

Durch geeignete Umformungen folgt hieraus:

$$\begin{aligned} EV^{S}_{K,5} &= (1-½\cdot s^{E,A})\cdot(\boldsymbol{Z}_{KS} + \boldsymbol{Y}_{KS} - I_0) \\ &- \frac{p}{i}\cdot I_0\cdot\frac{(1-½\cdot s^{E,A})\cdot(1-s^{EK}_{F})}{1-s^{EK}}\cdot[q(s^{EK},T)-1] + I_0\cdot q(s^{E,A},T) \end{aligned} \tag{IV.99}$$

Die Durchführung der Investition lohnt sich, wenn gilt:

$$EV^{S}_{K,5} > EV^{S}_{K,U}$$

$$\Leftrightarrow$$

$$(1-½\cdot s^{E,A})\cdot(\boldsymbol{Y}_{KS} - I_0) > \frac{p}{i}\cdot I_0\cdot\frac{(1-½\cdot s^{E,A})\cdot(1-s^{EK}_{F})}{1-s^{EK}}\cdot[q(s^{EK},T)-1] \tag{IV.100}$$

IV.2.6.2.2 Darlehen mit gleichen Tilgungsraten

Das Endvermögen beträgt in diesem Falle:

$$\begin{aligned} EV^{S}_{K,5} &= (1-½\cdot s^{E,A})\cdot(\boldsymbol{Z}_{KS} + \boldsymbol{Y}_{KS}) + I_0\cdot q(s^{E,A},T) \\ &- \frac{I_0}{T}\cdot(1-½\cdot s^{E,A})\cdot\frac{q(s^{EK},T)-1}{(1-s^{EK})\cdot i} \\ &- \frac{p}{i}\cdot I_0\cdot\frac{(1-½\cdot s^{E,A})\cdot(1-s^{EK}_{F})}{1-s^{EK}}\cdot q(s^{EK},T) \\ &+ \frac{p}{i}\cdot\frac{I_0}{T}\cdot\frac{(1-½\cdot s^{E,A})\cdot(1-s^{EK}_{F})}{1-s^{EK}}\cdot\frac{q(s^{EK},T)-1}{(1-s^{EK})\cdot i} \end{aligned} \tag{IV.101}$$

IV.2.6.2.3 Annuitätendarlehen

Hier bestimmt sich das Endvermögen mit:

$$\begin{aligned} EV^{S}_{K,5} &= (1-½\cdot s^{E,A})\cdot(\boldsymbol{Z}_{KS} + \boldsymbol{Y}_{KS}) + I_0\cdot q(s^{E,A},T) \\ &- \frac{a}{i}\cdot\frac{(1-½\cdot s^{E,A})\cdot(1-s^{EK}_{F})}{1-s^{EK}}\cdot[q(s^{EK},T)-1] \\ &- \frac{a}{(1+p)^{T}}\cdot s^{EK}_{F}\cdot(1-½\cdot s^{E,A})\cdot\frac{(1+p)^{T}-q(s^{EK},T)}{p-(1-s^{EK})\cdot i} \end{aligned} \tag{IV.102}$$

IV.2.6.3 Alternativenvergleich

IV.2.6.3.1 Vergleich mit der Selbstfinanzierung

Im Vergleich zur Selbstfinanzierung erweist sich die Fremdfinanzierung durch Dritte dann als vorteilhaft, wenn gilt:

$$EV^{S}_{K,5} > EV^{S}_{K,1}$$

$$\Leftrightarrow$$

$$(1-\tfrac{1}{2}\cdot s^{E,A})\cdot(\boldsymbol{Z}_{KS} + \boldsymbol{Y}_{KS} - \boldsymbol{F}_{KS}) + I_0\cdot q(s^{E,A},T)$$
$$> (1-\tfrac{1}{2}\cdot s^{E,A})\cdot[\boldsymbol{Z}_{KS} + \boldsymbol{Y}_{KS} - I_0\cdot q(s^{EK},T)] + I_0\cdot q(s^{E,A},T)$$

$$\Leftrightarrow$$

$$\boldsymbol{F}_{KS} < I_0\cdot q(s^{EK},T) \qquad \text{(IV.103)}$$

IV.2.6.3.2 Vergleich mit der Beteiligungsfinanzierung durch Alt-Gesellschafter

Gegenüber der Beteiligungsfinanzierung durch die (Alt-)Gesellschafter dominiert die Fremdfinanzierung, wenn die folgende Bedingung erfüllt ist:

$$EV^{S}_{K,5} > EV^{S}_{K,2}$$

$$\Leftrightarrow$$

$$(1-\tfrac{1}{2}\cdot s^{E,A})\cdot(\boldsymbol{Z}_{KS} + \boldsymbol{Y}_{KS} - \boldsymbol{F}_{KS}) + I_0\cdot q(s^{E,A},T)$$
$$> (1-\tfrac{1}{2}\cdot s^{E,A})\cdot(\boldsymbol{Z}_{KS} + \boldsymbol{Y}_{KS} - I_0) + I_0$$

$$\Leftrightarrow$$

$$(1-\tfrac{1}{2}\cdot s^{E,A})\cdot\boldsymbol{F}_{KS} < I_0\cdot[q(s^{E,A},T) - \tfrac{1}{2}\cdot s^{E,A}] \qquad \text{(IV.104)}$$

IV.2.6.3.3 Vergleich mit der Beteiligungsfinanzierung durch Neu-Gesellschafter

Die Fremdfinanzierung dominiert die Beteiligungsfinanzierung durch Neu-Gesellschafter, wenn gilt:

$$EV^{S}_{K,5} > EV^{S}_{K,3}$$

$$\Leftrightarrow$$

$$(1-\tfrac{1}{2}\cdot s^{E,A})\cdot(\boldsymbol{Z}_{KS} + \boldsymbol{Y}_{KS} - \boldsymbol{F}_{KS}) + I_0\cdot q(s^{E,A},T)$$
$$> (1-\tfrac{1}{2}\cdot s^{E,A})\cdot[(1-\alpha)\cdot(\boldsymbol{Z}_{KS} + \boldsymbol{Y}_{KS} - I_0) + \alpha\cdot(1-s^{EK})\cdot Z_\tau] + I_0\cdot q(s^{E,A},T)$$

$$\Leftrightarrow$$

$$\boldsymbol{F}_{KS} < \alpha\cdot[\boldsymbol{Z}_{KS} - (1-s^{EK})\cdot Z_\tau + \boldsymbol{Y}_{KS} - I_0] \qquad \text{(IV.105)}$$

IV.2.6.3.4 Vergleich mit der Gesellschafter-Fremdfinanzierung

Schließlich lässt sich für den Vergleich mit der Gesellschafter-Fremdfinanzierung ableiten:

$$EV^S_{K,5} > EV^S_{K,4}$$

$$\Leftrightarrow$$

$$(1-\tfrac{1}{2}\cdot s^{E,A})\cdot(\boldsymbol{Z}_{KS} + \boldsymbol{Y}_{KS} - \boldsymbol{F}_{KS}) + I_0\cdot q(s^{E,A},T)$$
$$> (1-\tfrac{1}{2}\cdot s^{E,A})\cdot(\boldsymbol{Z}_{KS} + \boldsymbol{Y}_{KS}) + \boldsymbol{F}_{GS} - (1-\tfrac{1}{2}\cdot s^{E,A})\cdot \boldsymbol{F}_{KS}$$

$$\Leftrightarrow$$

$$\boldsymbol{F}_{GS} < I_0\cdot q(s^{E,A},T) \qquad \text{(IV.106)}$$

IV.2.7 Ein Beispiel

Wir gehen von folgender Datenkonstellation aus: Im Zeitpunkt t=0 ist eine Kapitalgesellschaft gegründet worden, die Einlage der Gesellschafter beläuft sich auf E_0=1.900.000. Die Rendite vor Steuern auf dieses eingesetzte Kapital betrage r_Z, die daraus resultierenden Einzahlungsüberschüsse seien im Zeitablauf konstant, es gelte also $Z_t = r_Z \cdot 1.900.000$, t=1,...,τ+T. Im Zeitpunkt t=τ ergebe sich mit einem Planungshorizont von T=6 Jahren folgende Investitionsmöglichkeit:

$$I_0=100.000;\ Y_j=26.983{,}63,\ j=1,\dots,6$$

Dies entspricht einer Vermögensrentabilität vor Steuern von 13%. Auf dem Kapitalmarkt können finanzielle Mittel zu i=10% angelegt werden. Im Falle der Fremdfinanzierung gilt ein Referenzzinssatz von p=12%, wobei als Form ein Fälligkeitsdarlehen angenommen wird. Für die Vermögensrentabilität r_Z der Alt-Investitionen seien alternativ Werte von 11%, 13% und 15% gewählt. Der Grenzsteuersatz $s^{E,A}$ der

(Alt-)Gesellschafter variiere mit den Werten 0%, 20%, 30%, 40% und 50%. Der Gewerbesteuer-Hebesatz betrage h^{GE}=400%, woraus sich ein effektiver Gewerbesteuersatz von

$$s^{GE} = \frac{0{,}05 \cdot h^{GE}}{1 + 0{,}05 \cdot h^{GE}} = 16{,}67\% \qquad \text{(IV.107)}$$

ergibt. Damit folgt:

$$s^{EK} = 0{,}25 + 0{,}1667 - 0{,}25 \cdot 0{,}1667 = 0{,}375 \qquad \text{(IV.108)}$$

Der auf der Ebene der Kapitalgesellschaft relevante kombinierte Ertragsteuersatz beträgt damit 37,5%. In der Gesellschaft angelegte Mittel verzinsen sich somit mit (1-0,375)·0,10=6,25%. Für die Fälle der Fremdfinanzierung benötigen wir noch den aufgrund der gewerbesteuerlichen Hinzurechnungsvorschrift der Dauerschuldzinsen modifizierten kombinierten Ertragsteuersatz, für diesen gilt:

$$s_F^{EK} = 0{,}25 + \tfrac{1}{2} \cdot 0{,}1667 - 0{,}25 \cdot \tfrac{1}{2} \cdot 0{,}1667 = 0{,}3125 \qquad \text{(IV.109)}$$

In diesem Fall greift also ein Steuersatz in Höhe von 31,25%. Wir berechnen zunächst die Größen $\boldsymbol{Z}_{KS}$ und $\boldsymbol{Y}_{KS}$. Da annahmegemäß die Alt-Investitionen ab dem Zeitpunkt t=τ keine Abschreibungen mehr verursachen, gilt:

$$\begin{aligned} \boldsymbol{Z}_{KS} &= \sum_{j=0}^{6} (1 - s^{EK}) \cdot Z_{\tau+j} \cdot q(s^{EK}, 6 - j) \\ &= (1 - 0{,}375) \cdot r_Z \cdot 1.900.000 \cdot \sum_{j=0}^{6} q(0{,}375, 6 - j) \\ &= 0{,}625 \cdot Z \cdot 8{,}458090842 \\ &= 5{,}286306776 \cdot Z \qquad \text{(IV.110)} \end{aligned}$$

Dabei gilt für Z:

$$Z = \begin{cases} 209.000 & \text{für} \quad r_Z = 11\% \\ 247.000 & \text{für} \quad r_Z = 13\%, \\ 285.000 & \text{für} \quad r_Z = 15\% \end{cases} \qquad \text{(IV.111)}$$

woraus folgt:

$$\boldsymbol{Z}_{KS} = \begin{cases} 1.104.838 & \text{für} \quad r_Z = 11\% \\ 1.305.718 & \text{für} \quad r_Z = 13\% \\ 1.506.597 & \text{für} \quad r_Z = 15\% \end{cases} \qquad \text{(IV.112)}$$

Die Werte für $\boldsymbol{Z}_{KS}$ sind dabei auf ganze Zahlen gerundet.

Zur Berechnung der Größe $\boldsymbol{Y}_{KS}$ müssen zunächst die Abschreibungsmodalitäten festgelegt werden. Im ersten Jahr erfolgt die Abschreibung degressiv mit einem Satz von 20%. In t=τ+2 wird zur linearen Abschreibung übergegangen mit einem Satz von 16%. Es gilt also:

$$\text{AfA}_j = \begin{cases} 20.000 & \text{für} \quad j = 1 \\ 16.000 & \text{für} \quad j = 2,..,6 \end{cases} \qquad \text{(IV.113)}$$

Damit folgt:

$$\begin{aligned} \boldsymbol{Y}_{KS} &= \sum_{j=1}^{6} \left[Y_j - s^{EK} \cdot \left(Y_j - \text{AfA}_j \right) \right] \cdot q\left(s^{EK}, 6 - j \right) \\ &= [26.983,63 - 0,375 \cdot (26.983,63 - 20.000)] \cdot 1,0625^5 \\ &\quad + [26.983,63 - 0,375 \cdot (26.983,63 - 16.000)] \cdot \sum_{j=2}^{6} 1,0625^{6-j} \\ &= 162.527,62 \end{aligned} \qquad \text{(IV.114)}$$

Wir berechnen im Folgenden für jede Finanzierungsalternative (Fn, n=1,..,5) den Vor- bzw. ggf. den Nachteil gegenüber der Unterlassungsalternative, also den Wert:

$$\text{EV}_{K,n}^{S} - \text{EV}_{K,U}^{S} \qquad \text{(IV.115)}$$

Die Ergebnisse der Berechnung (Werte auf ganze Zahlen gerundet) sind in der Tabelle auf der folgenden Seite zusammengefasst.

Nur bei niedrigen Steuersätzen ist die Gesellschafter-Fremdfinanzierung die beste Alternative. Dies liegt darin begründet, dass hier die Einzahlungsüberschüsse aus der Investition früher den Gesellschaftern zufließen und extern zum dann höheren Zinssatz nach Steuern angelegt werden. Ansonsten dominiert die Selbstfinanzierung.

Bei einem Steuersatz von 50% wirkt sich die Umqualifizierung der Zinseinkünfte bei der Gesellschafter-Fremdfinanzierung vorteilhaft aus. Sehr uneinheitlich ist dagegen das Bild für die Beteiligungsfinanzierung durch neue Gesellschafter: Je nach dem, wie hoch rentabel die Alt-Investitionen sind, ist diese Finanzierungsalternative isoliert betrachtet vorteilhaft oder nachteilig.

	$s^{E,A}$=0%	$s^{E,A}$=10%	$s^{E,A}$=20%	$s^{E,A}$=30%	$s^{E,A}$=40%	$s^{E,A}$=50%
Selbstfinanzierung	18.656	17.724	16.791	15.858	14.925	13.992
Beteiligungsfinanzierung durch Alt-Gesellschafter	−14.628	−8.309	−2.413	3.075	8.170	12.886
Beteiligungsfinanzierung durch Neu-Gesellschafter mit:						
r_Z=11%	10.691	10.156	9.622	9.087	8.552	8.018
r_Z=13%	1.834	1.742	1.651	1.559	1.467	1.376
r_Z=15%	-7.022	-6.671	-6.320	-5.969	-5.618	-5.267
Gesellschafter-Fremdfinanzierung	20.049	17.929	15.893	13.940	12.065	10.265
Gesellschafter-Fremdfinanzierung mit Umqualifizierung	−6.274	−2.564	1.006	4.441	7.747	10.929
Fremdfinanzierung durch Dritte	4.618	4.387	4.156	3.925	3.694	3.463

IV.3 Der Einfluss der Besteuerung auf die Vorteilhaftigkeit von Investitionen in Personengesellschaften unter Berücksichtigung der Finanzierung

IV.3.1 Allgemeine Bemerkungen

Die für die verschiedenen Finanzierungsalternativen relevanten Endvermögen im Falle der Durchführung der Investition in einer Personengesellschaft lassen sich relativ leicht aus den entsprechenden Ausdrücken für die Kapitalgesellschaft ableiten. Eine zusätzliche Belastung der in $t=\tau+T$ entnommenen Gewinne entfällt. Dafür ist jedoch zu beachten, dass das aus den Alt-Investitionen resultierende Endvermögen $\boldsymbol{Z}_{PS}$ vom individuellen Grenzsteuersatz der (Alt-)Gesellschafter abhängt. Weiter sei angenommen, dass die Einzahlungsüberschüsse $Z_{\tau+j}$, j=1,..,T, so groß sind, dass der daraus resultierende Gewerbeertrag vor Berücksichtigung des Freibetrages nach § 11 Abs. 1 Nr. 1 GewStG jeweils größer ist (72.500+1.200·h^{GE}) Euro, also in der obersten Staffelzone für gewerbliche Personenunternehmen liegt.[1] Damit gilt für die aus den Alt-Investitionen resultierenden Gewerbesteuerzahlungen:

$$GewSt_{alt,t} = \frac{0{,}05 \cdot h^{GE}}{1 + 0{,}05 \cdot h^{GE}} \cdot (Z_t - 48.500) \qquad \text{(IV.116)}$$

Es ergibt sich ein Einzahlungsüberschuss nach Steuern in Höhe von:

$$Z_t - S_P = (1 - s^{EP}) \cdot Z_t + (1 - s^{E,A} - \frac{1{,}8}{h^{GE}}) \cdot s^{GE} \cdot 48.500 \qquad \text{(IV.117)}$$

Die aus der Neu-Investition resultierenden Einzahlungsüberschüsse werden dann mit dem Grenzsteuersatz

$$s^{GE} = \frac{0{,}05 \cdot h^{GE}}{1 + 0{,}05 \cdot h^{GE}} \qquad \text{(IV.118)}$$

belastet.

IV.3.2 Das Endvermögen der Unterlassungsalternative

Fall a: Vor Steuern

Wie bei der Kapitalgesellschaft ergibt sich ein Endvermögen in Höhe von:

$$EV_{P,U} = \boldsymbol{Z} + I_0 \cdot q_0(T) \qquad \text{(IV.119)}$$

[1] Zur Ermittlung der Bedingungen für die effektive Gewerbeertragsteuer für gewerbliche Personenunternehmen unter Berücksichtigung des Freibetrages nach § 11 Abs. 1 Nr. 1 GewStG und des Staffeltarifes nach § 11 Abs. 2 Nr. 1 GewStG vgl. Abschnitt II.2.2.2.2.2.

Fall b: Nach Steuern

Das Endvermögen resultiert aus der internen Anlage der Einzahlungsüberschüsse nach Steuern $Z_t - S_P$ sowie der externen Anlage des Betrages I_0. Das intern entstandene Endvermögen $\boldsymbol{Z}_{PS}$ wird in $t=\tau+T$ von den Gesellschaftern entnommen. Die externe Anlage erfolgt auf der Basis des um den Steuersatz $s^{E,A}$ gekürzten Marktzinses.

Daraus folgt:

$$EV_{P,U}^{S} = \boldsymbol{Z}_{PS} + I_0 \cdot q(s^{E,A},T) \qquad \text{(IV.120)}$$

IV.3.3 Die Selbstfinanzierung (F1)

Die Investition wird in $t=\tau$ aus dem Einzahlungsüberschuss Z_τ (im Fall vor Steuern) bzw. aus $(1-s^{EP})\cdot Z_\tau$ (im Fall nach Steuern) finanziert. Es muss also wieder vorausgesetzt werden, dass dieser Einzahlungsüberschuss größer ist als I_0. Die extern vorhandenen Mittel in Höhe von I_0 werden nicht benötigt und außerhalb der Gesellschaft bis zum Ende von $\tau+T$ zum Marktzins i angelegt.

Fall 1a: Vor Steuern

Das Endvermögen beträgt in diesem Fall wieder einfach:

$$EV_{P,1} = \boldsymbol{Z} + \boldsymbol{Y} \qquad \text{(IV.121)}$$

Fall 1b: Nach Steuern

Die Gesellschafter erhalten das aus den Alt- und den Neu-Investitionen resultierende Endvermögen nach Steuern. Aufgrund der Durchführung der Investition entgeht ihnen die interne Verzinsung von I_0. Da derselbe Betrag auch im Privatvermögen vorhanden ist, fließt ihnen in $t=\tau+T$ der aus der externen Verzinsung entstehende Vermögenszuwachs zu. Es folgt:

$$EV_{P,1}^{S} = \boldsymbol{Z}_{PS} + \boldsymbol{Y}_{PS} - I_0 \cdot q(s^{EP},T) + I_0 \cdot q(s^{E,A},T) \qquad \text{(IV.122)}$$

Die Durchführung der Investition lohnt sich, wenn

$$\boldsymbol{Y}_{PS} > I_0 \cdot q(s^{EP}, T) \tag{IV.123}$$

gilt, wenn also das Endvermögen nach Steuern, das aus den Erträgen der Neu-Investition entsteht, größer ist als das aus der internen Anlage resultierende Endvermögen.

IV.3.4 Die Beteiligungsfinanzierung durch Alt-Gesellschafter (F2)

IV.3.4.1 Das Endvermögen vor bzw. nach Steuern

Fall 2a: Vor Steuern

Wie oben erhält man ein Endvermögen in Höhe von:

$$EV_{P,2} = \boldsymbol{Z} + \boldsymbol{Y} \tag{IV.124}$$

Fall 2b: Nach Steuern

In diesem Falle ergibt sich einfach ein Endvermögen nach Steuern von:

$$EV_{P,2}^{S} = \boldsymbol{Z}_{PS} + \boldsymbol{Y}_{PS} \tag{IV.125}$$

Die Durchführung der Investition lohnt sich somit, wenn

$$\boldsymbol{Y}_{PS} > I_0 \cdot q(s^{E,A}, T) \tag{IV.126}$$

gilt, wenn also das Endvermögen nach Steuern, das aus den Erträgen der Neu-Investition entsteht, größer ist als das aus der externen Anlage resultierende Endvermögen.

IV.3.4.2 Vergleich mit der Selbstfinanzierung

Im Vergleich zur Selbstfinanzierung ist die Beteiligungsfinanzierung vorzuziehen, wenn gilt:

$$EV_{P,2}^{S} > EV_{P,1}^{S}$$

$$\Leftrightarrow$$

$$\boldsymbol{Z}_{PS} + \boldsymbol{Y}_{PS} > \boldsymbol{Z}_{PS} + \boldsymbol{Y}_{PS} - I_0 \cdot q(s^{EP},T) + I_0 \cdot q(s^{E,A},T)$$

$$\Leftrightarrow$$

$$I_0 \cdot q(s^{EP},T) > I_0 \cdot q(s^{E,A},T)$$

$$\Leftrightarrow$$

$$s^{EP} < s^{E,A}$$

$$\Leftrightarrow$$

$$s^{E,A} + s^{GE} - s^{E,A} \cdot s^{GE} - 1{,}8 \cdot s^{GE}/h^{GE} < s^{E,A}$$

$$\Leftrightarrow$$

$$(1 - s^{E,A} - 1{,}8/h^{GE}) \cdot s^{GE} < 0$$

$$\Leftrightarrow$$

$$h^{GE} < \frac{1{,}8}{1 - s^{E,A}} \qquad \text{(IV.127)}$$

Liegt der gewerbesteuerliche Hebesatz unter dem auf der rechten Seite der Ungleichung (IV.127) stehenden Schwellenwert, so heißt dies nichts anderes, als dass im Rahmen der pauschalierten Anrechnung eine Überkompensation der Belastung mit Gewerbesteuer auftritt, die Gesellschafter der betrachteten Personengesellschaft können also mehr auf ihre Einkommensteuer anrechnen, als tatsächlich an Gewerbesteuer bezahlt worden ist. Die (relative) Gesamtsteuerbelastung von Erträgen, die in der Unternehmung entstehen, ist somit geringer als der Grenzsteuersatz der Gesellschafter. Es ist somit für diese vorteilhaft, in der Unternehmung anzulegen anstatt im Privatvermögen.

IV.3.5 Die Beteiligungsfinanzierung durch Neu-Gesellschafter (F3)

IV.3.5.1 Das Endvermögen vor bzw. nach Steuern

Fall 3a: Vor Steuern

Die Alt-Gesellschafter erhalten ihren Anteil vom aufzuteilenden Gewinn und das Endvermögen, das sich aus der Anlage von I_0 im Privatvermögen ergibt:

$$EV_{P,3} = (1-\alpha)\cdot(\boldsymbol{Z} + \boldsymbol{Y} - I_0) + \alpha\cdot Z_\tau + I_0\cdot q_0(T) \qquad \text{(IV.128)}$$

Fall 3b: Nach Steuern

Analog zum Vorsteuerfall erhält man:

$$EV^S_{P,3} = (1-\alpha)\cdot(\boldsymbol{Z}_{PS} + \boldsymbol{Y}_{PS} - I_0) + \alpha\cdot(1-s^{EP})\cdot Z_\tau + I_0\cdot q(s^{E,A},T) \qquad \text{(IV.129)}$$

Die Durchführung der Investition lohnt sich für die Alt-Gesellschafter dann, wenn

$$EV^S_{P,3} > EV^S_{P,U}$$

$$\Leftrightarrow$$

$$(1-\alpha)\cdot(\boldsymbol{Z}_{PS} + \boldsymbol{Y}_{PS} - I_0) + \alpha\cdot(1-s^{EP})\cdot Z_\tau > \boldsymbol{Z}_{PS}$$

$$\Leftrightarrow$$

$$(1-\alpha)\cdot(\boldsymbol{Y}_{PS} - I_0) > \alpha\cdot[\boldsymbol{Z}_{PS} - (1-s^{EP})\cdot Z_\tau], \qquad \text{(IV.130)}$$

wenn also das für die Alt-Gesellschafter aus der Investition zusätzlich generierte Endvermögen größer ist als das, was sie an Endvermögen aus den Alt-Investitionen an die Neu-Gesellschafter abgeben müssen. Für die Neu-Gesellschafter lohnt sich die Investition nur, wenn:

$$\alpha\cdot[\boldsymbol{Z}_{PS,N} - (1-s^{EP,N})\cdot Z_\tau + \boldsymbol{Y}_{PS,N} - I_0] + I_0 > I_0\cdot q(s^{E,N},T) \qquad \text{(IV.131)}$$

Dabei ist die zusätzliche Indexierung mit N notwendig, um zu berücksichtigen, dass die in der Unternehmung entstehenden Erträge hier mit dem Grenzsteuersatz der Neu-Gesellschafter belastet werden.

IV.3.5.2 Alternativenvergleich

IV.3.5.2.1 Vergleich mit der Selbstfinanzierung

Die Beteiligungsfinanzierung durch Neu-Gesellschafter ist dann der Selbstfinanzierung überlegen wenn gilt:

$$EV^S_{P,3} > EV^S_{P,1}$$

$$\Leftrightarrow$$

$$(1-\alpha)\cdot(\boldsymbol{Z}_{PS} + \boldsymbol{Y}_{PS} - I_0) + \alpha\cdot(1-s^{EP})\cdot Z_\tau + I_0\cdot q(s^{E,A},T)$$
$$> \boldsymbol{Z}_{PS} + \boldsymbol{Y}_{PS} - I_0\cdot q(s^{EP},T) + I_0\cdot q(s^{E,A},T)$$

$$\Leftrightarrow$$

$$\alpha\cdot[(\boldsymbol{Z}_{PS} - (1-s^{EP,N})\cdot Z_\tau + \boldsymbol{Y}_{PS} - I_0] + I_0 < I_0\cdot q(s^{EP},T), \qquad \text{(IV.132)}$$

d.h. wenn der Teil des Endvermögens bei Durchführung der Investition, den die Alt-Gesellschafter insgesamt an die Neu-Gesellschafter abgeben müssen, kleiner ist als das Endvermögen, das aus der internen Anlage von I_0 resultiert.

IV.3.5.2.2 Vergleich mit der Beteiligungsfinanzierung durch Alt-Gesellschafter

Im Vergleich zu (F2) ist (F3) besser, wenn gilt:

$$EV^S_{P,3} > EV^S_{P,2}$$

$$\Leftrightarrow$$

$$(1-\alpha)\cdot(\boldsymbol{Z}_{PS} + \boldsymbol{Y}_{PS} - I_0) + \alpha\cdot(1-s^{EP})\cdot Z_\tau + I_0\cdot q(s^{E,A},T) > \boldsymbol{Z}_{PS} + \boldsymbol{Y}_{PS}$$

$$\Leftrightarrow$$

$$\alpha\cdot(\boldsymbol{Z}_{PS} - (1-s^{EP})\cdot Z_\tau + \boldsymbol{Y}_{PS} - I_0) + I_0 < I_0\cdot q(s^{E,A},T) \qquad \text{(IV.133)}$$

wenn also der Teil des Endvermögens, den die Alt-Gesellschafter insgesamt an die Neu-Gesellschafter bei Durchführung der Investition abgeben müssen, kleiner ist als das Endvermögen, das sich aus der externen Anlage von I_0 ergibt.

IV.3.6 Die Fremdfinanzierung durch Alt-Gesellschafter (F4)

IV.3.6.1 Das Endvermögen vor bzw. nach Steuern

Fall 4a: Vor Steuern

Wie bei der Kapitalgesellschaft beträgt das relevante Endvermögen:

$$EV_{P,4} = \boldsymbol{Z} + \boldsymbol{Y} \tag{IV.134}$$

Fall 4b: Nach Steuern

Es ist zu beachten, dass die von den (Alt-)Gesellschaftern empfangenen Zinszahlungen zu deren Einkünften aus Gewerbebetrieb zählen. Somit ist eine Abzugsfähigkeit als Betriebsausgaben auf der Ebene der Gesellschaft nicht gegeben. Daraus resultiert das folgende Endvermögen nach Steuern:

$$\begin{aligned} EV^S_{P,4} = \; & \boldsymbol{Z}_{PS} + \boldsymbol{Y}_{PS} \\ & - \sum_j [(1-s^{EP}) \cdot p \cdot FK_{j-1} + (FK_{j-1} - FK_j)] \cdot q(s^{EP}, T-j) \\ & + \sum_j [(1-s^{EP}) \cdot p \cdot FK_{j-1} + (FK_{j-1} - FK_j)] \cdot q(s^{E,A}, T-j) \end{aligned} \tag{IV.135}$$

Bezeichnen wir mit $\boldsymbol{F}_{PS}$ das durch die Zins- und Tilgungszahlungen verursachte Endvermögen, also:

$$\boldsymbol{F}_{PS} = \sum_j [(1-s^{EP})pFK_{j-1} + (FK_{j-1} - FK_j)][q(s^{E,A}, T-j) - q(s^{EP}, T-j)], \tag{IV.136}$$

so ist die Vorteilhaftigkeit der so finanzierten Investition dann gegeben, wenn gilt:

$$\boldsymbol{Y}_{PS} + \boldsymbol{F}_{PS} > I_0 \cdot q(s^{E,A}, T) \tag{IV.137}$$

Die Zins- und Tilgungszahlungen an die Gesellschafter werden nicht intern, sondern extern im Privatvermögen angelegt. Somit ist ausschließlich das Verhältnis von interner und externer Besteuerung der Anlage dieser Zahlungen dafür relevant, ob $\boldsymbol{F}_{PS}$ positiv oder negativ ist. $\boldsymbol{F}_{PS}$ ist positiv, wenn gilt:

$$s^{E,A} < s^{EP}$$

$$\Leftrightarrow$$

$$h^{GE} > \frac{1{,}8}{1 - s^{E,A}} \qquad \text{(IV.138)}$$

Ist die letzte Ungleichung erfüllt, so wird die bei interner Anlage entstehende Belastung mit Gewerbesteuer durch die pauschalierte Anrechnung nicht vollständig kompensiert, so dass die externe Anlage in diesem Fall günstiger ist.

IV.3.6.2 Alternativenvergleich

IV.3.6.2.1 Vergleich mit der Selbstfinanzierung

Im Vergleich zur Selbstfinanzierung ist die Gesellschafter-Fremdfinanzierung besser, wenn gilt:

$$EV^{S}_{P,4} > EV^{S}_{P,1}$$

$$\Leftrightarrow$$

$$\boldsymbol{Z}_{PS} + \boldsymbol{Y}_{PS} + \boldsymbol{F}_{PS} > \boldsymbol{Z}_{PS} + \boldsymbol{Y}_{PS} + I_0 \cdot [q(s^{E,A},T) - q(s^{EP},T)]$$

$$\Leftrightarrow$$

$$\boldsymbol{F}_{PS} > I_0 \cdot [q(s^{E,A},T) - q(s^{EP},T)] \qquad \text{(IV.139)}$$

Dies ist wiederum äquivalent zu:

$$\sum_j [(1 - s^{EP}) \cdot p \cdot FK_{j-1} + (FK_{j-1} - FK_j)] \cdot q(s^{E,A}, T - j) - I_0 \cdot q(s^{E,A},T)$$

$$> \sum_j [(1 - s^{EP}) \cdot p \cdot FK_{j-1} + (FK_{j-1} - FK_j)] \cdot q(s^{EP}, T - j) - I_0 \cdot q(s^{EP},T) \qquad \text{(IV.140)}$$

Im Fall $s^{E,A}=s^{EP}$ herrscht Indifferenz zwischen beiden Finanzierungsformen. Da für realistische Zinssätze die Tilgungs- die Zinszahlungen dominieren, ist die Funktion

$$\sum_j [(1-s^{EP})\cdot p\cdot FK_{j-1}+(FK_{j-1}-FK_j)]\cdot q(s,T-j)\;-\;I_0\cdot q(s,T)$$

$$=\sum_j (1-s^{EP})pFK_{j-1}q(s,T-j)\;+\;\sum_j (FK_{j-1}-FK_j)q(s,T-j)\;-\;I_0q(s,T)$$

$$=\sum_j (1-s^{EP})pFK_{j-1}q(s,T-j)\;-\;\sum_j (FK_{j-1}-FK_j)[q(s,T)-q(s,T-j)] \qquad \text{(IV.141)}$$

streng monoton fallend in s. Daraus folgt, dass für realistische Zinssätze p gilt:

$$\text{(F4)}\begin{cases}\text{besser}\\ \text{gleich}\\ \text{schlechter}\end{cases}\text{als (F1), wenn}\begin{cases}s^{E,A}<s^{EP}\\ s^{E,A}=s^{EP}\\ s^{E,A}>s^{EP}\end{cases}$$

IV.3.6.2.2 Vergleich mit der Beteiligungsfinanzierung durch Alt-Gesellschafter

Im Vergleich zur Beteiligungsfinanzierung ergibt sich die Dominanz der Gesellschafter-Fremdfinanzierung, wenn gilt:

$$EV^S_{P,4} > EV^S_{P,2}$$

$$\Leftrightarrow$$

$$\boldsymbol{Z}_{PS}+\boldsymbol{Y}_{PS}+\boldsymbol{F}_{PS}>\boldsymbol{Z}_{PS}+\boldsymbol{Y}_{PS}$$

$$\Leftrightarrow$$

$$\boldsymbol{F}_{PS}>0$$

$$\Leftrightarrow$$

$$s^{E,A}<s^{EP} \qquad \text{(IV.142)}$$

Dieser Vorteil beruht aber ausschließlich auf der Tatsache, dass im Falle der Gesellschafter-Fremdfinanzierung Teile der erwirtschafteten Erträge früher an die Gesellschafter zufließen und von diesen extern besser angelegt werden können als intern.

IV.3.6.2.3 Vergleich mit der Beteiligungsfinanzierung durch Neu-Gesellschafter

Der Vergleich mit der Beteiligungsfinanzierung (F3) liefert schließlich:

$$EV_{P,4}^{S} > EV_{P,3}^{S}$$

$$\Leftrightarrow$$

$$\boldsymbol{Z}_{PS} + \boldsymbol{Y}_{PS} + \boldsymbol{F}_{PS} > (1-\alpha)\cdot(\boldsymbol{Z}_{PS} + \boldsymbol{Y}_{PS} - I_0) + \alpha\cdot(1-s^{EP})\cdot Z_\tau + I_0\cdot q(s^{E,A},T)$$

$$\Leftrightarrow$$

$$\alpha\cdot[\boldsymbol{Z}_{PS} - (1-s^{EP})\cdot Z_\tau + \boldsymbol{Y}_{PS} - I_0] + I_0 > I_0\cdot q(s^{E,A},T) - \boldsymbol{F}_{PS,} \qquad \text{(IV.143)}$$

wenn also das, was die Alt-Gesellschafter an die Neu-Gesellschafter abgeben müssten, größer ist als das im Falle der Gesellschafter-Fremdfinanzierung entgehende Endvermögen aus der alternativen Anlage des Betrages I_0 im Privatvermögen abzgl. der steuersatzbedingten Differenz, die sich aus der externen Anlage der Zins- und Tilgungszahlungen ergibt.

IV.3.6.3 Das Endvermögen nach Steuern für die gängigsten Darlehensformen

Im Folgenden soll das Endvermögen nach Steuern für die gängigsten Darlehensformen dargestellt werden. Wegen der Analogie zu Abschnitt IV.2.X soll auf die zum Teil umfangreichen Herleitungen verzichtet werden.

IV.3.6.3.1 Fälligkeitsdarlehen

Das Endvermögen ist:

$$EV_{P,4}^{S} = \boldsymbol{Z}_{PS} + \boldsymbol{Y}_{PS} + \frac{p}{i}\cdot I_0\cdot\left\{\frac{1-s^{EP}}{1-s^{E,A}}\cdot[q(s^{E,A},T)-1]-[q(s^{EP},T)-1]\right\} \qquad \text{(IV.144)}$$

IV.3.6.3.2 Darlehen mit gleichen Tilgungsraten

Das Endvermögen nach Steuern beträgt in diesem Falle:

$$\begin{aligned}
EV_{P,4}^{S} &= \boldsymbol{Z}_{PS} + \boldsymbol{Y}_{PS} \\
&+ \frac{I_0}{T} \cdot \left[\frac{q(s^{E,A},T)-1}{(1-s^{E,A})\cdot i} - \frac{q(s^{EP},T)-1}{(1-s^{EP})\cdot i} \right] \\
&+ \frac{p}{i} \cdot I_0 \cdot \left[\frac{1-s^{EP}}{1-s^{E,A}} \cdot q(s^{E,A},T) - q(s^{EP},T) \right] \\
&- \frac{p}{i} \cdot \frac{I_0}{T} \cdot \left[\frac{1-s^{EP}}{1-s^{E,A}} \cdot \frac{q(s^{E,A},T)-1}{(1-s^{E,A})\cdot i} - \frac{q(s^{EP},T)-1}{(1-s^{EP})\cdot i} \right]
\end{aligned} \tag{IV.145}$$

IV.3.6.3.3 Annuitätendarlehen

Das Endvermögen berechnet sich mit a als Annuität zu:

$$\begin{aligned}
EV_{P,4}^{S} &= \boldsymbol{Z}_{PS} + \boldsymbol{Y}_{PS} \\
&+ \frac{a}{i} \cdot \left\{ \frac{1-s^{EP}}{1-s^{E,A}} \cdot [q(s^{E,A},T)-1] - [q(s^{EP},T)-1] \right\} \\
&+ \frac{a}{(1+p)^T} \cdot s^{EP} \cdot \left\{ \frac{(1+p)^T - q(s^{E,A},T)}{p-(1-s^{E,A})\cdot i} - \frac{(1+p)^T - q(s^{EP},T)}{p-(1-s^{EP})\cdot i} \right\}
\end{aligned} \tag{IV.146}$$

IV.3.7 Die Fremdfinanzierung durch Dritte (F5)

IV.3.7.1 Das Endvermögen vor bzw. nach Steuern

Fall 5a: Vor Steuern

Das Endvermögen setzt sich zusammen aus dem in der Unternehmung durch die Alt-Investition und die Neu-Investition generierten Endvermögen zzgl. dem aus der privaten Anlage des Betrages I_0 entstehenden Endvermögen abzgl. der Zins- und Tilgungszahlungen einschließlich der entgangenen Zinserträge hieraus. Es folgt:

$$EV_{P,5} = \boldsymbol{Z} + \boldsymbol{Y} + I_0 \cdot q_0(T) - \sum_j [p \cdot FK_{j-1} + (FK_{j-1} - FK_j)] \cdot q_0(T-j) \tag{IV.147}$$

Fall 5b: Nach Steuern

Analog zum Fall vor Steuern ergibt sich folgendes Endvermögen nach Steuern:

$$
\begin{aligned}
EV_{P,5}^{S} &= \boldsymbol{Z}_{PS} + \boldsymbol{Y}_{PS} + I_0 \cdot q(s^{E,A},T) \\
&\quad - \sum_j [(1-s_F^{EP}) \cdot p \cdot FK_{j-1} + (FK_{j-1} - FK_j)] \cdot q(s^{EP}, T-j) \\
&= \boldsymbol{Z}_{PS} + \boldsymbol{Y}_{PS} + I_0 \cdot q(s^{E,A},T) - \boldsymbol{F}_{PS,D}, \qquad \text{(IV.148)}
\end{aligned}
$$

wobei $\boldsymbol{F}_{PS,D}$ gerade die nachsteuerliche Belastung, die durch die Zins- und Tilgungszahlungen an die (außenstehenden) Fremdkapitalgeber entsteht, angibt.

Die Vorteilhaftigkeit der Investition ist dann gegeben, wenn gilt:

$$
\begin{gathered}
\boldsymbol{Z}_{PS} + \boldsymbol{Y}_{PS} + I_0 \cdot q(s^{E,A},T) - \boldsymbol{F}_{PS,D} > \boldsymbol{Z}_{PS} + I_0 \cdot q(s^{E,A},T) \\
\Leftrightarrow \\
\boldsymbol{Y}_{PS} > \boldsymbol{F}_{PS,D}, \qquad \text{(IV.149)}
\end{gathered}
$$

wenn das durch die Neu-Investition generierte Endvermögen also größer ist als eben diese Belastung durch Zins- und Tilgungszahlungen.

IV.3.7.2 Alternativenvergleich

IV.3.7.2.1 Vergleich mit der Selbstfinanzierung

Im Vergleich zur Selbstfinanzierung ist die Fremdfinanzierung besser, wenn die folgende Bedingung erfüllt ist:

$$
\begin{gathered}
EV_{P,5}^{S} > EV_{P,1}^{S} \\
\Leftrightarrow \\
\boldsymbol{Z}_{PS} + \boldsymbol{Y}_{PS} + I_0 \cdot q(s^{E,A},T) - \boldsymbol{F}_{PS,D} > \boldsymbol{Z}_{PS} + \boldsymbol{Y}_{PS} + I_0 \cdot q(s^{E,A},T) - I_0 \cdot q(s^{EP},T) \\
\Leftrightarrow \\
I_0 \cdot q(s^{EP},T) > \boldsymbol{F}_{PS,D}, \qquad \text{(IV.150)}
\end{gathered}
$$

wenn also das zusätzliche Endvermögen, das aus der durch die Beschaffung des benötigten Kapitals von außen möglichen Anlage von I_0 im Betriebsvermögen resultiert, größer ist als die durch die Fremdfinanzierung verursachte Belastung des Endvermögens.

IV.3.7.2.2 Vergleich mit der Beteiligungsfinanzierung durch Alt-Gesellschafter

(F5) ist besser als (F2), wenn gilt:

$$EV^{S}_{P,5} > EV^{S}_{P,2}$$

$$\Leftrightarrow$$

$$\boldsymbol{Z}_{PS} + \boldsymbol{Y}_{PS} + I_0 \cdot q(s^{E,A},T) - \boldsymbol{F}_{PS,D} > \boldsymbol{Z}_{PS} + \boldsymbol{Y}_{PS}$$

$$\Leftrightarrow$$

$$I_0 \cdot q(s^{E,A},T) > \boldsymbol{F}_{PS,D} \qquad \text{(IV.151)}$$

In diesem Fall ist also das aus der Anlage von I_0 im Privatvermögen entstehende Endvermögen zum Vergleich mit der Belastung durch die Fremdfinanzierung heranzuziehen.

IV.3.7.2.3 Vergleich mit der Beteiligungsfinanzierung durch Neu-Gesellschafter

Der Vergleich mit der Beteiligungsfinanzierung durch Aufnahme neuer Gesellschafter ergibt als Bedingung für die Vorteilhaftigkeit der Fremdfinanzierung:

$$EV^{S}_{P,5} > EV^{S}_{P,3}$$

$$\Leftrightarrow$$

$$\boldsymbol{Z}_{PS} + \boldsymbol{Y}_{PS} + I_0 \cdot q(s^{E,A},T) - \boldsymbol{F}_{PS,D}$$
$$> (1-\alpha) \cdot (\boldsymbol{Z}_{PS} + \boldsymbol{Y}_{PS} - I_0) + \alpha \cdot (1-s^{EP}) \cdot Z_\tau + I_0 \cdot q(s^{E,A},T)$$

$$\Leftrightarrow$$

$$\alpha \cdot [\boldsymbol{Z}_{PS} - (1-s^{EP}) \cdot Z_\tau + \boldsymbol{Y}_{PS} - I_0] + I_0 > \boldsymbol{F}_{PS,D} \qquad \text{(IV.152)}$$

Es sind also die Belastungen des Endvermögens der Alt-Gesellschafter, die sich aus der jeweils betrachteten Variante der Beschaffung des Kapitals von Dritten ergeben, zu vergleichen.

IV.3.7.2.4 Vergleich mit der Gesellschafter-Fremdfinanzierung

Schließlich seien noch die beiden Finanzierungsformen (F5) und (F4) verglichen:

$$EV_{P,5}^{S} > EV_{P,4}^{S}$$

$$\Leftrightarrow$$

$$\boldsymbol{Z}_{PS} + \boldsymbol{Y}_{PS} + I_0 \cdot q(s^{E,A},T) - \boldsymbol{F}_{PS,D} > \boldsymbol{Z}_{PS} + \boldsymbol{Y}_{PS} + \boldsymbol{F}_{PS}$$

$$\Leftrightarrow$$

$$I_0 \cdot q(s^{E,A},T) - \boldsymbol{F}_{PS,D} > \boldsymbol{F}_{PS} \qquad \text{(IV.153)}$$

IV.3.7.3 Das Endvermögen nach Steuern für die gängigsten Darlehensformen

Auch für die (echte) Fremdfinanzierung sei wieder das Endvermögen nach Steuern für die gängigsten Darlehensformen bestimmt, ohne dass auf die Herleitungen im Einzelnen eingegangen wird, sie seien dem Leser zur Übung überlassen.

IV.3.7.3.1 Fälligkeitsdarlehen

Das Endvermögen ist:

$$EV_{P,5}^{S} = \boldsymbol{Z}_{PS} + \boldsymbol{Y}_{PS} + I_0 \cdot q(s^{E,A},T) - [1+(1-s_F^{EP}) \cdot p] \cdot I_0 \qquad \text{(IV.154)}$$

IV.3.7.3.2 Darlehen mit gleichen Tilgungsraten

Bei dieser Darlehensform ergibt sich ein Endvermögen nach Steuern von:

$$\begin{aligned} EV_{P,5}^{S} = {} & \boldsymbol{Z}_{PS} + \boldsymbol{Y}_{PS} - \frac{I_0}{T} \cdot \frac{q(s^{EP},T)-1}{(1-s^{EP}) \cdot i} \\ & - \frac{p}{i} \cdot I_0 \cdot \frac{1-s_F^{EP}}{1-s^{EP}} \cdot q(s^{EP},T) - \frac{p}{i} \cdot \frac{I_0}{T} \cdot \left[\frac{1-s_F^{EP}}{1-s^{EP}} \cdot \frac{q(s^{EP},T)-1}{(1-s^{EP}) \cdot i} \right] \end{aligned} \qquad \text{(IV.155)}$$

IV.3.7.3.3 Annuitätendarlehen

Das Endvermögen berechnet sich mit:

$$\begin{aligned} EV_{P,5}^{S} = {} & \boldsymbol{Z}_{PS} + \boldsymbol{Y}_{PS} - \frac{a}{i} \cdot \frac{1-s_F^{EP}}{1-s^{EP}} \cdot [q(s^{EP},T)-1] \\ & - \frac{a}{(1+p)^T} \cdot s_F^{EP} \cdot \frac{(1+p)^T - q(s^{EP},T)}{p-(1-s^{EP}) \cdot i} \end{aligned} \qquad \text{(IV.156)}$$

IV.3.8 Ein Beispiel

Wir gehen wieder von der Datenkonstellation des Beispiels in IV.2.7 aus: Im Zeitpunkt t=0 ist eine Personengesellschaft gegründet worden, die Einlage der Gesellschafter beläuft sich auf E_0=1.900.000. Die Rendite vor Steuern auf dieses eingesetzte Kapital betrage r_Z, die daraus resultierenden Einzahlungsüberschüsse seien im Zeitablauf konstant, es gelte also $Z_t = r_Z \cdot 1.900.000$, t=1,...,τ+T. Im Zeitpunkt t=τ ergebe sich mit einem Planungshorizont von T=6 Jahren folgende Investitionsmöglichkeit:

$$I_0 = 100.000;\ Y_j = 26.983{,}63,\ j = 1,...,6$$

Dies entspricht einer Vermögensrentabilität vor Steuern von 13%. Auf dem Kapitalmarkt können finanzielle Mittel zu i=10% angelegt werden. Im Falle der Fremdfinanzierung gilt ein Referenzzinssatz von p=12%, wobei als Form ein Fälligkeitsdarlehen angenommen wird. Für die Vermögensrentabilität r_Z der Alt-Investitionen seien alternativ Werte von 11%, 13% und 15% gewählt. Der Grenzsteuersatz $s^{E,A}$ der (Alt-)Gesellschafter variiere mit den Werten 0%, 20%, 30%, 40% und 50%. Der Gewerbesteuer-Hebesatz betrage h^{GE}=400%. Für die Einzahlungsüberschüsse Z, die aus den Alt-Investitionen resultieren, gilt:

$$Z = \begin{cases} 209.000 & r_Z = 11\% \\ 247.000 \quad \text{für} & r_Z = 13\% \\ 285.000 & r_Z = 15\% \end{cases} \qquad \text{(IV.157)}$$

Die Abschreibungsmodalitäten werden wie folgt festgelegt: Im ersten Jahr erfolgt die Abschreibung degressiv mit einem Satz von 20%. In t=τ+2 wird zur linearen Abschreibung übergegangen mit einem Satz von 16%. Es gilt also:

$$AfA_j = \begin{cases} 20.000 & j = 1 \\ 16.000 & j = 2,..,6 \end{cases} \text{für} \qquad \text{(IV.158)}$$

Wir berechnen im Folgenden für jede Finanzierungsalternative (Fn), n=1,...5, den Vor- bzw. ggf. den Nachteil gegenüber der Unterlassungsalternative, also den Wert:

$$EV^{S}_{P,n} - EV^{S}_{P,U} \tag{IV.159}$$

Die Ergebnisse der Berechnung (Werte auf ganze Zahlen gerundet) sind in der folgenden Tabelle zusammengefasst.

	$s^{E,A}$=0%	$s^{E,A}$=10%	$s^{E,A}$=20%	$s^{E,A}$=30%	$s^{E,A}$=40%	$s^{E,A}$=50%
Selbstfinanzierung	27.929	25.148	22.412	19.721	17.073	14.470
Beteiligungsfinanzierung durch Alt-Gesellschafter	19.254	18.343	17.339	16.248	15.078	13.833
Beteiligungsfinanzierung durch Neu-Gesellschafter mit:						
r_Z=11%	13.304	12.673	11.902	11.001	9.978	8.841
r_Z=13%	-889	146	960	1.564	1.970	2.189
r_Z=15%	-15.082	-12.380	-9.982	-7.873	-6.038	-4.464
Gesellschafter-Fremdfinanzierung	37.197	32.600	28.118	23.744	19.465	15.265
Fremdfinanzierung durch Dritte	10.086	9.646	9.160	8.631	8.062	7.456

In allen Fällen ist die Gesellschafter-Fremdfinanzierung die beste Alternative. Dies liegt im Hebesatz begründet. Wäre dieser niedriger, so dass $s^{E,A}>s^{EP}$ gälte, so übernähme die Selbstfinanzierung die dominante Position. Die anderen Alternativen fallen im Vergleich mehr oder weniger stark ab. Es ist jedoch zu beachten, dass bei niedrigerer Rentabilität der Alt-Investitionen die Beteiligungsfinanzierung durch Aufnahme neuer Gesellschafter für die Alt-Gesellschafter an Vorteil gewinnt.

IV.3.9 Ein exemplarischer Vergleich zwischen Kapital- und Personengesellschaften

Wir greifen die Beispiele der Abschnitte IV.2.7 bzw. IV.3.8 auf, um die steuerlichen Wirkungen, die sich aus der Kombination von Investition und Finanzierung ergeben, zwischen Kapital- und Personengesellschaften zu vergleichen. Wir hatten dort jeweils die relative Vorteilhaftigkeit im Vergleich zur Unterlassungsalternative gemessen. Dies sagt aber noch nichts über die relative Vorteilhaftigkeit der Rechtsformen aus, da die steuerliche Belastung der Unterlassungsalternative selbst von der

Rechtsform abhängig ist. Die folgende Tabelle gibt die absoluten Endvermögen für den Fall der Rentabilität vor Steuern der Alt-Investitionen von r_Z=13% und für die Steuersätze $s^{E,A}$=10%, 30% und 50% wieder.

	$s^{E,A}$=10%		$s^{E,A}$=30%		$s^{E,A}$=50%	
	KapGes	PersGes	KapGes	PersGes	KapGes	PersGes
Selbstfinanzierung	1.425.866	1.694.024	1.275.791	1.319.377	1.127.290	972.552
Beteiligungsfinanzierung durch Alt-Gesellschafter	1.399.833	1.687.219	1.263.009	1.315.905	1.126.184	971.915
Beteiligungsfinanzierung durch Neu-Gesellschafter	1.409.884	1.685.416	1.261.492	1.313.140	1.114.673	968.370
Gesellschafter-Fremdfinanzierung	1.426.071	1.701.476	1.273.873	1.323.400	1.123.563	973.347
Gesellschafter-Fremdfinanzierung mit Umqualifizierung	1.405.578		1.264.374		1.124.227	
Fremdfinanzierung durch Dritte	1.412.529	1.678.522	1.263.858	1.308.288	1.116.761	965.538

Je geringer der Grenzsteuersatz der (Alt-)Gesellschafter, desto größer ist der Abstand zwischen den nachsteuerlichen Endvermögen zugunsten der Personengesellschaften. Dies ist auf die seit Gültigkeit des Halbeinkünfteverfahrens bestehende Definitiv-Belastung der Gewinne der Kapitalgesellschaften mit Körperschaftsteuer zurückzuführen. Weitere Vorteile ergeben sich für die Personengesellschaften durch den gewerbesteuerlichen Freibetrag und den gewerbesteuerlichen Staffeltarif. Zu beachten ist allerdings, dass mögliche Vorteile für die Kapitalgesellschaften, insbesondere die Abzugsfähigkeit von Gesellschafter-Geschäftsführergehältern, hier keine Berücksichtigung finden. Bei einer abschließenden Beurteilung über die Vorteilhaftigkeit der einen oder anderen Rechtsform müssen solche Aspekte im Einzelfall selbstverständlich Berücksichtigung finden.

IV.4 Vergleichende Analyse der Finanzierungsalternativen bei Vollausschüttung

IV.4.1 Einleitende Bemerkungen

Wir wollen jetzt die Annahme, dass die Gewinne auf der Ebene der Unternehmung bis zum Ende des Planungshorizonts thesauriert bzw. einbehalten werden, fallen lassen. Statt dessen wird im Folgenden davon ausgegangen, dass die ausschüttungsfähigen bzw. entnahmefähigen Gewinne einer Periode $\tau+j$, $j=1,...,T$ in der gleichen Periode den Gesellschaftern zufließen.

Wir betrachten zunächst den Fall der Kapitalgesellschaft und gehen von folgender Überlegung aus: Der auf der Ebene der Unternehmung in einer Periode t erwirtschaftete Einzahlungsüberschuss zerfalle in einen ausschüttungsfähigen Teil $Q_{a,t}$ und einen einer Ausschüttungssperre unterliegenden Teil $Q_{n,t}$. Der Betrag $Q_{a,t}$ wird an die Gesellschafter ausgeschüttet und unterliegt bei ihnen dem Halbeinkünfteverfahren. Der Teil $Q_{n,t}$ verbleibt im Unternehmen und wird dort zum Marktzins angelegt. Die daraus in den Folgeperioden resultierenden Zinserträge fließen allerdings wieder in den ausschüttungsfähigen Gewinn ein. Für den Vermögensbestand nach Steuern der Gesellschafter ergibt sich damit in Periode t=1:

$$V_1^S = (1-\tfrac{1}{2}\cdot s^{E,A})\cdot Q_{a,1} + Q_{n,1} \tag{IV.160}$$

Der Betrag $(1-\tfrac{1}{2}\cdot s^{E,A})\cdot Q_{a,1}$ wird extern zum Zinssatz $(1-s^{E,A})\cdot i$, der Betrag $Q_{n,1}$ intern zum Zinssatz $(1-s^{EK})\cdot i$ angelegt. Die aus der internen Anlage von $Q_{n,1}$ resultierenden Zinserträge in Höhe von $(1-s^{EK})\cdot i\cdot Q_{n,1}$ werden in t=2 ausgeschüttet; $Q_{n,1}$ selbst verbleibt weiterhin in der Unternehmung. Darüber hinaus fällt in t=2 ein Einzahlungsüberschuss nach Steuern an, der sich aus $Q_{a,2}$ und $Q_{n,2}$ zusammensetzt. Daraus ergibt sich in t=2 folgender Vermögensbestand:

$$\begin{aligned} V_2^S = {} & [1+(1-s^{E,A})\cdot i]\cdot(1-\tfrac{1}{2}\cdot s^{E,A})\cdot Q_{a,1} + (1-\tfrac{1}{2}\cdot s^{E,A})\cdot(1-s^{EK})\cdot i\cdot Q_{n,1} \\ & + (1-\tfrac{1}{2}\cdot s^{E,A})\cdot Q_{a,2} + Q_{n,2} + Q_{n,1} \end{aligned} \tag{IV.161}$$

Der Betrag $Q_{n,2} + Q_{n,1}$ verbleibt wieder im Unternehmen und wird intern angelegt, die Zinserträge, die sich in t=3 daraus ergeben, werden dann ausgeschüttet. Der Rest wird extern angelegt. Weiter erhalten wir in t=3 die Beträge $Q_{a,3}$ und $Q_{n,3}$. In t=3 ergibt sich damit ein Vermögensbestand von:

$$\begin{aligned} V_3^S &= [1+(1-s^{E,A})\cdot i]^2\cdot(1-½\cdot s^{E,A})\cdot Q_{a,1} + [1+(1-s^{E,A})\cdot i]\cdot(1-½\cdot s^{E,A})\cdot Q_{a,2} \\ &+ [1+(1-s^{E,A})\cdot i]\cdot(1-½\cdot s^{E,A})\cdot(1-s^{EK})\cdot i\cdot Q_{n,1} \\ &+ (1-½\cdot s^{E,A})\cdot(1-s^{EK})\cdot i\cdot(Q_{n,2} + Q_{n,1}) \\ &+ (1-½\cdot s^{E,A})\cdot Q_{a,3} + Q_{n,3} + Q_{n,2} + Q_{n,1} \end{aligned} \quad \text{(IV.162)}$$

Allgemein folgt daraus für den Vermögensbestand V_T^S:

$$\begin{aligned} V_T^S &= (1-½\cdot s^{E,A})\cdot \sum_{t=1}^{T} Q_{a,t} \cdot q(s^{E,A}, T-t) \\ &+ (1-½\cdot s^{E,A})\cdot(1-s^{EK})\cdot i\cdot \sum_{t=1}^{T}\left[Q_{n,t} \cdot \sum_{m=t}^{T-1} q(s^{E,A}, T-1-m)\right] \\ &+ \sum_{t=1}^{T} Q_{n,t} \end{aligned} \quad \text{(IV.163)}$$

Wegen

$$\sum_{m=t}^{T-1} q(s^{E,A}, T-1-m) = \frac{q(s^{E,A}, T-t)-1}{(1-s^{E,A})\cdot i} \quad \text{(IV.164)}$$

folgt weiter:

$$\begin{aligned} V_T^S &= (1-½\cdot s^{E,A})\cdot \sum_{t=1}^{T} Q_{a,t} \cdot q(s^{E,A}, T-t) \\ &+ (1-½\cdot s^{E,A})\cdot \frac{1-s^{EK}}{1-s^{E,A}} \cdot \sum_{t=1}^{T} Q_{n,t} \cdot \left[q(s^{E,A}, T-t)-1\right] \\ &+ \sum_{t=1}^{T} Q_{n,t} \end{aligned} \quad \text{(IV.165)}$$

Dieser Ausdruck entspricht gleichzeitig dem Endvermögen nach Steuern, wenn davon ausgegangen wird, dass den Gesellschaftern der in der Unternehmung aufgelaufene Betrag (also die Summe der $Q_{n,t}$) in t=T, etwa in Form einer Kapitalherabsetzung, zurückgegeben wird.

Für die Personengesellschaft gehen wir von analogen Annahmen aus, d.h. die Gesellschafter können maximal den handelsbilanziellen Gewinn entnehmen, sofern hinreichend liquide Mittel aus den angefallenen Einzahlungsüberschüssen vorhanden sind.[1] Unter Beachtung der Tatsache, dass bei Gewinnentnahmen keine zusätzliche Belastung mehr mit Einkommensteuer auftritt, erhält man:

$$
\begin{aligned}
V_T^S \; = \; & \sum_{t=1}^{T} Q_{a,t} \cdot q(s^{E,A}, T-t) \\
& + \frac{1-s^{EP}}{1-s^{E,A}} \cdot \sum_{t=1}^{T} Q_{n,t} \cdot \left[q(s^{E,A}, T-t) - 1 \right] \\
& + \sum_{t=1}^{T} Q_{n,t} \qquad \text{(IV.166)}
\end{aligned}
$$

Auf der Basis dieser allgemeinen Struktur und unter Anwendung der Erkenntnisse, die wir im Falle der Voll-Thesaurierung gewonnen haben, sollen jetzt – soweit möglich – Formeln für die Endvermögen nach Steuern bei Durchführung der Investition unter Anwendung einer der Finanzierungsalternativen (F1) bis (F5) abgeleitet werden. Wir verwenden dabei die folgenden Abkürzungen:

$$
\begin{aligned}
\boldsymbol{Z}_{XS,A} &:= \sum_{j=0}^{T} (Z_{\tau+j} - S_X) \cdot q(s^{E,A}, T-j), \; X=K,P \\
\boldsymbol{Y}_{XS,A} &:= \sum_{j=1}^{T} [(1-s^{EX}) \cdot Y_j + s^{EX} \cdot AfA_j] \cdot q(s^{E,A}, T-j), \; X=K,P \qquad \text{(IV.167)}
\end{aligned}
$$

Diese Ausdrücke unterscheiden sich von den bei Voll-Thesaurierung abgeleiteten dadurch, dass die Aufzinsung jetzt mit dem Kalkulationszinsfuß, gekürzt um den Grenzsteuersatz der Gesellschafter erfolgt, da die frei gewordenen Mittel extern angelegt werden. Für eine bessere Vergleichbarkeit mit dem Fall der Voll-Thesaurierung ist in diesen Ausdrücken die Belastung durch die Anwendung des Halbeinkünfteverfahrens, sofern es sich bei der betrachteten Unternehmung um eine Kapitalgesellschaft handelt, noch nicht berücksichtigt. Zu beachten ist, dass die aus den Alt-

Investitionen resultierenden Einzahlungsüberschüsse nach Steuern $(1-s^{EX})\cdot Z_t$, X=K,P, betragen und, sofern die Z_t positiv sind, was im Folgenden unterstellt werden soll, in voller Höhe ausgeschüttet bzw. entnommen werden können, da annahmegemäß keine Abschreibungen mehr auf diese Investitionen (und auch keine sonstigen, nicht zahlungswirksamen Aufwendungen) anfallen.

IV.4.2 Das Endvermögen nach Steuern der Unterlassungsalternative

Das Endvermögen nach Steuern setzt sich aus zwei Komponenten zusammen, dem Endvermögen, das aus den Alt-Investitionen generiert wird, und dem, das aus der Anlage des Betrages I_0 im Privatvermögen resultiert. Es folgt im Fall der Kapitalgesellschaft

$$EV^S_{K,U,A} = (1-\tfrac{1}{2}\cdot s^{E,A})\cdot \boldsymbol{Z}_{KS,A} + I_0\cdot q(s^{E,A},T) \qquad \text{(IV.168)}$$

und im Fall der Personengesellschaft:

$$EV^S_{P,U,A} = \boldsymbol{Z}_{PS,A} + I_0\cdot q(s^{E,A},T) \qquad \text{(IV.169)}$$

Für die Beurteilung der Frage, ob die Durchführung der Investition unter Anwendung der jeweils betrachteten Finanzierungsalternative lohnt, wäre dieses Endvermögen nach Steuern als Vergleichsmaßstab heranzuziehen.

IV.4.3 Das Endvermögen nach Steuern bei Selbstfinanzierung

IV.4.3.1 Kapitalgesellschaft

Im Zeitpunkt $t=\tau$ wird der Betrag I_0 zur Finanzierung der Investition thesauriert und in die Rücklagen eingestellt. Den Gesellschaftern entgeht damit das Endvermögen nach Steuern, das sie aus der externen Anlage des Betrages I_0 hätten erzielen können. Der erwirtschaftete Einzahlungsüberschuss nach Steuern einer Periode $t=\tau+j$ ist:

---

[1] Von der Regelung des § 122 Abs. 1 HGB wird an dieser Stelle abstrahiert.

$$(1-s^{EK})\cdot Z_{\tau+j} + Y_j - s^{EK}\cdot(Y_j - AfA_j) \qquad \text{(IV.170)}$$

Eigentlich sind die AfA_j als nicht zahlungswirksamer Aufwand nicht ausschüttungsfähig. Da aber I_0 in die Rücklagen eingestellt wurde, kann genau der Betrag (IV.170) ausgeschüttet werden, die Rücklagen mindern sich entsprechend um AfA_j. In diesem Falle treten also keine nicht ausschüttungsfähigen Bestandteile auf, d.h. es ist $Q_{n,j}=0$ für alle j und

$$Q_{a,j} = (1-s^{EK})\cdot Z_{\tau+j} + Y_j - s^{EK}\cdot(Y_j - AfA_j). \qquad \text{(IV.171)}$$

Zusätzlich können die Gesellschafter den Betrag I_0 im Privatvermögen, also extern anlegen. Somit ergibt sich ein Endvermögen nach Steuern mit:

$$\begin{aligned} EV^S_{K,1,A} &= (1-½\cdot s^{E,A})\cdot[\boldsymbol{Z}_{KS,A} + \boldsymbol{Y}_{KS,A} - I_0\cdot q(s^{E,A},T)] + I_0\cdot q(s^{E,A},T) \\ &= (1-½\cdot s^{E,A})\cdot(\boldsymbol{Z}_{KS,A} + \boldsymbol{Y}_{KS,A}) + ½\cdot s^{E,A}\cdot I_0\cdot q(s^{E,A},T) \qquad \text{(IV.172)} \end{aligned}$$

Die Durchführung der Investition unter Anwendung der Selbstfinanzierung lohnt sich dann, wenn gilt:

$$EV^S_{K,1,A} > EV^S_{K,U,A}$$

$$\Leftrightarrow$$

$$(1-½\cdot s^{E,A})\cdot(\boldsymbol{Z}_{KS,A} + \boldsymbol{Y}_{KS,A}) + ½\cdot s^{E,A}\cdot I_0\cdot q(s^{E,A},T)$$
$$> (1-½\cdot s^{E,A})\cdot\boldsymbol{Z}_{KS,A} + I_0\cdot q(s^{E,A},T)$$

$$\Leftrightarrow$$

$$-I_0\cdot q(s^{E,A},T) + \boldsymbol{Y}_{KS,A} > 0 \qquad \text{(IV.173)}$$

Die Anwendung des Halbeinkünfteverfahrens hat offensichtlich keinen Einfluss auf die Vorteilhaftigkeit.

IV.4.3.2 Personengesellschaft

Hier entfällt eine zusätzliche Belastung des entnommenen Gewinns, das Endvermögen nach Steuern ist somit:

$$\begin{aligned} EV^{S}_{P,1,A} &= [\boldsymbol{Z}_{PS,A} + \boldsymbol{Y}_{PS,A} - I_0 \cdot q(s^{E,A},T)] + I_0 \cdot q(s^{E,A},T) \\ &= \boldsymbol{Z}_{PS,A} + \boldsymbol{Y}_{PS,A} \end{aligned} \tag{IV.174}$$

Die Durchführung der Investition lohnt sich, wenn gilt:

$$EV^{S}_{P,1,A} > EV^{S}_{P,U,A}$$

$$\Leftrightarrow$$

$$\boldsymbol{Z}_{PS,A} + \boldsymbol{Y}_{PS,A} > \boldsymbol{Z}_{PS,A} + I_0 \cdot q(s^{E,A},T)$$

$$\Leftrightarrow$$

$$-I_0 \cdot q(s^{E,A},T) + \boldsymbol{Y}_{PS,A} > 0 \tag{IV.175}$$

IV.4.4 Das Endvermögen nach Steuern bei Beteiligungsfinanzierung durch Alt-Gesellschafter

IV.4.4.1 Kapitalgesellschaft

Da vor $t=\tau+1$ keine Beträge in die Rücklagen eingestellt worden sind, können die Abschreibungsbeträge auf die Neu-Investition AfA_j, $j=1,...,T$, nicht ausgeschüttet werden. Es sei allerdings auch hier vorausgesetzt, dass keine Verluste auftreten, dass also die Einzahlungsüberschüsse nach Steuern positiv sind. Daraus folgt:

$$Q_{a,j} = Y_j - AfA_j - S_j, \tag{IV.176}$$

wobei S_j die Steuerzahlung in der Periode j angibt. Wegen

$$S_j = s^{EK} \cdot (Y_j - AfA_j) \tag{IV.177}$$

folgt somit

$$Q_{a,j} = (1 - s^{EK}) \cdot (Y_j - AfA_j) \tag{IV.178}$$

und weiter:

$$Q_{n,j} = AfA_j \tag{IV.179}$$

Daraus resultiert das folgende Endvermögen nach Steuern:

$$\mathrm{EV}^{S}_{K,2,A} = (1-\tfrac{1}{2}\cdot s^{E,A})\cdot[\boldsymbol{Z}_{KS,A} + \sum_{j=1}^{T}(1-s^{EK})\cdot(Y_j - AfA_j)\cdot q(s^{E,A},T-j)]$$

$$+ (1-\tfrac{1}{2}\cdot s^{E,A})\cdot\frac{1-s^{EK}}{1-s^{E,A}}\cdot\sum_{j=1}^{T}AfA_j\cdot\left[q(s^{E,A},T-j)-1\right] + I_0$$

$$= (1-\tfrac{1}{2}\cdot s^{E,A})\cdot\left[\boldsymbol{Z}_{KS,A} + \boldsymbol{Y}_{KS,A} - \sum_{j=1}^{T}AfA_j\cdot q(s^{E,A},T-j)\right]$$

$$+ (1-\tfrac{1}{2}\cdot s^{E,A})\cdot\frac{1-s^{EK}}{1-s^{E,A}}\cdot\sum_{j=1}^{T}AfA_j\cdot\left[q(s^{E,A},T-j)-1\right] + I_0$$

$$= (1-\tfrac{1}{2}\cdot s^{E,A})\cdot(\boldsymbol{Z}_{KS,A} + \boldsymbol{Y}_{KS,A})$$

$$+ (1-\tfrac{1}{2}\cdot s^{E,A})\cdot\sum_{j=1}^{T}AfA_j\cdot q(s^{E,A},T-j)\cdot\left[\frac{1-s^{EK}}{1-s^{E,A}}-1\right]$$

$$- (1-\tfrac{1}{2}\cdot s^{E,A})\cdot\frac{1-s^{EK}}{1-s^{E,A}}\cdot\sum_{j=1}^{T}AfA_j + I_0$$

$$= (1-\tfrac{1}{2}\cdot s^{E,A})\cdot(\boldsymbol{Z}_{KS,A} + \boldsymbol{Y}_{KS,A})$$

$$- (1-\tfrac{1}{2}\cdot s^{E,A})\cdot\frac{s^{EK}-s^{E,A}}{1-s^{E,A}}\cdot\sum_{j=1}^{T}AfA_j\cdot q(s^{E,A},T-j)$$

$$+ \left[1-(1-\tfrac{1}{2}\cdot s^{E,A})\cdot\frac{1-s^{EK}}{1-s^{E,A}}\right]\cdot I_0 \qquad \text{(IV.180)}$$

$$\left(\text{mit}: \sum_{j=1}^{T}AfA_j = I_0\right)$$

IV.4.4.2 Personengesellschaft

Das Endvermögen nach Steuern lässt sich für den Fall der Personengesellschaft leicht aus (IV.180) ableiten:

$$\mathrm{EV}^{S}_{P,2,A} = \boldsymbol{Z}_{PS,A} + \boldsymbol{Y}_{PS,A}$$

$$- \frac{s^{EP}-s^{E,A}}{1-s^{E,A}}\cdot\sum_{j=1}^{T}AfA_j\cdot[q(s^{E,A},T-j)-1] \qquad \text{(IV.181)}$$

IV.4.5 Das Endvermögen nach Steuern bei Beteiligungsfinanzierung durch Neu-Gesellschafter

IV.4.5.1 Kapitalgesellschaft

Auf der Ebene der Unternehmung entsteht dasselbe Endvermögen nach Steuern wie im Fall der Beteiligungsfinanzierung durch die Alt-Gesellschafter, allerdings haben diese jetzt nur noch einen Anspruch in Höhe von $(1-\alpha)$ auf die ausgeschütteten Gewinne. Außerdem müssen sie in $t=\tau+T$ das von den Neu-Gesellschaftern eingelegte Kapital in Höhe von I_0 an diese zurückzahlen. Andererseits können sie den Betrag I_0 im Privatvermögen anlegen. Zu beachten ist noch, dass die Neu-Gesellschafter an dem aus den Alt-Investitionen resultierenden Einzahlungsüberschuss nach Steuern der Periode $t=\tau$ noch nicht beteiligt werden, so dass ein entsprechender Korrekturterm einzufügen ist. Daraus ergibt sich insgesamt ein Endvermögen nach Steuern in Höhe von:

$$
\begin{aligned}
EV^{S}_{K,3,A} = {} & (1-\alpha)\cdot(1-\tfrac{1}{2}\cdot s^{E,A})\cdot\left[\boldsymbol{Z}_{KS,A} + \boldsymbol{Y}_{KS,A} - \sum_{j=1}^{T} AfA_j \cdot q(s^{E,A}, T-j)\right] \\
& + (1-\alpha)\cdot(1-\tfrac{1}{2}\cdot s^{E,A})\cdot\frac{1-s^{EK}}{1-s^{E,A}}\cdot\sum_{j=1}^{T} AfA_j \cdot\left[q(s^{E,A}, T-j)-1\right] \\
& + \alpha\cdot(1-\tfrac{1}{2}\cdot s^{E,A})\cdot(1-s^{EK})\cdot Z_\tau \\
& + I_0\cdot q(s^{E,A},T) \\
= {} & (1-\alpha)\cdot(1-\tfrac{1}{2}\cdot s^{E,A})\cdot(\boldsymbol{Z}_{KS,A} + \boldsymbol{Y}_{KS,A}) \\
& - (1-\alpha)\cdot(1-\tfrac{1}{2}\cdot s^{E,A})\cdot\frac{s^{EK}-s^{E,A}}{1-s^{E,A}}\cdot\sum_{j=1}^{T} AfA_j \cdot q(s^{E,A}, T-j) \\
& + \alpha\cdot(1-\tfrac{1}{2}\cdot s^{E,A})\cdot(1-s^{EK})\cdot Z_\tau \\
& - (1-\alpha)\cdot(1-\tfrac{1}{2}\cdot s^{E,A})\cdot\frac{1-s^{EK}}{1-s^{E,A}}\cdot I_0 + I_0\cdot q(s^{E,A},T)
\end{aligned}
\qquad \text{(IV.182)}
$$

$$
\left(\text{mit: } \sum_{j=1}^{T} AfA_j = I_0\right)
$$

IV.4.5.2 Personengesellschaft

Aus (IV.182) lässt sich wieder leicht das Endvermögen nach Steuern für den Fall der Personengesellschaft ableiten:

$$\mathrm{EV}_{P,3,A}^{S} = (1-\alpha)\cdot\left[\boldsymbol{Z}_{PS,A} + \boldsymbol{Y}_{PS,A} - \frac{s^{EP}-s^{E,A}}{1-s^{E,A}}\cdot\sum_{t=1}^{T}\mathrm{AfA}_j\cdot q(s^{E,A},T-j)\right]$$

$$+\ \alpha\cdot(1-s^{EP})\cdot Z_\tau - (1-\alpha)\cdot\frac{1-s^{EP}}{1-s^{E,A}}\cdot I_0 + I_0\cdot q(s^{E,A},T) \qquad \text{(IV.183)}$$

$$\left(\text{mit}: \sum_{j=1}^{T}\mathrm{AfA}_j = I_0\right)$$

Auf Überlegungen zur Vorteilhaftigkeit der Durchführung der Investition sei – wie schon im Fall der Kapitalgesellschaft – verzichtet.

IV.4.6 Das Endvermögen nach Steuern bei Fremdfinanzierung

Bei den beiden Varianten der Fremdfinanzierung – durch (Alt-)Gesellschafter oder durch Dritte – tritt bei der Ermittlung des durch die Unternehmung generierten Endvermögens nach Steuern ein zusätzliches Problem auf, das einer rein analytischen Lösung entgegensteht. Der Einzahlungsüberschuss nach Steuern einer Periode j ergibt sich mit:

$$Z_{\tau+j} + Y_j - ZI_j - S_j - TIL_j, \qquad \text{(IV.184)}$$

wobei ZI_j und TIL_j die Zins- bzw. Tilgungszahlungen der Periode j angeben. Der handelsbilanziell ausschüttungsfähige bzw. entnahmefähige Gewinn der Periode j bestimmt sich dagegen mit:

$$Z_{\tau+j} + Y_j - ZI_j - S_j - \mathrm{AfA}_j \qquad \text{(IV.185)}$$

Der ausschüttungsfähige bzw. entnahmefähige Teil des Einzahlungsüberschusses nach Steuern hängt somit nicht nur von den nicht zahlungswirksamen Aufwendungen (den Abschreibungen AfA_j), sondern auch von den nicht erfolgswirksamen

Auszahlungen (den Tilgungszahlungen TIL_j) ab, da nicht mehr ausgeschüttet bzw. entnommen werden kann, als an liquiden Mitteln im Unternehmen vorhanden ist. Wir wollen uns die Problematik anhand eines einfachen Zahlenbeispiels und für den Fall der Kapitalgesellschaft verdeutlichen: Aus den Alt-Investitionen resultiere in einer Periode j ein Einzahlungsüberschuss vor Steuern in Höhe von $Z_{\tau+j}$=1.000.000 Euro. Aus der Neu-Investition falle in derselben Periode ein Einzahlungsüberschuss in Höhe von Y_j=70.000 Euro an. Das Investitionsobjekt werde in j mit 30.000 Euro abgeschrieben. Die Investition wurde fremdfinanziert, die daraus resultierenden Zinszahlungen belaufen sich für j auf 12.000 Euro. Wir betrachten zwei Fälle:

- Fall a: TIL_j = 20.000 Euro
- Fall b: TIL_j = 40.000 Euro

Es wird wieder von einem Hebesatz h^{GE} in Höhe von 400% ausgegangen, d.h. es ist s^{GE}=16,67% und s^{EK}=37,50%. Wir erhalten die in der Tabelle auf der folgenden Seite angegebenen Ergebnisse für die beiden betrachteten Fälle:

Im Fall a übersteigt der in Periode j angefallene Einzahlungsüberschuss nach Steuern den ausschüttungsfähigen Handelsbilanzgewinn um 10.000 Euro, dies entspricht aber gerade der Differenz zwischen dem Abschreibungsbetrag (=30.000 Euro) und der Tilgungszahlung (=20.000 Euro). Die Konsequenz ist, dass dieser Differenzbetrag nicht ausgeschüttet werden kann, er verbleibt im Unternehmen und wird dort zum Zinssatz i angelegt.

Im Fall b ist der Handelsbilanzgewinn dagegen um 10.000 Euro größer als der generierte Einzahlungsüberschuss, dies entspricht wiederum der Differenz zwischen Abschreibungsbetrag (=30.000 Euro) und Tilgungszahlung (=40.000 Euro), nur jetzt mit negativem Vorzeichen. In diesem Fall kann der volle Handelsbilanzgewinn nicht ausgeschüttet werden, weil die Mittel im Unternehmen nicht zur Verfügung stehen, es erfolgt quasi eine „Zwangsthesaurierung" dieses Differenzbetrages. Allerdings ist zu beachten, dass dadurch ein Ausschüttungspotenzial für Folgeperioden generiert wird, mit anderen Worten: Der insgesamt ausschüttungsfähige Teil des Einzahlungsüberschusses einer Periode hängt auch vom Verhältnis der Abschreibungen zu den Tilgungszahlungen in den Vorperioden ab.

Da

$$\sum_j AfA_j = \sum_j TIL_j = I_0$$

gilt, müssen im Laufe der Lebensdauer des Investitionsobjekts (außer in dem Fall $AfA_j = TIL_j$ für alle j) beide oben aufgezeigte Effekte auftreten. Am Ende von $t=\tau+T$ haben sie sich ausgeglichen, was im Fall der Voll-Thesaurierung dazu führte, dass sie nicht weiter beachtet werden mussten. Im Fall der Voll-Ausschüttung ist dies im Hinblick auf eine allgemeine analytische Lösung jedoch problematisch, da per se ja die Verläufe der Abschreibungen und Tilgungen nicht bekannt sind. Es bleibt also hier nur der Verweis auf die Notwendigkeit einer Einzelfallbetrachtung.

	Fall a	Fall b
(1) $Z_{\tau+j}$	1.000.000	1.000.000
(2) ./. Steuer	–375.000	–375.000
(3) = $Z_{\tau+j}$ nach Steuern	625.000	625.000
(4) Y_j	70.000	70.000
(5) ./. AfA	–30.000	–30.000
(6) ./. Zinsen	–12.000	–12.000
(7) = Gewinn	28.000	28.000
(8) ./. Steuer[1]	–11.250	–11.250
(9) ./. Zinsen	–12.000	–12.000
(10) ./. Tilgung	–20.000	–40.000
(11) = Y_j nach Steuern	26.750	6.750
(12) EZÜ n.St. [=(3)+(11)]	651.750	631.750
(13) Handelsbilanzgewinn [=(3)+(7)+(8)]	641.750	641.750
(14) Differenz [=(12)./.(13)]	10.000	–10.000

[1] Die Steuerzahlung berechnet sich dabei mit $s^{EK} \cdot Gewinn + 0{,}5 \cdot s^{GE} \cdot (1 - s^{KSt}) \cdot ZI_j$. Dadurch wird die hälftige Hinzurechnung der Dauerschuldzinsen bei der Ermittlung des Gewerbeertrags berücksichtigt.

IV.4.7 Eine Bemerkung zur Gewinnverwendungspolitik

Bisher sind wir davon ausgegangen, dass die Entscheidung über die Gewinnverwendung schon gefallen ist, die Besteuerung hierauf also keinen Einfluss hat. Es ist das Verhältnis des Grenzsteuersatzes $s^{E,A}$ zu s^{EK} bzw. s^{EP}, das die Vorteilhaftigkeit der Voll-Ausschüttung gegenüber der Voll-Thesaurierung (und umgekehrt) aus steuerlicher Sicht determiniert. Gilt $s^{E,A}=s^{EK}$ bzw. $s^{E,A}=s^{EP}$, so stimmen die für die Voll-Ausschüttung abgeleiteten Ausdrücke für das Endvermögen nach Steuern mit denen für die Voll-Thesaurierung überein, d.h. aus steuerlicher Sicht besteht Indifferenz zwischen den beiden Gewinnverwendungsarten. Ist $s^{E,A}<s^{EK}$ bzw. $s^{E,A}<s^{EP}$, so ist aus steuerlicher Sicht die Voll-Ausschüttung überlegen, da die externe Verzinsung dann die interne Verzinsung übersteigt. Im Falle $s^{E,A}>s^{EK}$ bzw. $s^{E,A}>s^{EP}$ ist dagegen aus steuerlicher Sicht die Voll-Thesaurierung zu präferieren.

Symbolverzeichnis

a	:	Annuität
α, β	:	Beteiligungsquoten
b	:	Baldwin-Rendite vor Steuern
b_S	:	Baldwin-Rendite nach Steuern
A_t	:	Auszahlung im Zeitpunkt t
AfA_t	:	Abschreibungsbetrag in Periode t
AfA_t^{nf}	:	Abschreibungsbetrag des Nachfolgeinvestitionsobjekts in Periode t
BG	:	Bemessungsgrundlage
BG_t	:	Bemessungsgrundlage in Periode t
C_t	:	Konsumausgaben im Zeitpunkt t
C_t^j	:	Konsumausgaben des Investors j im Zeitpunkt t
$C_t^{S,j}$	:	Konsumausgaben des Investors j im Zeitpunkt t nach Steuern
δ	:	Abschreibungssatz
E_0	:	Einlage der Alt-Gesellschafter
E_t	:	Einzahlung im Zeitpunkt t
ESt	:	Einkommensteuer
$EV_{K,U}$	:	Endvermögen vor Steuern der Unterlassungsalternative für Kapitalgesellschaften
$EV_{K,U}^S$	:	Endvermögen nach Steuern der Unterlassungsalternative für Kapitalgesellschaften
$EV_{K,n}$	:	Endvermögen vor Steuern bei Finanzierungsalternative n für Kapitalgesellschaften
$EV_{K,n}^S$	:	Endvermögen nach Steuern bei Finanzierungsalternative n für Kapitalgesellschaften
$EV_{P,U}$	:	Endvermögen vor Steuern der Unterlassungsalternative für Personengesellschaften
$EV_{P,n}$	:	Endvermögen vor Steuern bei Finanzierungsalternative n für Personengesellschaften

$EV^{S}_{P,n}$	:	Endvermögen nach Steuern bei Finanzierungsalternative n für Personengesellschaften
$EV^{S}_{P,U}$	:	Endvermögen nach Steuern der Unterlassungsalternative für Personengesellschaften
$EV^{S}_{K,U,A}$	:	Endvermögen nach Steuern der Unterlassungsalternative bei Kapitalgesellschaften und bei Voll-Ausschüttung
$EV^{S}_{P,U,A}$	:	Endvermögen nach Steuern der Unterlassungsalternative bei Personengesellschaften und bei Voll-Ausschüttung
$EV^{S}_{K,n,A}$	:	Endvermögen nach Steuern bei Anwendung der Finanzierungsalternative n bei Kapitalgesellschaften und bei Voll-Ausschüttung
$EV^{S}_{P,n,A}$	:	Endvermögen nach Steuern bei Anwendung der Finanzierungsalternative n bei Personengesellschaften und bei Voll-Ausschüttung
EV_T	:	Endvermögen im Zeitpunkt t=T vor Steuern
EV^{S}_{T}	:	Endvermögen im Zeitpunkt t=T nach Steuern
EW_t	:	Ertragswert im Zeitpunkt t
EW^{nf}_{t}	:	Ertragswert des Nachfolgeinvestitionsobjekts vor Steuern im Zeitpunkt t
$EW^{nf,S}_{t}$	:	Ertragswert des Nachfolgeinvestitionsobjekts nach Steuern im Zeitpunkt t
f	:	Funktion
$f[I_0]$	:	Investitionsfunktion
F_t	:	Finanzanlage im Zeitpunkt t
F^{j}_{t}	:	Finanzanlage des Investors j im Zeitpunkt t
$F^{S,j}_{t}$	:	Finanzanlage des Investors j im Zeitpunkt t nach Steuern
$\boldsymbol{F}_{GS}$	:	durch Zins- und Tilgungszahlungen entstandenes Endvermögen nach Steuern auf Ebene der Anteilseigner
$\boldsymbol{F}_{KS}$	:	durch Zins- und Tilgungszahlungen entgangenes Endvermögen nach Steuern auf Ebene der Kapitalgesellschaft
$\boldsymbol{F}_{PS}$	:	durch Zins- und Tilgungszahlungen entstandenes Endvermögen nach Steuern bei Gesellschafter-Fremdfinanzierung im Falle der Personengesellschaft

$\boldsymbol{F}_{PS,D}$	:	durch Zins- und Tilgungszahlungen entstandenes Endvermögen nach Steuern bei Fremdfinanzierung durch Dritte im Falle der Personengesellschaft
FB^{GE}	:	Freibetrag der Gewerbeertragsteuer
FK_j	:	Fremdkapitalbestand in der Periode $t=\tau+j$
g	:	Abschreibungssatz bei geometrisch-degressiver Abschreibung
G_t	:	zeitlicher Grenzgewinn der Periode t vor Steuern
G_t^S	:	zeitlicher Grenzgewinn der Periode t nach Steuern
GE	:	Gewerbeertrag
GewSt	:	Gewerbesteuer
$GewSt_i[.]$	:	Gewerbesteuerfunktion in der i-ten Staffelzone
h^{GE}	:	Hebesatz der Gewerbeertragsteuer
Hi^{GE}	:	Hinzurechnungen bei der Gewerbesteuer
i	:	Kalkulationszinsfuß vor Steuern
i_{Haben}	:	Habenzinssatz vor Steuern
i^{mod}	:	modifizierter Kalkulationszinsfuß
i_t	:	Kalkulationszinsfuß vor Steuern in Periode t
i_S	:	Kalkulationszinsfuß nach (Ertrag-)Steuern
i_{Soll}	:	Sollzinssatz vor Steuern
i_S^j	:	Kalkulationszinsfuß des Investors j nach Steuern
$i_{S,t}$	:	Kalkulationszinsfuß nach (Ertrag-)Steuern in Periode t
int	:	ganzzahliger Teil
I_0	:	Investitionsvolumen, Anschaffungsauszahlung im Zeitpunkt t=0
I_0^{nf}	:	Investitionsvolumen des Nachfolgeinvestitionsobjekts
I_t	:	Investitionsvolumen, Anschaffungsauszahlung im Zeitpunkt t
I_t^j	:	Investitionsvolumen des Investors j im Zeitpunkt t
IG_i^{eff}	:	effektive Intervallgrenze der i-ten Staffelzone
IG_i^{nom}	:	nominale Intervallgrenze der i-ten Staffelzone
K	:	Kapitalwert
K_0	:	Kapitalwert vor Steuern im Zeitpunkt t=0
K_t:	:	Kapitalwert vor Steuern im Zeitpunkt t

K^K	:	Kapitalwert der Investitionskette vor Steuern
$K^{K,S}$	:	Kapitalwert der Investitionskette nach Steuern
K_0^{nf}	:	Kapitalwert des Nachfolgeinvestitionsobjekts vor Steuern
K^S	:	Kapitalwert nach (Ertrag-)Steuern
K_0^S	:	Kapitalwert nach (Ertrag-)Steuern im Zeitpunkt t=0
$K_0^{nf,S}$	:	Kapitalwert des Nachfolgeinvestitionsobjekts nach Steuern
KSt	:	Körperschaftsteuer
$Kü^{GE}$	:	Kürzungen bei der Gewerbesteuer
λ	:	Lagrange-Multiplikator
L_t	:	Liquidationserlös vor Steuern im Zeitpunkt t
L_t^S	:	Liquidationserlös nach (Ertrag-)Steuern im Zeitpunkt t
m^{GE}	:	Steuermesszahl der Gewerbeertragsteuer
m_i^{GE}	:	Steuermesszahl der Gewerbeertragsteuer im Staffelintervall i
max	:	Maximum, maximiere
min	:	Minimum, minimiere
n	:	Zeitindex, Periodenindex
p	:	Fremdkapitalzinssatz
P	:	Pauschalsteuer
$q_0(t)$	:	Aufdiskontierungsfaktor für t Perioden
$q(s,t)$	:	Aufdiskontierungsfaktor nach Steuern für t Perioden und Steuersatz s
$Q_{a,t}$	:	auschüttungsfähiger Teil des Einzahlungsüberschusses (nach Steuern) der Periode t
$Q_{n,t}$	:	nicht auschüttungsfähiger Teil des Einzahlungsüberschusses (nach Steuern) der Periode t
r_S	:	durchschnittliche Vermögensrentabilität nach Steuern
r_Z	:	Rentabilität der Alt-Investitionen
R_t	:	Restbuchwert im Zeitpunkt t
s	:	Steuersatz, effektiver Ertragsteuersatz
s^A	:	Steuersatz des Investors A
s^B	:	Steuersatz des Investors B

$s^{E,A}$	:	einheitlicher Grenzsteuersatz der Alt-Gesellschafter
$s^{E,N}$	:	einheitlicher Grenzsteuersatz der Neu-Gesellschafter
s^{EK}	:	kombinierter Ertragsteuersatz für Kapitalgesellschaften
s_F^{EK}	:	kombinierter Ertragsteuersatz für Kapitalgesellschaften bei Fremdfinanzierung
s^{EP}	:	kombinierter Ertragsteuersatz der Alt-Gesellschafter im Falle der Personengesellschaften
$s^{EP,N}$	:	kombinierter Ertragsteuersatz der Neu-Gesellschafter im Falle der Personengesellschaft
s_F^{EP}	:	kombinierter Ertragsteuersatz für Personengesellschaften bei Fremdfinanzierung
s^{EU}	:	effektiver Ertragsteuersatz des gewerblichen Einzelunternehmers
s^{ESt}	:	Steuersatz der Einkommensteuer
s^{GE}	:	effektiver Steuersatz der Gewerbeertragsteuer
s^{KSt}	:	Steuersatz der Körperschaftsteuer
s^{Kz}	:	effektiver Ertragsteuersatz zur Ermittlung Kalkulationszinsfußes nach Steuern
s^{SZ}:	:	Steuersatz des Solidaritätszuschlags
s_t	:	Steuersatz, effektiver Ertragsteuersatz der Periode t
S_t	:	(Gesamt-)Steuerzahlung im Zeitpunkt t
S_{Gr}^{EU}	:	(Gesamt-)Steuerzahlung des Einzelunternehmers bei Grenzbetrachtung
S_{To}^{EU}	:	(Gesamt-)Steuerzahlung des Einzelunternehmers bei Totalbetrachtung
S_{Th}^{KapG}	:	(Gesamt-)Steuerzahlung der Kapitalgesellschaft bei vollständiger und dauerhafter Gewinnthesaurierung
S_A^{KapG}	:	(Gesamt-)Steuerzahlung der Kapitalgesellschaft bei sofortiger und vollständiger Gewinnausschüttung
SolZ	:	Solidaritätszuschlag
t, τ	:	Zeitindex, Periodenindex
T	:	Planungshorizont, wirtschaftliche Nutzungsdauer
T^S	:	betriebsgewöhnliche (steuerliche) Nutzungsdauer
TIL_j	:	Tilgungszahlungen der Periode $t=\tau+j$

U	:	Nutzenfunktion
V_t^S	:	Vermögensbestand am Ende der Periode t
w(i,t)	:	Kapitalwiedergewinnungsfaktor zum Zinssatz i und zur Nutzungsdauer t
W_0	:	Anfangsvermögen im Zeitpunkt t=0
W_t^j	:	Anfangsvermögen im Zeitpunkt t des Investors j
W_T	:	Endwert im Zeitpunkt t=T vor Steuern
W_T^S	:	Endwert im Zeitpunkt t=T nach Steuern
X	:	(Steuerbilanz-)Gewinn
Y_j	:	Einzahlungsüberschuss vor Steuern aus Neu-Investitionen im Zeitpunkt $t=\tau+j$
$\boldsymbol{Y}$	:	Endvermögen vor Steuern aus Neu-Investitionen
$\boldsymbol{Y}_{KS}$	:	Endvermögen nach Steuern aus Neu-Investitionen für Kapitalgesellschaften
$\boldsymbol{Y}_{KS,A}$	:	Endvermögen nach Steuern aus Neu-Investition bei Kapitalgesellschaften und bei Voll-Ausschüttung
$\boldsymbol{Y}_{PS}$	:	Endvermögen nach Steuern aus Neu-Investitionen für Kapitalgesellschaften
$\boldsymbol{Z}$	:	Endvermögen vor Steuern aus Alt-Investitionen
$\boldsymbol{Z}_{KS}$	:	Endvermögen nach Steuern aus Alt-Investitionen für Kapitalgesellschaften
$\boldsymbol{Z}_{PS}$	:	Endvermögen nach Steuern aus Alt-Investitionen für Kapitalgesellschaften
$\boldsymbol{Y}_{PS,A}$	:	Endvermögen nach Steuern aus Neu-Investition bei Personengesellschaften und bei Voll-Ausschüttung
Z_t	:	Einzahlungsüberschuss vor Steuern im Zeitpunkt t
Z_t^{nf}	:	Einzahlungsüberschuss vor Steuern des Nachfolge-investitionsobjekts im Zeitpunkt t
Z_t^S	:	Einzahlungsüberschuss nach (Ertrag-)Steuern im Zeitpunkt t
$\boldsymbol{Z}_{KS,A}$	:	Endvermögen nach Steuern aus Alt-Investition bei Kapitalgesellschaften und bei Voll-Ausschüttung
$\boldsymbol{Z}_{PS,A}$	:	Endvermögen nach Steuern aus Alt-Investition bei Personengesellschaften und bei Voll-Ausschüttung
ZI_j	:	Fremdkapitalzinsen der Periode $t=\tau+j$

Abbildungsverzeichnis

Literaturverzeichnis

ABEL, A. B.: Dynamic Effects of Permanent and Temporary Tax Policies in a Model of Investment, in: Journal of Monetary Economics, Vol. 9, 1982, S. 353-373

ABEL, A. B.: Tax Neutrality in the Presence of Adjustment Costs, in: Quarterly Journal of Economics, Vol. 98, 1983, S. 705-712

AHMAD, E. / STERN, N.: The Theory of Reform and Indian Indirect Taxes, in: Journal of Public Economics, Vol. 25, 1984, S. 259-298

AHSAN, S. M.: Taxation in a Two-Period Temporal Model of Consumption and Portfolio Allocation, in: Journal of Public Economics, Vol. 5, 1976, S. 337-352

ALBACH, H.: Steuersystem und unternehmerische Investitionspolitik, Wiesbaden, 1970

ALBACH, H. (Hrsg.): Investitionstheorie, Köln, 1975

ALTROGGE, G.: Investition, 4. Aufl., München u.a.O., 1996

ATKINSON, A. B. / STIGLITZ, J. E.: Lectures on Public Economics, New York, 1980

ATKINSON, A. B. / STERN, N. H. / GOMULKA, J.: On the Switch from Direct to Indirect Taxation, in: Journal of Public Economics, Vol. 14, 1980, S. 195-224

BAAN, W.: Substanz- und Ertragsteuern in der Kapitalwertmethode, in: Der Betrieb, 33. Jg., 1980, S. 700-703 und 746-750

BALCER, Y.: The Taxation of Capital Gains: Samuelson's Fundamental Principle, in: Public Finance, Vol. 38, 1983, S. 1-15

BAMBERG, G. / RICHTER, W. F.: The Effects of Progressive Taxation on Risk-Taking, in: Zeitschrift für Nationalökonomie, 44. Jg., 1984, S. 93-102

BAREIS, P.: Die Steuern in der betrieblichen Planung, Berlin, 1969

BARTLETT, R.: Economic Foundations of Political Power, New York, 1973

BAY, W.: Dividenden, Steuern und Steuerreformen, Wiesbaden, 1990

BERANEK, A.: Zur Berechnung der effektiven Gewerbeertragsteuer nach dem neuen Staffeltarif des § 11 Abs. 2 Nr. 1 GewStG, in: Betriebs-Berater, 47. Jg., 1992, S. 1832-1834

BERGLAS, E.: Harmonization of Commodity Taxes, in: Journal of Public Economics, Vol. 16, 1981, S. 377-387

BIEG, H. / KUSSMAUL, H.: Investitions- und Finanzierungsmanagement, Band I: Investition, München, 2000

BIEG, H. / KUSSMAUL, H.: Investitions- und Finanzierungsmanagement, Band II: Finanzierung, München, 2000

BJØRN, E.: Inflation, Depreciation and the Neutrality of the Corporate Income Tax, in: Scandinavian Journal of Economics, Vol. 86, 1984, S. 214-228

BLUME, M. E. / CROCKETT, J. / FRIEND, I.: Financial Effects of Capital Tax Reforms, New York, 1978

BLUMENTRATH, U.: Investitions- und Finanzplanung mit dem Ziel der Endwertmaximierung, Wiesbaden, 1969

BOADWAY, R.: The Short Run and Long Run Welfare Effects of Implementing a Practical System of Consumption Taxation, in: ROSE, M. (Hrsg.): Congress on Taxing Consumption, Heidelberg u.a.O, 1990, S. 45-84

BOADWAY, R. / BRUCE, N. W.: A General Proposition on the Design of a Neutral Business Tax, in: Journal of Public Economics, Vol. 24, 1984, S. 231-239

BOADWAY, R. W. / BRUCE, N.: Depreciation and Interest Deductions and the Effect of the Corporation Income Tax on Investment, in: Journal of Public Economics, Vol. 11, 1979, S. 93-105

BOSKIN, M. J.: Notes on the Tax Treatment of Human Capital, in: US TREASURY (ed.): Conference on Tax Research 1975, Stanford, 1975, S. 185-195

BOULDING, K. E.: The theory of a single investment, in: The Quarterly Journal of Economics, Vol. 49, 1935, S. 475-495

BOULDING, K. E.: Time and investment, in: Economica, Vol. 3, 1936, S. 196-220

BOULDING, K. E.: Time and investment. A reply, in: Economica, Vol. 3, 1936, S. 440-442

BRADFORD, D. F.: The Case for a Personal Consumption Tax, in: PECHMAN, J. A. (ed.): What should be Taxed: Income or Expenditure?, Washington, 1980, S. 75-113

BRADFORD, D. F.: Untangling the Income Tax, Cambridge, 1986

BREALEY, R. A. / MYERS, S. C.: Principles of Corporate Finance, 6. ed., New York, 2000

BRENNAN, M. J. / SCHWARTZ, E. S.: Corporate Income Taxes, Valuation, and the Problem of Optimal Capital Structure, in: The Journal of Business, Vol. 51, 1978, S. 103-114

BREUER, W.: Investition I – Entscheidungen bei Sicherheit, 2. Aufl., Wiesbaden, 2002

BROWN, E. C.: Business-Income Taxation and Investment Incentives, in: METZLER, L. A. (ed.): Income, Employment and Public Policy. Essays in Honor of Alvin Hansen, New York, 1948, S. 300-316

BROWNING, M. / BURBIDGE, J.: Consumption and Income Taxation, in: Oxford Economic Papers, Vol. 42, 1990, S. 281-292

BUCHANAN, J. M.: Tax Reform as Political Choice, in: Economic Perspectives, Vol. 1, 1987, S. 29-35

BUCHNER, R.: Der Einfluss erfolgsabhängiger Steuern auf investitions- und finanzierungstheoretische Planungsmodelle, in: Zeitschrift für Betriebswirtschaft, 41. Jg., 1971, S. 671-704

BUCHNER, R.: Zur Berücksichtigung erfolgsabhängiger Steuern im Investitions- und Preiskalkül, in: Zeitschrift für Betriebswirtschaft, 45. Jg., 1975, S. 547-560

CANSIER, D.: Grundfragen einer Reform der Unternehmensbesteuerung, in: DÖRING, D. / SPAHN, P. (Hrsg.): Steuerreform als gesellschaftspolitische Aufgabe der neunziger Jahre, Berlin, 1991, S. 159-179

COPELAND, T. E. / WESTON, J. F.: Financial Theory and Corporate Policy, 3. ed., reprinted with corr., Reading u.a.O, 2000

CORLETT, W. J. / HAGUE, D. C.: Complementarity and the Excess Burden of Taxation, in: Review of Economic Studies, Vol. 21, 1953, S. 21-30

DEVEREUX, M. P. / GRIFFITH, R.: The Taxation of Discrete Investment Choices – Revision, 2. IFS Working Paper Series No. 98/16, 1998

DEVEREUX, M. P. / BOND, S. R.: Cash flow taxes in an open economy, Centre for Economic Policy Research: Discussion paper series 3401, London, 2002

DIAMOND, P. A. / MIRRLEES, J. A.: Optimal Taxation and Public Production I: Production Efficiency, in: American Economic Review, Vol. 61, 1971, S. 8-27

DIAMOND, P. A. / MIRRLEES, J. A.: Optimal Taxation and Public Production II: Tax Rules, in: American Economic Review, Vol. 61, 1971, S. 261-278

DIEWERT, W. E.: Optimal Tax Perturbations, in: Journal of Public Economics, Vol. 10, 1978, S. 139-177

DIXIT, A.: Welfare Effects of Tax and Price Changes, in: Journal of Public Economics, Vol. 4, 1975, S. 103-123

DIXIT, A.: Price Changes and Optimum Taxation in a Many-Consumer Economy, in: Journal of Public Economics, Vol. 11, 1979, S. 143-157

DIXIT, A. / MUNK, K. J.: Welfare Effects of Tax and Price Changes – A Correction, in: Journal of Public Economics, Vol. 4, 1977, S. 103-123

DOWNS, A.: An Economic Theory of Democracy, New York, 1957

DRIFFILL, E. J. / ROSEN, H. S.: Taxation and Excess Burden: A Life Cycle Perspective, in: International Economic Review, Vol. 24, 1983, S. 671-683

DREXL, A.: Nutzungsdauerentscheidungen bei Sicherheit und Risiko, in: Zeitschrift für betriebswirtschaftliche Forschung, 42. Jg., 1990, S. 50-66

DRUKARCZYK, J.: Investitionstheorie und Konsumpräferenz. Ein Beitrag zur expliziten Berücksichtigung der Entnahmen (Konsumausgaben) im optimalen mehrperiodigen Investitionsprogramm des Unternehmers, Berlin, 1970

DRUKARCZYK, J.: Probleme individueller Entscheidungsrechnung. Kritik ausgewählter normativer Aussagen über individuelle Entscheidungen in der Investitions- und Finanzierungstheorie, Wiesbaden, 1975

DRUKARCZYK, J.: Maßgrößen (Kriterien) zur Beurteilung von mehrperiodigen Handlungsmöglichkeiten, IN: DRUKARCZYK, J. / MÜLLER-HAGEDORN, L. (Hrsg.): Betriebswirtschaftslehre. Eine Einführung in die Theorie der Unternehmung. Bd. 1, Wiesbaden, 1978, S. 45-105

DRUKARCZYK, J.: Theorie und Politik der Finanzierung, 2. Aufl., München, 1993

DRUKARCZYK, J.: Finanzierung: Eine Einführung, 9. Aufl., Stuttgart, 2003

EISENACH, M.: Grundlagen, Instrumente und Konzept zur Planung der Steuerbelastung der Unternehmung mittels dynamischer Teilsteuerrechnung, Wiesbaden, 1974

EISENFÜHR, F.: Beurteilung einzelner Investitionsprojekte bei unterschiedlichem Soll- und Habenzins, in: OR Spektrum, 1. Jg., 1979, S. 89-102

ELSCHEN, R.:, Entscheidungsneutralität, Allokationseffizienz und Besteuerung nach der Leistungsfähigkeit, in: Steuer und Wirtschaft, 68. Jg., 1991, S. 99-115

ELSCHEN, R. / HÜCHTEBROCK, M.: Steuerneutralität in Finanzwissenschaft und Betriebswirtschaftslehre - Diskrepanzen und Konsequenzen, in: Finanzarchiv, 41. Jg., 1983, S. 253-280

ELSCHEN, R. / SIEGEL, T. / WAGNER, F. W. (Hrsg.): Unternehmenstheorie und Besteuerung, Wiesbaden, 1995

ELTON, E. J. / GRUBER, M. J.: Marginal Stockholder Tax Rates and the Clientele Effect, in: The Review of Economics and Statistics, Vol. 52, 1970, S. 68-74

ENGELS, W.: Negativsteuer, in: Wirtschaftswoche, 1994, S. 178

FARRAR, D. E. / SELWYN, L. L.: Taxes, Corporate Financial Policy, and Return to Investors, in: National Tax Journal, Vol. 20, 1967, S. 444-454

FELDSTEIN, M.: On the Theory of Tax Reform, in: Journal of Public Economics, Vol. 6, 1976, S. 77-104

FELDSTEIN, M.: The Rate of Return, Taxation and Personal Savings, in: Economic Journal, Vol. 88, 1978, S. 482-487

FISCHER, L.: Besteuerung und optimaler Ersatzzeitpunkt, in: Der Betrieb, 28. Jg., 1975, S. 1572-1575

FISHER, I.: The Theory of Interest. As Determined by Impatience to Spend Income and Opportunity to Invest it, New York, 1930, Reprint 1965

FISHER, I.: Income in Theory and Income Taxation in Practice, in: Econometrica, Vol. 5, 1938, S. 1-55

FISHER, I. / FISHER, H. W.: Constructive Income Taxation, New York, 1942

FOGELMAN, F. / QUINZII, M. / GUESNERIE, R.: Dynamic Processes for Tax Reform Theory, in: Journal of Economic Theory, Vol. 17, 1978, S. 200-226

FOLKERS, C.: Zu einer positiven Theorie der Steuerreform, in: HANSMEYER, K. H. (Hrsg.): Staatsfinanzierung im Wandel, Berlin, 1983, S. 189-211

FOLKERS, C.: Steuerreforminteressen und Steuervergünstigungen in positiver und institutioneller Perspektive, in: Jahrbuch für Sozialwissenschaft, 36. Jg., 1985, S. 274-301

FRANKE, G. / LAUX, H.: Die Ermittlung der Kalkulationszinsfüße für investitionstheoretische Partialmodelle, in: Zeitschrift für betriebswirtschaftliche Forschung, 20. Jg., 1968, S. 740-759

FRANKE, G. / HAX, H.: Finanzwirtschaft des Unternehmens und Kapitalmarkt, 5. Aufl., Berlin, 2004

FUKUSHIMA, T. / HATTA, T.: Why not Tax Uniformly rather than Optimally?, in: The Economic Studies Quarterly, Vol. 40, 1989, S. 220-238

FULLERTON, D.: On the Possibility of an Inverse Relationship between Tax Rates and Government Revenues, in: Journal of Public Economics, Vol. 19, 1982, S. 3-22

FULLERTON, D.: Which Effective Tax Rate?, in: National Tax Journal, Vol. 37, 1984, S. 23-41

FULLERTON, D. / KING, A. T. / SHOVEN, J. B. / WHALLEY, J.: Corporate Tax Integration in the United States: A General Equilibrium Approach, in: American Economic Review, Vol. 71, 1981, S. 677-691

GEORGI, A. A.: Analyse der Notwendigkeit einer Berücksichtigung von Steuern in der Investitionsplanung, in: Zeitschrift für betriebswirtschaftliche Forschung, 37. Jg., 1985, S. 891-911

GEORGI, A. A.: Die steuerlichen Indifferenzbedingungen im Kapitalwertkalkül der Investitionsplanung, in: Steuer und Wirtschaft, 1985, S. 240-246

GEORGI, A. A.: Steuern in der Investitionsplanung – Eine Analyse der Entscheidungsrelevanz von Ertrag- und Substanzsteuern, 2. Aufl., Hamburg, 1994

GÖTZ, U. / BLOECH, J.: Investitionsrechnung: Modelle und Analysen zur Beurteilung von Investitionsvorhaben, 4. Aufl., Berlin, 2004

GORDON, M. J.: Optimal investment and financing policy, in: The Journal of Business, Vol. 18, 1963, S. 264-272

GORDON, J. P. F.: Tax Reform and Uniformity – Explaining the Hatta Result, in: Journal of Public Economics, Vol. 45, 1991, S. 257-261

GREFE, C.: Ermittlung der Zuschlagsteuern zur Einkommensteuer – Darstellung der Neuregelungen ab Veranlagungszeitraum 2001, in: Steuer & Studium, 2001, S. 243-246

GROB, H. L.: Investitionsrechnung mit vollständigen Finanzplänen, Wiesbaden, 1989

GROB, H. L.: Einführung in die Investitionsrechnung: Eine Fallstudiengeschichte, 4. Aufl., München, 2001

GRUNDMANN, H.-R.: Optimale Investitions- und Finanzplanung unter Berücksichtigung der Steuern, Hamburg, 1973

GUESNERIE, R.: On the Direction of Tax Reform, in: Journal of Public Economics, Vol. 7, 1977, S. 179-202

HABERSTOCK, L.: Zum Ansatz des Kalkulationszinsfußes vor und nach Steuern in investitionstheoretischen Partialmodellen, in: Zeitschrift für betriebswirtschaftliche Forschung, 22. Jg., 1970, S. 510-516

HABERSTOCK, L.: Einige kritische Bemerkungen zur Kapitalwert-Methode. Stellungnahme zu dem gleichnamigen Aufsatz von E. Hosterbach, in: Zeitschrift für Betriebswirtschaft, 41. Jg., 1971, S. 285-288

HABERSTOCK, L.: Zur Integrierung der Ertragsbesteuerung in die simultane Produktions-, Investitions- und Finanzplanung mit Hilfe der linearen Programmierung, Köln u.a.O., 1971

HABERSTOCK, L.: Kapitalwert oder interner Zinsfuß? Stellungnahme zu dem Aufsatz von E. Hosterbach, in: Zeitschrift für Betriebswirtschaft, 42. Jg., 1972, S. 216-218

HAEGERT, L.: Der Einfluss von Steuern auf das optimale Investitions- und Finanzierungsprogramm, Wiesbaden, 1971

HAEGERT, L. / KRAMM, R.: Der Einfluss von Ertragsteuern auf die Vorteilhaftigkeit von Investitionen mit unterschiedlichem Risiko, in: Zeitschrift für betriebswirtschaftliche Forschung, 27. Jg., 1975, S. 69-83

HAEGERT, L. / WITTMANN, F.: Zur Bedeutung von Abschreibungsvergünstigungen und Investitionszulagen für Investitionsentscheidungen, in: Betriebswirtschaftliche Forschung und Praxis, 36. Jg., 1984, S. 243-259

HAEGERT, L.: Besteuerung, Unternehmensfinanzierung und betriebliche Altersversorgung, in: SCHNEIDER; D. (Hrsg.): Kapitalmarkt und Finanzierung, Berlin, 1987, S. 155-168

HAEGERT, L. / LEHLEITER, P.: Das Ausschüttungsverhalten deutscher Aktiengesellschaften unter dem Einfluss der Körperschaftsteuerreform, in: Zeitschrift für betriebswirtschaftliche Forschung, 37. Jg., 1985, S. 912-923

HAEGERT, L. / SCHWAB, H.: Die Subventionierung direkter Pensionszusagen nach geltendem Recht im Vergleich zu einer neutralen Besteuerung, in: Die Betriebswirtschaft, 50. Jg., 1990, S. 85-102

HAIG, R. M.: The Federal Income Tax, New York, 1921

HANUSCH, H.: Nutzen-Kosten-Analyse, München, 1987

HARBERGER, A. C.: Tax Neutrality in Investment Incentives, in: AARON, H. J. / BOSKIN, M. J. (eds.): The Economics of Taxation, Washington D.C., 1980, S. 299-313

HARTMAN, R.: Investment Neutrality of Business Income Taxes, in: Quarterly Journal of Economics, Vol. 92, 1978, S. 245-260

HATTA, T.: Welfare Effects of Changing Commodity Tax Rates toward Uniformity, in: Journal of Public Economics, Vol. 29, 1986, S. 99-112

HATTA, T. / HALTIWANGER, J.: Tax Reform and Strong Substitutes, in: International Economic Review, Vol. 27, 1986, S. 303-315

HAX, H.: Investitionstheorie, 5. Aufl., 1985, korrigierter Nachdruck 1993

HEINHOLD, M.: Betriebliche Steuerplanung mit quantitativen Methoden, München, 1979

HEINHOLD, M.: Unternehmensbesteuerung – Band 3: Investition und Finanzierung, Stuttgart, 1996

HEINHOLD, M.: Konsumsteuer und Investitionsneutralität: hat die Wahl des Abschreibungsverfahrens bei einer Konsumsteuer wirklich keinen Einfluss auf den Investitionskapitalwert?, Augsburg, 1998

HEINHOLD, M.: Investitionsrechnung. Studienbuch, 8. Aufl., München, 1999

HEINHOLD, M.: Zur Entscheidungsneutralität konsumorientierter Steuersysteme, in: ALTENBURGER, O. A. (Hrsg.): Fortschritte im Rechnungswesen: Vorschläge für Weiterentwicklungen im Dienste der Unternehmens- und Konzernsteuerung durch Unternehmensorgane und Eigentümer; Gerhard Seicht zum 60. Geburtstag, Wiesbaden, 1999, S. 73-99

HEY, J. D.: Uncertainty in Microeconomics, Oxford, 1979

HILLIER, F. S. / LIEBERMAN, G. J.: Introduction to Operations Research, San Francisco u.a.O., 1967

HIRSHLEIFER, J.: On the Theory of Optimal Investment Decision, in: Journal of Political Economy, Vol. 66, 1958, S. 329-352

HIRSHLEIFER, J.: Investment, Interest and Capital, Englewood Cliffs, 1970

HOMBURG, S.: Allgemeine Steuerlehre, 3. Aufl., München, 2003

HOSTERBACH, E.: Einige kritische Bemerkungen zur Kapitalwert-Methode, in: Zeitschrift für Betriebswirtschaft, 40. Jg., 1970, S. 613-620

HOSTERBACH, E.: Kapitalwert oder interner Zinsfuß? Gleichzeitig eine Entgegnung an L. Haberstock, in: Zeitschrift für Betriebswirtschaft, 42. Jg., 1972, S. 201-216

HOSTERBACH, E.: Kapitalwert oder interner Zinsfuß? Ein Schlusswort, in: Zeitschrift für Betriebswirtschaft, 42. Jg., 1972, S. 376-377

HUBBARD, R. G.: Corporate Tax Integration: A View From the Treasury Department, in: Journal of Economic Perspectives, Vol. 7, 1993, S. 115-132

IBER, B.: Entwicklung der Aktionärsstruktur börsennotierter deutscher Aktiengesellschaften, Kiel, 1987

JACOB, H. / VOIGT, K.-I.: Investitionsrechnung. Mit Aufgaben und Lösungen, 5. Aufl., Wiesbaden, 1997

JOHANSSON, S.-E.: Skatt-investering-värdering, Stockholm, 1961

JOHANNSSEN, S.-E.: Income taxes and investment decisions, in: Swedish Journal of Economics, Vol. 71, 1969, S. 104-110

KALDOR, N.: An Expenditure Tax, London, 1955

KAMIEN, M. I. / SCHWARTZ, N. L.: Dynamic Optimization – The Calculus of Variations and Optimal Control in Economics and Management, New York u.a.O., 1981

KELPE, R.: Steuerorientierte Investitionsrechnung. Ein Beitrag zur Integration der Steuerplanung in die Investitionsplanung, München, 1980

KERN, W.: Analyse von Steuerwirkungen in investitionsrechnerischen Kalkülen, in: Zeitschrift für betriebswirtschaftliche Forschung, 37. Jg., 1985, S. 867-881

KIM, E. H. / LEWELLEN, W. C. / MCCONNELL, J.: Financial Leverage Clienteles, Theory and Evidence, in: Journal of Financial Economics, Vol. 7, 1979, S. 83-109

KING, M.: Public Policy and the Corporation, London, 1977

KING, R. G. / REBELO, S.: Public Policy and Economic Growth: Developing Neoclassical Implications, in: Journal of Political Economy, Vol. 98, 1990, S. 126-150

KOCH, H.: Der Begriff des ökonomischen Gewinns. Zur Frage des Optimalitätskriteriums in der Wirtschaftlichkeitsrechnung, in: Zeitschrift für betriebswirtschaftliche Forschung, 20. Jg., 1968, S. 389-441

KÖNIG, R.: Ungelöste Probleme einer investitionsneutralen Besteuerung – Gemeinsame Wurzel unterschiedlicher neutraler Steuersysteme und die Berücksichtigung unsicherer Erwartungen, in: Zeitschrift für betriebswirtschaftliche Forschung, 49. Jg., 1997, S. 42-63

KÖNIG, R.: Some new aspects of neoclassical investment theory with taxes, Bielefeld, 1999

KÖNIG, R.: Die ökonomische Analyse der Auswirkungen der Unternehmenssteuerreform auf Sachinvestitionsentscheidungen vor dem Hintergrund von Vorteilhaftigkeits- und Neutralitätsüberlegungen, Bielefeld, 2002

KÖNIG, R. J.: Ausschüttungsverhalten von Aktiengesellschaften, Besteuerung und Kapitalmarktgleichgewicht, Hamburg, 1990

KÖNIG, R. /SURETH, C.: General investment neutral tax systems and real options, Bielefeld, 1999

KÖNIG, R. / SURETH, C. unter Mitarbeit von Tanja Magerkurth: Besteuerung und Wahl der Rechtsform, 3. Aufl., Herne u.a.O., 2002

KONISHI, H.: The Welfare Effects of Shifting from an Indirect Tax to a Direct Tax, in: Economic Studies Quarterly, Vol. 40, 1989, S. 212-219

KOTLIKOFF, L. J.: Taxation and Savings: A Neoclassical Perspective, in: Journal of Economic Literature, Vol. 22, 1984, S. 1576-1629

KRONBERGER KREIS: Reform der Unternehmensbesteuerung, Bad Homburg, 1989

KRUSCHWITZ, L. / FISCHER, J.: Entscheidungen über Investitionsalternativen bei detaillierter Berücksichtigung von Gewinnsteuern, in: Die Betriebswirtschaft, 39. Jg., 1979, S. 443-457

KRUSCHWITZ, L.: Finanzierung und Investition, 3. Aufl., München u.a.O., 2002

KRUSCHWITZ, L.: Investitionsrechnung, 9. Aufl., München u.a.O., 2003

KRUSCHWITZ, L.: Investitionsneutrale Steuersysteme unter Unsicherheit, in: Wirtschaftswissenschaftliches Studium, 32. Jg., 2003, S. 328-333

KRUSCHWITZ, L.: Investitionsneutrale Steuerungssysteme vor dem Hintergrund der Diskussion um Einkommen oder Konsum als Steuerbemessungsgrundlage, in: Wirtschaftswissenschaftliches Studium, 32. Jg., 2003, S. 394-398

KÜBLER, F: Gesellschaftsrecht, 5. Aufl., Heidelberg, 1999, S. 29

KWON, O. Y.: The Neutral, Pure Profit, and Rate-of-Return Taxes: Their Equivalence and Difference, in: Public Finance, Vol. 38, 1983, S. 81-97

LAFFER, A. B.: Statement Prepared for the Joint Economic Committee, in: LAFFER, A. B. / SEYMOUR, J. P. (eds.): The Economics of the Tax Revolt, New York, S. 75-79

LAUSBERG, F.-W.: Die Finanzierungsneutralität der Besteuerung: zur Herleitung der an betriebswirtschaftlichen Faktoren ausgerichteten Forderung nach gleichmäßiger Steuerbelastung der Finanzierungsalternativen, München, 1970

LAUX, H.: Kapitalkosten und Ertragsteuern, Köln u.a.O., 1969

LAUX, H. / FRANKE, G.: Investitions- und Finanzplanung mit Hilfe von Kapitalwerten in: Zeitschrift für betriebswirtschaftliche Forschung, 21. Jg., 1969, S. 43-56

LEIPOLD, H.: Wirtschafts- und Gesellschaftssysteme im Vergleich, 5.Aufl., Stuttgart, 1988

LINDAU, G.: Kapitalwertmethode unter Berücksichtigung der Ertrag- und Substanzsteuern, der Finanzierung und der Inflation, Göttingen, 1996

LINDBLOM, CH.: Jenseits von Markt und Staat - Eine Kritik der politischen und ökonomischen Systeme, Frankfurt a.M., 1983

LINTNER, J.: Distribution of Incomes of Corporations among Dividends, Retained Earnings, and Taxes, in: Papers and Proceedings of the American Economic Association, Vol. 46, 1956, S. 97-113

LITZENBERGER, R. H. / RAMASWAMY, K.: The Effect of Personal Taxes and Dividends on Capital Asset Prices, in: Journal of Financial Economics, Vol. 7, 1979, S. 163-195

LOITLSBERGER, E.: Steuern in der Investitionsrechnung, in: ALBACH, H. / SIMON, H. (Hrsg.): Investitionstheorie und Investitionspolitik, Wiesbaden, 1976, S. 303-333

LUCAS, R. E.: On the Mechanics of Economic Development, in: Journal of Monetary Economics, Vol. 22, 1988, S. 3-42

LUTZ, F. A. / LUTZ, V.: The Theory of Investment of the Firm, Princeton, 1951, Reprint 1969

MANKIW, N. G. / ROMER, D. / WEIL, D.: A Contribution to the Empirics of Economic Growth, in: The Quarterly Journal of Economics, Vol. 107, 1992, S. 407-437

MANN, H.: Theorie und Politik der Steuerreform in der Demokratie, Frankfurt am Main u.a.O., 1987

MC CULLOCH, J. R.: A Treatise of the Principles and Practical Influence of Taxation and the Funding System, Edinburgh, 1863

MELLWIG, W.: Sensitivitätsanalyse des Steuereinflusses in der Investitionsplanung – Überlegungen zur praktischen Relevanz einer Berücksichtigung von Steuern bei der Investitionsentscheidung, in: Zeitschrift für betriebswirtschaftliche Forschung, 32. Jg., 1980, S. 16-39

MELLWIG, W.: Die Berücksichtigung von Steuern in der Investitionsplanung – Modellprämissen und Ausmaß des Steuereinflusses, in: Zeitschrift für betriebswirtschaftliche Forschung, 33. Jg., 1981, S. 53-55

MELLWIG, W.: Wirken Substanzsteuern investitionshemmend?, in: Der Betrieb, 35. Jg., 1982, S. 501-507 und S. 553-556

MELLWIG, W.: Investition und Besteuerung – Ein Lehrbuch zum Einfluss der Steuern auf die Investitionsentscheidung, Wiesbaden, 1985

MERTENS, P.: Ertragsteuerwirkungen auf die Investitionsfinanzierung – ihre Berücksichtigung in der Investitionsrechnung, in: Zeitschrift für betriebswirtschaftliche Forschung, 14. Jg., 1962, S. 570-588

MILL, J. S.: Principles of Political Economy, Vol. 2., New York, 1900

MIRRLEES, J. A.: An Exploration in the Theory of Optimum Income Taxation, in: The Review of Economic Studies, Vol. 38, 1971, S. 175-208

MIRRLEES, J. A.: Optimal Tax Theory: A Synthesis, in: Journal of Public Economics, Vol. 6, 1976, S. 327-358

MIRRLEES, J. A.: The Theory of Optimal Taxation, in ARROW, K. J. / INTRILIGATOR, M. D. (eds.): Handbook of Mathematical Economics, Amsterdam, 1979

MODIGLIANI, F. / MILLER, M. H.: The Cost of Capital, Corporation Finance, and the Theory of Investment, in: The American Economic Review, Vol. 48, 1958, S. 261-297

MODIGLIANI, F. / MILLER, M. H.: Corporate Income Taxes and the Cost of Capital: A Correction, in: The American Economic Review, Vol. 53, 1963, S. 433-443

MOXTER, A.: Die Bestimmung des Kalkulationszinsfußes bei Investitionsentscheidungen, in: Zeitschrift für betriebswirtschaftliche Forschung, 13. Jg., 1961, S. 186-200

MOXTER, A.: Offene Probleme der Investitions- und Finanzierungstheorie, in: Zeitschrift für betriebswirtschaftliche Forschung, 17. Jg., 1965, S. 1-10

MOXTER, A.: Zur Bestimmung der optimalen Nutzungsdauer von Anlagegegenständen, in: MOXTER, A. et. al. (Hrsg.): Produktionstheorie und Produktionsplanung. Festschrift für K. Hax zum 65. Geburtstag. Köln u.a.O., 1966, S. 75-105

MOZER, K.: Der Kalkulationszinsfuß unter Berücksichtigung der Erfolgsteuern bei Publikumskapitalgesellschaften, insbesondere im deutschen und amerikanischen Steuersystem, Berlin, 1972

MUSGRAVE, R. A.: Der gegenwärtige Stand der Theorie der Besteuerung, in: Finanzarchiv, N.F., 39. Jg., 1981, S. 29-42

NECK, R.: Zur politischen Ökonomie von Steuerreformen, in: HANSMEYER, K. H. (Hrsg.): Staatsfinanzierung im Wandel, Berlin, 1983, S. 141-169

NEUMARK, F.: Grundsätze gerechter und ökonomisch rationaler Steuerpolitik, Tübingen, 1970

NIEMANN, R.: Neutrale Steuersysteme unter Unsicherheit, Besteuerung und Realoptionen, Bielefeld, 2001

OLDENBURG, A.: Zur Ermittlung effektiver Grenzsteuersätze vorteilhafter und unvorteilhafter Handlungsmöglichkeiten in Anknüpfung an den Ansatz von König, in: Zeitschrift für betriebswirtschaftliche Forschung, 50. Jg., 1998, S. 41-48

PECHMAN, J. A.: The Future of the Income Tax, in: American Economic Review, Vol. 80, 1990, S. 1-20

PEREIRA, A. M.: Corporate Tax Integration in the US: A Dynamic General Equilibrium Analysis, Stanford University, 1988

PEREIRA, A. M.: The Efficiency Effects of Corporate Tax Integration and the Tax Reform Act of 1986, in: Public Finance, Vol. 46, 1991, S. 454-475

PERRIDON, L. / STEINER, M.: Finanzwirtschaft der Unternehmung, 12. Aufl., München, 2003

POSNER, R. A.: The Economics of Justice, 1981, digitally reprinted Cambridge, 2003

PREINREICH, G. A. D.: Models of Taxation in the Theory of the Firm, in: Economia Internazionale, Vol. 4, 1951, S. 372-397

RAMSEY, F.: A Contribution to the Theory of Taxation, in: Economic Journal, Vol. 37, 1927, S. 47-61

REBELO, S.: Long-Run Policy Analysis and Long-Run Growth, in: Journal of Political Economy, Vol. 99, 1991, S. 500-521

REESE, T. J.: The Politics of Tax Reform, in: National Tax Journal, Vol. 32, 1979, S. 248-254

ROSE, G.: Die Steuerbelastung der Unternehmung – Grundzüge der Teilsteuerrechnung, Wiesbaden, 1973

ROSE, M.: Eine konsumorientierte Neuordnung des Steuerzyklus für mehr Entscheidungsneutralität und Transparenz, in: KIRCHHOF, P. / BÜHLER, W. / KLEIN, F. (Hrsg.): Steuervereinfachung, Heidelberg, 1994, S. 233-251

ROSENBERG, O.: Der Einfluss der Finanzierung auf die optimale Nutzungsdauer von Investitionsobjekten, in: Zeitschrift für Betriebswirtschaft, 47. Jg., 1977, S. 167-182

ROSS, S. / WESTERFIELD, R. W. / JAFFE, J. F.: Corporate Finance, 6. ed., Boston u.a.O., 2002

RUDOLPH, B.: Zur Bedeutung der kapitaltheoretischen Separationstheoreme für die Investitionsplanung, in: Zeitschrift für Betriebswirtschaft, 53. Jg., 1983, S. 261-287

SAMUELSON, P. A.: Tax Deductibility of Economic Depreciation to Insure Invariant Valuations, in: Journal of Political Economy, Vol. 72, 1964, S. 604-606

SANDMO, A.: Investment Incentives and the Corporate Income Tax, in: Journal of Political Economy, Vol. 82, S. 287-302

SANDMO, A.: Optimal Taxation - An Introduction to the Literature, in: Journal of Public Economics, Vol. 6, 1976, S. 37-54

SANDMO, A.: A Note on the Neutrality of the Cash Flow Corporation Tax, in: Economics Letters, Vol. 4, 1979, S. 173-176

SANDMO, A.: The Effects of Taxation on Savings and Risk-Taking, in: AUERBACH, A. J. / FELDSTEIN, M. (eds.): Handbook of Public Economics, Vol. 1, Amsterdam, 1985, S. 265-311

SCHANZ, G.: Der Einkommensbegriff und die Einkommensteuergesetze, in: Finanzarchiv 13. Jg., 1896, S. 1-87

SCHMIDT, R. H. / TERBERGER, E.: Grundzüge der Investitions- und Finanzierungstheorie, 4. Aufl. Nachdruck, Wiesbaden, 1999

SCHNEELOCH, D.: Besteuerung und Investitionsfinanzierung. Eine Analyse bei geplanten Realinvestitionen von Kapitalgesellschaften, Berlin, 1972

SCHNEELOCH, D.: Besteuerung und betriebliche Steuerpolitik, Band 2: Betriebliche Steuerpolitik, 2. Aufl., München, 2002

SCHNEIDER, D.: Die wirtschaftliche Nutzungsdauer von Anlagegütern, Köln u.a.O., 1961

SCHNEIDER, D.: Der Einfluss von Ertragsteuern auf die Vorteilhaftigkeit von Investitionen, in: Zeitschrift für betriebswirtschaftliche Forschung, 14. Jg., 1962, S. 539-570

SCHNEIDER, D.: Der Einfluss der Besteuerung auf die Investitionspolitik der Unternehmung, in: JACOB, H. (Hrsg.): Optimale Investitionspolitik, Schriften zur Unternehmensführung – Band 4, Wiesbaden, 1968

SCHNEIDER, D.: Korrekturen zum Einfluss der Besteuerung auf die Investitionen, in: Zeitschrift für betriebswirtschaftliche Forschung, 21. Jg., 1969, S. 297-325

SCHNEIDER, D.: Bezugsgrößen steuerlicher Leistungsfähigkeit und Vermögensbesteuerung, in: Finanzarchiv, NF, 37. Jg., 1979, S. 26-49

SCHNEIDER, D.: Investition und Finanzierung, 5. Aufl., Wiesbaden, 1980

SCHNEIDER, D.: Cash-Flow-Besteuerung als klägliche Konterrevolution gegen den ökonomischen Gewinn, Diskussionspapier 130, hrsg. von der Wirtschaftswissenschaftlichen Dokumentation der TU Berlin, 1989

SCHNEIDER, D.: Sofortabschreibung, sofortiger Verlustausgleich und Marktlenkung von Risikokapital, in: JOHN, G (Hrsg.): Besteuerung und Unternehmenspolitik. München, 1989, S. 309-329

SCHNEIDER, D.: Steuerfreie Kapitalbildung in dreistelliger Milliardenhöhe durch Pensionsrückstellungen?, in: Der Betrieb, 42. Jg., 1989, S. 889-895

SCHNEIDER, D.: Reform der Unternehmensbesteuerung aus betriebswirtschaftlicher Sicht, in: Steuer und Wirtschaft, 66. Jg., 1989, S. 328-339

SCHNEIDER, D.: Subventionierung bei Pensionsrückstellungen?, in: Die Betriebswirtschaft, 50. Jg., 1990, S. 406-410

SCHNEIDER, D: Investition, Finanzierung und Besteuerung, 7. Aufl., 1992

SCHNEIDER, D.: Ist die Einkommensteuer überholt?: Kritik und Reformvorschläge, in: SENDLHOFER, R./SMEKAL, C./WINNER, H. (Hrsg.): Einkommen versus Konsum, Heidelberg, 1999

SCHNEIDER, D.: Mängel in der ökonomischen Begründung einer Steuerfreiheit für Kapitaleinkünfte, in: Steuer und Wirtschaft, 77. Jg., 2000, S. 421-430

SCHNEIDER, D.: Steuerlast und Steuerwirkung: Eine Einführung in die steuerliche Betriebswirtschaftslehre, München u.a.O., 2002

SCHREIBER, U. / KUENNE, T.: Die Steuerbelastung von Investitionen in Deutschland, Frankreich und Großbritannien, in: Steuer und Wirtschaft, 73. Jg., 1996, S. 43-61

SCHULT, E.: Grenzsteuerrechnung versus Differenzsteuerrechnung, in: Die Wirtschaftsprüfung, 32. Jg., 1979, S. 376-386

SCHULT, E.: Zur Berechnung der Grenzsteuersätze von Einkommen-, Kirchen- und Gewerbeertragsteuer nach der Steuerreform 1990, in: Betriebsberater, 45. Jg., 1990, S. 609-612

SCHULTE, K.-W.: Optimale Nutzungsdauer und optimaler Ersatzzeitpunkt bei Entnahmemaximierung, Meisenheim am Glan, 1975

SCHWARZ, H.: Zur Berücksichtigung erfolgsteuerlicher Gesichtspunkte bei Investitionsentscheidungen, in: Betriebswirtschaftliche Forschung und Praxis, 14. Jg., 1962, S. 135-153 und S. 199-211

SCHWINGER, R.: Einkommens- und konsumorientierte Steuersysteme, Berlin u.a.O., 1992

SEIDL, CH.: Effizienz und Steuerreform: Umfassende Einkommensteuer oder Konsumsteuer?, in: Das öffentliche Haushaltswesen in Österreich, 36. Jg., 1985, S. 180-197

SHARPE, W. F. / ALEXANDER, G. J. / BAILEY, J. V.: Investments, 7. ed., Upple Saddle River u.a.O., 1998

SIEGEL, T.: Zur Zielfunktion und Problemlösung bei der Ertragsteuerplanung, in: Zeitschrift für betriebswirtschaftliche Forschung, 25. Jg., 1973, S. 265-294

SIEGEL, T.: Konzepte zur Ertragsteuerplanung in der Kontroverse, in: Steuer und Wirtschaft, 51. Jg., 1974, S. 76-80

SIEGEL, T.: Differenzsteuersätze und Grenzsteuersätze in ihrer Bedeutung für die Steuerplanung, in: Die Wirtschaftsprüfung, 33. Jg., 1980, S. 266-277

SIEGEL, T.: Steuerwirkungen und Steuerpolitik in der Unternehmung, Würzburg, 1982

SIEGEL, T.: Die Bedeutung gewinn- und substanzsteuerlicher Abschreibungen für die Bestimmung des Kalkulationszinsfußes, in: Zeitschrift für betriebswirtschaftliche Forschung, 35. Jg., 1983, S. 10-28

SIEGEL, T.: Besteuerung und Kapitalstruktur, in: Betriebswirtschaftliche Forschung und Praxis, 36. Jg., 1984, S. 223-242

SIEGEL, T.: Der Einfluss einer Cash-flow-Steuer auf Finanzierung und Rechnungslegung, in: WAGNER, F. W. / SCHWINGER, R. (Hrsg.): Konsumorientierte Neuordnung des Steuersystems, Berlin u.a.O., 1991, S. 495-521

SIEGEL, T.: Konsum- oder einkommensorientierte Besteuerung?: Aspekte quantitativer und qualitativer Argumentation, in: Zeitschrift für betriebswirtschaftliche Forschung, 52. Jg., 2000, S. 724-741

SIEVERT, O.: Änderung der Steuerstruktur in Richtung auf mehr Ausgabenbesteuerung?, in: ZIMMERMANN, H. (Hrsg.): Die Zukunft der Staatsfinanzierung, Stuttgart, 1988, S. 85-103

SIEVERT, O./ NAUST, H. / JOCHUM, D. / PEGLOW, M. / GLUMANN, T.: Steuern und Investitionen, Frankfurt am Main, 1989

SIMONS, H. C.: Personal Income Taxation, Chicago u.a.O., 1938

SINN, H.-W.: Systeme der Kapitaleinkommensbesteuerung. Ein allokationstheoretischer Vergleich, in: BÖS, D. / ROSE, M. / SEIDL, CH. (Hrsg.): Beiträge zur neueren Steuertheorie, Berlin u.a.O., 1984, S. 209-238

SINN, H.-W.: Kapitaleinkommensbesteuerung. Eine Analyse der intertemporalen, internationalen und intersektoralen Allokationswirkungen, Tübingen, 1985

SINN, H.-W.: Capital Income Taxation and Resource Allocation, Amsterdam u.a.O., 1987

SINN, H.-W.: Tax Harmonization and Tax Competition in Europe, in: European Economic Review, Vol. 34, 1990, S. 489-504

SMITH, A.: The Wealth of Nations, Vol. 2. New York, 1904

SMITH, AL.: Tax Reform and Temporary Inefficiency, in: Journal of Public Economics, Vol. 20, 1983, S. 265-270

SOLOW, R. M.: A Contribution to the Theory of Economic Growth, in: Quarterly Journal of Economics, Vol. 70, 1956, S. 65-94

SPREMANN, K.: Wirtschaft, Investition und Finanzierung, 5. Aufl. 3. Nachdruck, München u.a.O., 1996

STEINER, J.: Gewinnsteuern in Partialmodellen für Investitionsentscheidungen: Barwert und Endwert als Instrumente zur Steuerwirkungsanalyse, Berlin, 1980

STEINER, J.: Ertragsteuern in der Investitionsplanung: Zur Frage der Entscheidungsstabilität bei der Vorteilhaftigkeitsanalyse von Einzelobjekten, in: Zeitschrift für betriebswirtschaftliche Forschung, 35. Jg., 1983, S. 280-291

STERN, N.: Optimum Taxation and Tax Policy, in: IMF Staff Papers, Vol. 31, 1984, S. 339-378

STERN, N.: The Theory of Optimal Commodity and Income Taxation: An Introduction, in: NEWBERRY, D. / STERN, N. (eds.): The Theory of Taxation for Developing Countries, Washington, 1987

STIGLITZ, J. E. / SCHÖNFELDER, B.: Finanzwissenschaft, 2. Aufl., München, 1989

STROBEL, W.: Der Einfluss der Gewinnsteuer auf Investitionsentscheidungen, in: Zeitschrift für Betriebswirtschaft, 40. Jg., 1970, S. 375-398

SURETH, C. / NIEMANN, R.: Partically irreversible investment decisions and taxation under uncertainty: a real option approach, München, 2002

SURETH, C.: The influence of taxation on partically irreversible investment decisions: a real option approach, Bielefeld, 2000

SWOBODA, P.: Die Wirkungen von steuerlichen Abschreibungen auf den Kapitalwert von Investitionsprojekten bei unterschiedlichen Finanzierungsformen, in: Zeitschrift für betriebswirtschaftliche Forschung, 22. Jg., 1970, S. 77-86

SWOBODA, P.: Cash-flow-Steuern und Finanzierungsneutraliät, in: WAGNER, F. W. / SCHWINGER, R. (Hrsg.): Konsumorientierte Neuordnung des Steuersystems, Berlin, 1991, S. 473-489

SWOBODA, P.: Investition und Finanzierung, 5. Aufl., Göttingen, 1996

TAIT, A. A.: Not so General Equilibrium and not so Optimal Taxation, in: Public Finance, Vol. 44, 1989, S. 169-182

TIPKE , K. / LANG, J.: Steuerrecht, 17. Aufl., Köln, 2002

TIROLE, J. / GUESNERIE, R.: Tax Reform from the Gradient Projection Viewpoint, in: Journal of Public Economics, Vol. 15, 1981, S. 275-293.

U.S. TREASURY DEPARTMENT: Blueprints for Basic Tax Reform, Washington D.C, 1977

VARIAN, H. R.: Mikroökonomie, 2. Aufl., München, 1985

VOLPERT, V.: Kapitalwert und Ertragsteuern: Die Bedeutung der Finanzierungsprämisse für die Investitionsrechnung, Wiesbaden, 1989

WAGNER, F. W.: Das Grundmodell der Ertragsteuerwirkungen auf die Investitionsentscheidung, in: Wirtschaftswissenschaftliches Studium, 8. Jg., 1979, S. 67-72

WAGNER, F. W.: Der Steuereinfluss in der Investitionsplanung – Eine Quantité négligeable?, in: Zeitschrift für betriebswirtschaftliche Forschung, 51. Jg., 1981, S. 47-52

WAGNER, F. W.: Die zeitliche Erfassung steuerlicher Leistungsfähigkeit, in: HAX, H. /KERN, W. /SCHRÖDER, H.-H. (Hrsg.): Zeitaspekte betriebswirtschaftlicher Theorie und Praxis, Stuttgart, 1989, S. 261-277

WAGNER, F. W.: Investition, Finanzierung und Besteuerung, in: Finanzarchiv, 48. Jg., 1990, S. 298-304

WAGNER, F. W.: Der Einfluss einer Cash-flow-Steuer auf Finanzierung und Rechnungslegung, in: WAGNER, F. W. / SCHWINDER, R. (Hrsg.): Konsumorientierte Neuordnung des Steuersystems, Berlin, 1991, S. 495-521

WAGNER, F. W.: Neutralität und Gleichmäßigkeit als ökonomische und rechtliche Kriterien steuerlicher Normkritik, in: Steuer und Wirtschaft, 69. Jg., 1992, S. 2-13

WAGNER, F. W.: Entscheidungsneutralität der Besteuerung als Leitlinie einer Reform der Einkommensteuer, in: Wirtschaftswissenschaftliches Studium, 24. Jg., 1995, S. 65-70

WAGNER, F. W.: Ertragsteuern in der Unternehmensbewertung: zum Einfluss von Steuerrechtsänderungen, in: Die Wirtschaftsprüfung, 48. Jg., 1995, S. 433-441

WAGNER, F. W.: Eine Einkommensteuer muss eine konsumorientierte sein, in: SENDLHOFER, R. / SMEKAL, C. / WINNER, H. (Hrsg.): Einkommen versus Konsum – Ansatzpunkte zur Steuerreformdiskussion, Heidelberg, 1999, S. 15-35

WAGNER, F. W. / DIRRIGL, H.: Die Steuerplanung der Unternehmung, Stuttgart, 1980

WEINREICH, J.: Das Problem der Erfassung erfolgsabhängiger Steuern im Kalkül zur Bestimmung optimaler Sachinvestitionsentscheidungen, Zürich, 1978

WENGER, E.: Gleichmäßigkeit der Besteuerung von Arbeits- und Vermögenseinkommen, in: Finanzarchiv, N.F., 41. Jg., 1983, S. 207-252

WENGER, E.: Einkommensteuerliche Periodisierungsregeln, Unternehmenserhaltung und optimale Einkommensbesteuerung, Teil I, in: Zeitschrift für Betriebswirtschaft, 55. Jg., 1985, S. 710-730

WENGER, E.: Einkommensteuerliche Periodisierungsregeln, Unternehmenserhaltung und optimale Einkommensbesteuerung, Teil II, in: Zeitschrift für Betriebswirtschaft, 56. Jg., 1986, S. 132-151

WENGER, E.: Die Festlegung auf einperiodische Modelle steuerlicher Gleichmäßigkeit – eine Kapitulation vor der Problematik der Kapitaleinkommensbesteuerung, in: Finanzarchiv, N.F., 44. Jg., 1986, S. 258-272

WENGER, E.: Besteuerung und Kapitalbildung als intertemporales Optimierungsproblem, in: HAX, H. / KERN, W. / SCHRÖDER, H.-H. (Hrsg.): Zeitaspekte betriebswirtschaftlicher Theorie und Praxis, Stuttgart, 1989, S. 279-295

WENGER, E.: Teilhabersteuer, Halbeinkünfteverfahren und zinsbereinigte Gewinnbesteuerung, in: STÜTZEL, W.: Moderne Konzepte für Finanzmärkte, Beschäftigung und Wirtschaftsverfassung, Tübingen, 2001, S. 525-545

WENGER, E. / KASERER, CH.: Investitions- und Finanzierungspolitik, Berlin, 2004

WEYMARK, J. A.: A Reconciliation of Recent Results in Optimal Taxation Theory, in: Journal of Public Economics, Vol. 12, 1979, S. 171-189

WEYMARK, J. A.: Majority-Rule Directions of Income Tax Reform and Second-Best Optimality, in: Scandinavian Journal of Economics, Vol. 86, 1984, S. 194-213

WHALLEY, J.: Uniform Domestic Tax Rates, Trade Distortions and Economic Integration, in: Journal of Public Economics, Vol. 11, 1979, S. 213-221

WIEGARD, W.: Theoretische Überlegungen zu einer schrittweisen Reform der indirekten Steuern, in: Jahrbuch für Sozialwissenschaft, 31. Jg., 1980, S. 1-20

WIEGARD, W.: Direkte versus indirekte Besteuerung: Einfluss des Steuersystems auf die wirtschaftliche Entwicklung, in: Steuersystem und wirtschaftliche Entwicklung, Beihefte zur Konjunkturpolitik, Heft 33, 1987, S. 55-91

WISSENSCHAFTLICHER BEIRAT BEIM BUNDESMINISTERIUM FÜR WIRTSCHAFT: Steuerpolitik unter gesamtwirtschaftlichen Gesichtspunkten, Studien des Bundesministeriums für Wirtschaft, Reihe 49, 1985

WÖHE, G. / BIEG, H.: Grundzüge der Betriebswirtschaftlichen Steuerlehre, 4. Aufl., München, 1995

WÖHE, G. / BILSTEIN, J.: Grundzüge der Unternehmensfinanzierung, 9. Aufl., München, 2002

WOLLSEIFFEN, G. F.: Berücksichtigung des Staffeltarifs der Gewerbesteuer durch modifizierte Freibeträge, in Finanzrundschau, 80. Jg., 1998, S. 777-784

ZODROW, G. R.: The Choice between Income and Consumption: Efficiency and Horizontal Equity Aspects, in: CNOSSEN, S. / BIRD, R. M. (eds.): The Personal Income Tax – Phoenix from Ashes?, 1990, Amsterdam, S. 85-115

ZODROW, G. R.: The economic case for foreign tax credits for cash flow taxes, in: National tax journal, Vol. 51, 1998, S. 1-22

ZODROW, G. R.: Alternativ forms of direct consumption taxes: the Croatian approach, in: Steuerpolitik, 2003, S. 391-413

Index

Druck und Bindung: Strauss GmbH, Mörlenbach

GPSR Compliance

The European Union's (EU) General Product Safety Regulation (GPSR) is a set of rules that requires consumer products to be safe and our obligations to ensure this.

If you have any concerns about our products, you can contact us on ProductSafety@springernature.com

In case Publisher is established outside the EU, the EU authorized representative is:

Springer Nature Customer Service Center GmbH
Europaplatz 3
69115 Heidelberg, Germany

Batch number: 10815974

Printed by Printforce, the Netherlands